philosophy
철학과 역사의 만남
history

|부록| 성경과 역사의 만남

이만적 지음

인문학동네

머리말

오랫동안 역사가 철학을 이끄는가, 철학이 역사를 이끄는가에 대한 질문을 스스로 해왔습니다. 이 오랫동안의 질문에 대한 저 개인의 대답은 바로 다음 글입니다.

> - 철학 없는 역사는 공허하며
> 역사 없는 철학은 맹목이다. - 이만적

이만적이라는 필자의 이름은 원래 예명으로 사용하던 것입니다. 학생들과 시민들에게 고려 시대 '만적의 난'을 인상적으로 각인시키고 싶어 십여 년 전부터 써오던 예명이었습니다. 그런데 수년 전 모 대학에 출강을 나갈 기회가 생겼는데, 학칙상 예명을 쓸 수 없다는 이야기를 들었습니다. 이미 이만적이라는 이름으로 출간된 교재로 강의를 해야 하는 저로서는 부득이 예명을 본명으로 개명할 수밖에 없었습니다. 개명신청서를 낼 때 만적이라는 이름을 한자로 어떻게 표현할까 오랫동안 고민했습니다. 결국 해변 '만(灣)', 자취 '적(蹟)'을 쓰기로 결정했습니다. 이 사회를 좀 더 아름답게 만들고자 치열하게 살아온 많은 선배들이 망각되어 그들의 자취가 '해변가의 발자취'처럼 사라지고 있다는 사실이 슬펐습니다. 그래서 사라진 그들의 자취를 의미하는 '해변가의 발자취'라는 뜻으로 이름을 이만적(李灣蹟)으로 개명했습니다. '해변가의 발자취!' 이것의 의미는 비록 그 족적이 흐려지고 점차 망각되어 가지만 역사의 발전을 위해 치열하게 행동하고 고민한 많은 역사 속의 선배들을 잊지 말자는 의도입니다.

현재 대한민국은 김구를 존경하는 시민들과 이승만을 존경하는 시민들 간의 대립이 전개되고 있습니다. 저 이만적은 물론 두 분 모두를 존경하지만 안창호에 대한 존경심도 아울러 가지고 있습니다. 우리나라가 일제의 치하에서 독립할 수 있었던 가장 중요한 배경은 무엇보다도 안창호의 애국 계몽 운동으로 각성된 민중들 덕분이라고 생각합니다. 단언컨대 그 어떠한 사회의 개혁과 발전도 민중의 지적 자극 없이 이루어진 역사는 없었습니다. 그리고 그 민중의 지적 자극은 바로 인문학 교육을 통해서 만들어진다고 믿고 있습니다. 인문학적 소양을 갖춘 시민을 양성하는 길이 때로는 너무나 느리고, 돌아가는 길같이 보일지도 모르겠습니다. 그러나 이 길이야말로 선거와 투쟁보다 이 사회를 아름답게 만드는 더 근본적인 방안이라고 생각합니다. 안창호의 애국 계몽 운동을 감히 흉내 내고자 하는 저의 졸렬한 욕망이 이 책을 출간한 동기가 되었습니다. 이 책을 접한 독자들이 지나간 선배들의 치열한 열정과 고뇌를 잠시라도 엿볼 수 있다면, 그래서 그들의 사라져 버린 발자취가 되살아 날 수 있다면 저자로서는 정말 행복할 것 같습니다. 이제 저 이만적은 이 책을 통하여 각기 자신이 속한 시대의 요구에 부응하여 치열하게 살다간 우리의 선배들을 소개하고자 합니다. 이제 그 깊고 뚜렷한 거인의 족적 위로 퇴적되고 있는 망각의 미진을 걷어내고 그 발자취를 상기할 수 있는 기회가 저와 독자 분 모두에게 있기를 부디 기원합니다.

마지막으로 에디터로서 고생하신 손영곤 님과 삽화를 그려주신 이영만 님, 편집에 도움을 주신 양순기 님, 그리고 책 출간을 결정해주신 인문학 동네 대표님에게 감사드립니다.

'점진적 만적의 난'을 꿈꾸며, 이만적(李灣蹟) 드림

차례

[철학과 역사의 만남]

I. 동양 철학과 동양사
(한국 철학과 한국사 포함)

1. 혼란, 아니 진보 시대의 철학자들 001
제자백가 / 춘추·전국 시대

중국 역사의 시작 / 봉건 제도의 실시 / 춘추·전국 시대의 시작 / 공자 / 공자의 정명 사상과 극기복례 / 공자의 '인'과 '서' / 아시아의 축제, 제사 / 제사를 문제 삼지 않는 로마 가톨릭 / ≪삼국사기≫에 단군 신화가 기록되지 않은 이유는? / 맹자, 성선설을 정립하다 / 맹자, '인'보다 '의'를 강조하다 / 맹자, 역성혁명을 부르짖다 / 맹자, 혈통이 아닌 능력의 나라를 꿈꾸다 / 맹자, 복지 국가를 꿈꾸다 / 중국의 베이컨 순자 / 군주를 위한 마키아벨리, 민중을 위한 법가 / 상앙의 이목지신 / 맹자의 연목구어, 한비자의 수주대토 / 전사집단 묵가 / 동양의 예수 묵가 / 인격천과 귀신을 이용하는 묵가 / 노자 / 노자의 무위자연 / 노자의 상선약수와 소국과민 / 도가도 비상도, 명가명 비상명 / 과연 이 시대는 혼란의 시대인가?

2. 장자, 불교 수용의 토대를 마련하다 041
불교와 장자 / 인도사

불교의 탄생 / 불교의 중도 / 불교의 연기설 / 불교의 삼법인설 / 불교의 사성제 / 마우리아 왕조와 쿠샨 왕조 / 굽타 왕조와 무굴 제국 / 장자 / 장자의 물아일체 / 장자의 제물론 / 장자의 좌망과 심재 / 장자의 영혼 불멸 사상

3. 중국, 유불도가 공존하다 059
경학과 현학 그리고 선종 / 한 왕조부터 당 왕조까지

진 시황제와 조고 / 유방과 항우 / 황로학파 / 황로학파가 눈에 거슬리는 한 무제 / 묵가의 영향을 받은 동중서 / 동중서의 이상 군주 세종 / 제갈공명이 위나라를 멸망시키다 / 팔왕(八王)의 난 / 현학 / 한 무제가 서로마를 멸망시키다 / 불교 수용의 토대, 관롱집단 / 이민족의 시대에 이민족의 종교가 발달하다 / 중국화된 불교, 선종

4. 한국, 유불도가 공존하다 087
한국의 유불도 / 삼국 시대부터 고려 시대까지

한국의 유교와 도교 / 부처의 종류 / 원효, 선종 확산의 토대가 되다 / 의천 / 지눌 / 조계종, 성리학 수용의 토대가 되다

5. 중국에서 종교 개혁이 일어나다 099
성리학 / 송 왕조

종교의 박람회장이 된 국제 도시 시안 / 소그드인, 안사의 난과 아바스 혁명을 일으키다! / 송 왕조 / 사대부의 나라 / 정강의 변 / 중국에서 종교 개혁이 일어나다 / 성리학 = 경학+불교+도교 / 북방 이민족과의 투쟁 / 농민들을 지배하는 이데올로기 / 성리학, 청 왕조 멸망까지 중국을 지배하다 / 사대부가 되는 방법

6. 조선의 플라톤 이황,
   조선의 아리스토텔레스 이이   121
   한국의 성리학 / 조선 초기와 중기

   사찰에서 유교를 공부한 유학자 최치원, 불교를 비판한 유학자 정도전 / 성리학을 극복한 성리학자, 정도전 / 조선, 혈통의 나라에서 능력의 나라로 진보하다 / 사림파의 시대 / 1,000원과 5,000원 / 조선의 플라톤 이황 / 조선의 아리스토텔레스 이이 / 말은 움직이는가, 움직이지 않는가 / 정여립 모반 사건 / 정철의 건저의 사건 / 동인이 북인과 남인으로 분화되다 / 서인과 남인, 의회 정치를 이루다 / 이황과 이이의 제2 라운드 논쟁, 예송 논쟁 / 일제의 당파성론은 역사 왜곡이다

7. 조선의 슈베르트 송시열, 조선의 후스 윤휴   143
   성리학의 교조화 / 조선 후기

   근세에서 근대의 태동으로 / 조선의 슈베르트 송시열 / 송시열, 마녀 사냥을 시작하다 / 숙종의 등장 / 경신환국 / 상호 공존의 시대가 일당 독재화의 시대로 / 서인, 노론과 소론으로 분화되다

8. 중국에서 르네상스가 일어나다   153
양명학 / 명 왕조와 조선 후기

성리학의 한계와 양명학의 등장 / 남송 멸망 / 홍건적의 난 / 명 왕조의 건국 / 피의 숙청 / 정난의 변과 계유정난 / 방효유와 사육신 / 토목의 변 / 북로남왜 / 서민 경제의 발달 / 양명학, 서민들을 위해 등장하다 / 중국에서 르네상스가 일어나다 / 왕수인 / 선지후행과 지행합일 / 지배층을 위해 한글이 창제되다!

9. 유교의 최후와 부활   173
실학과 공양학 / 청 왕조, 중화 인민 공화국 그리고 조선 후기

청 왕조의 등장 / 명 왕조의 멸망 / 사람 돼지와 고염무 / 문자의 옥 / 벽파와 시파의 분화 / 성리학자 정조 / 시파, 정약용 / 벽파 가문의 김정희 / 강건성세의 종말 / 양무 운동 / 변법자강 운동과 공양학 / 의화단 운동과 광서신정 / 신사층에게 버림받은 청 왕조 / 유교를 공격한 신문화 운동 / 유교의 숨통을 끊은 문화 대혁명 / 유교의 부활

II. 서양 철학과 서양사

1. 세상의 중심에 인간을 놓다   201
그리스 철학 / 오리엔트 문명과 그리스 역사

제우스가 에우로페를 납치한 까닭은? / 중장 보병 제도로 민주주의가 발달하다 / 민주주의로 소피스트가 등장하다 / 소피스트를 공격하는 소크라테스 / 소크라테스를 죽게 한 알키비아데스 / 소크라테스의 죽음 / 플라톤의 이상 국가 스파르타 / 이상주의자 플라톤 / 마케도니아와 아리스토텔레스 / 사선진 / 밀집 장창 보병대 / 유동적인 전술의 변화 / 아리스토텔레스에게 영향을 끼친 망치와 모루 전법 / 현실주의자 아리스토텔레스 / 반복적 실천을 통한 중용

2. 여호와, 예수를 위해 스토아 학파와 로마 제국을 준비하시다   235
헬레니즘 철학 / 알렉산드로스 제국과 로마 제국

스토아학파의 유행 / 알렉산드로스 대왕의 등장 / '운명에 순응하는 극단적 금욕주의를 추구하라' / 세계 시민주의 / 로마 제국의 등장 / 로마-카르타고 전쟁(포에니 전쟁) / 빵과 서커스 / 스토아학파와 에피쿠로스학파 / 죽은 시인의 사회

3. 같은 여호와를 모시는 종교들   259
기독교와 이슬람교 / 서양 중세와 이슬람 역사

유대교와 조로아스터교 / 크리스트교, 스토아학파와 로마 제국을 기반으로 세계에 퍼지다 / 크리스트교의 공인 / 한 무제가 서로마를 멸망시키다 / 이슬람교가 크리스트교를 그리스 정교와 로마 가톨릭으로 분열시키다 / 교황의 시대 / 대박 난 십자군 운동 / 교부 철학 / 스콜라 철학 / 이슬람교 / 성경과 쿠란의 차이 / 이슬람 문화 / 아바스 왕조 이후의 이슬람 세계

4. 생각하는 나, 그리고 생각하는 국가   293
합리론과 경험론 / 근대 중앙 집권 국가

합리론과 경험론의 등장 / 근대 중앙 집권 국가의 발달 / 신항로 개척 / 종교 개혁의 배경 / 카를 5세 / 루터의 종교 개혁 / 칼뱅의 종교 개혁 / 생각하는 국가의 모습을 보여준 30년 전쟁 / 친환경론의 토대, 스피노자

5. 진흙 속에 연꽃을 피우다   317
칸트 / 프리드리히 대제

칸트에게 영향을 끼친 튜튼 기사단 / 칸트, 경험론과 합리론을 종합하다! / 칸트를 분노케 한 비인간적인 프로이센의 농노제 / 칭기즈 칸이 서유럽을 근대로 발전시키다! / 독일의 특수한 길 / 칸트를 분노케 한 프리드리히 대제 / 인간을 수단이 아니라 목적으로 대하라! / 흄의 공감을 비판하다! / 칸트를 분노케 한 7년 전쟁 / 칸트, 18세기에 이미 국제 연합 설립을 주장하다!

6. 배은망덕한 시민 혁명   331
사회 계약설과 헤겔 / 시민 혁명과 나폴레옹

배은망덕한 시민 혁명의 이론적 토대, 사회 계약설 / 청교도 혁명과 홉스 / 크롬웰에게 아부하는 홉스 / 명예혁명 / 명예혁명과 로크 / 프랑스 대혁명의 시작 / 입법 의회 / 모차르트와 라 마르세예즈 / 국민 공회 / 루소의 영향을 받은 로베스피에르 / 베토벤을 분노케 한 나폴레옹 / 루소, 자유주의를 넘어 민주주의를 주장하다 / 계몽사상을 비판하는 루소 / 나폴레옹 전쟁 / 러시아 원정 그리고 톨스토이와 스탕달 / 괴테, 피히테 그리고 헤겔 / 사회 계약설을 꿈꿀 수 없는 독일의 철학

7. 간사한 부르주아지의 철학과 처절한 프롤레타리아의 철학 … 365

공리주의와 사회주의 / 산업 혁명

산업 혁명 / 공리주의의 등장 / 벤담의 양적 공리주의 / 밀의 질적 공리주의 / 차티스트 운동에 대한 밀의 전략 / 마르크스의 공리(公利)주의 / 사회주의와 공산주의의 차이 / 차티스트 운동에 영향을 준 7월 혁명 / 마르크스의 공산당 선언을 발표하게 한 2월 혁명

8. 쇼펜하우어의 허무주의에 빠진 독일, 니체의 철학을 이용한 히틀러 … 381

생철학 / 독일 통일과 제국주의 시대

생철학의 등장 / 2월 혁명으로 쇼펜하우어, 헤겔을 넘어서다 / 자유주의와 사회주의를 비판하는 니체 / 비스마르크, 빌헬름 2세, 히틀러 중 누가 니체의 초인인가? / 비스마르크의 독일 통일 / 알퐁스 도데와 프랑스의 항복 / 제국주의

9. 사르트르, 월드컵을 공격하다 … 397

실존주의 / 세계 대전

실존주의, 월드컵이라는 전략에 대항하다! / 실존은 본질에 앞선다! / 보부아르 / 키에르케고르 / 범게르만주의(오, 필승 독일!)와 범슬라브주의(오, 필승 러시아!)의 충돌 / 3국 동맹과 3국 협상의 결성 / 제1차 세계 대전의 발발 / 제1차 세계 대전의 전개 / 대공황 / 전체주의의 등장 / 무솔리니와 히틀러 / 제2차 세계 대전

[성경과 역사의 만남]

Ⅲ. 부록

1. **아브라함과 메소포타미아 문명(성경 : 갈대아)**   003
   아브라함의 고향 메소포타미아 / 비옥한 초승달 지대 / 홍수 / 수메르 문명 / 지구라트 / 사르곤과 수메르 복고 시대 / 하란을 거쳐 가나안으로

2. **야곱, 요셉과 이집트 문명(성경 : 애굽)**   012
   아브라함이 떠난 이후의 메소포타미아 / 야곱 / 이집트 문명 / 동물 숭상에서 태양 숭상으로 / 고왕국 / 중왕국 / 신왕국

3. **모세의 출애굽과 히타이트 제국(성경 : 헤테)**   024
   출애굽 시기 / 이스라엘 민족의 형성 / 히타이트(성경 : 헤테)

4. **삼손과 해양 민족(성경 : 블레셋)**   029
   사사기 시대 / 해양민족(성경 : 블레셋)

5. **사울, 다윗, 솔로몬과 페니키아(성경 : 시돈과 두로)**   035
   사울 / 다윗 / 솔로몬 / 페니키아(성경 : 시돈과 두로)

6. **이스라엘의 멸망과 아시리아 제국(성경 : 앗수르)**   045
   이스라엘의 멸망 / 유다 왕국 / 아시리아(성경 : 앗수르) / 아시리아의 종교 정책

7. 유다의 멸망과 신바빌로니아 제국(성경 : 바벨론) 053
    아시리아의 멸망 / 유다의 멸망 / 유대교의 성립

8. 성전, 성벽 재건과 페르시아 제국(성경 : 바사)   057
    아리아인과 페르시아 제국(성경 : 바사) / 키루스 대왕(성경
    : 고레스) / 키루스 칙령과 1차 귀환 / 캄비세스 2세 / 성전
    건축 중단 / 다리우스 1세(성경 : 다리오) / 제1차 그리스-
    페르시아 전쟁 / 세 대륙에 걸친 제국 / 성전 재건 / 크세르
    크세스 1세(성경 : 아하수에로)와 제2차 그리스-페르시아
    전쟁 / 에스더와 부림절 / 아르타크세르크세스 1세(성경 :
    아닥사스다)

9. 구약과 신약 사이(헬레니즘 시대 / 헬라 제국) 078
    헬레니즘 시대 / 프톨레마이오스 통치 시기 / 셀레우코스
    왕조 통치 시기 / 마카비 전쟁과 하스몬 왕조 / 사두개파와
    바리새파 / 하스몬 왕조의 멸망

10. 신약과 로마의 황제들   086
    신약의 시작 / 왕국의 분할 / 기독교의 시작 / 베드로와
    바울 / 로마의 황제들 / 제1차 군인 황제 시대 / 예루살렘의
    멸망과 신약의 종결

한눈에 보는 구약 성경 연대표   100
한눈에 보는 신약 성경   101

문예사조   102

Ⅰ 동양 철학과 동양사
(한국 철학과 한국사 포함)

1. 혼란, 아니 진보 시대의 철학자들
제자백가 / 춘추 · 전국 시대

중국 역사의 시작

중국의 역사는 하 왕조(夏, 기원전 2070년경~기원전 1600년경)에 의해 시작되었다. 하 왕조는 우임금이 황허강의 치수에 공을 세워 건국된다.

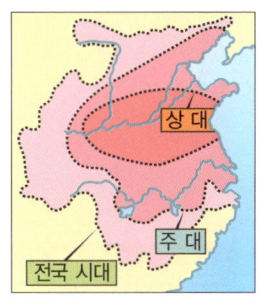

▲ 한족의 생활 영역 확대

그 다음 등장한 왕조는 상 왕조(商, 기원전 1600년경~기원전 1046년경)이다. 상 왕조는 초기 수도가 상(商)이어서 상 왕조라고도 하며 후기 수도가 은(殷)이어서 은 왕조라고도 한다. 상 왕조는 청동기 문명을 기반으로 건국되었으며 한자의 기원이 되는 갑골문을 만

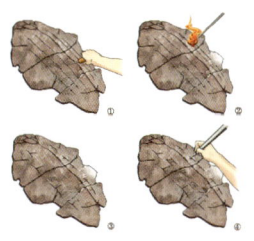

▲ 갑골문

점을 칠 때 신에게 묻는 내용을 큰 소리로 말하면서 거북의 배딱지와 소의 어깨뼈를 인두로 지져 구멍을 뚫으면 갑골이 열을 못 이겨 쩍쩍 갈라지면서 소리를 냈다. 이때 점치는 사람은 갈라진 금을 보고 하늘의 응답을 점쳤다. 이후 하늘에 물은 내용과 응답을 그림처럼 칼로 새겼는데 뼈의 결이 세로로 이루어져 있어 뼈의 결에 맞춰 기록하다 보니 한자는 가로가 아니라 세로로 쓰는 문화가 생겼다.

1. 혼란, 아니 진보 시대의 철학자들
제자백가 / 춘추·전국 시대

▲ 주지육림(酒池肉林)

〈사기〉 은본기
'술로써 연못을 삼고, 고기를 매달아 숲을 삼고, 남녀로 하여금 벗고 그 사이에서 서로 쫓게 하였으며, 밤새 술을 마셨다.'

들었다. 상 왕조가 멸망한 이유는 주왕(紂王) 때문이다. 주왕은 사랑하는 달기를 위해 쌀을 곳간에 산더미로 쌓아 올리고 주지육림(酒池肉林), 즉 술로 연못을 채우고, 고기로 숲을 이루어 그 안에서 밤새도록 주연을 베풀고 이를 반대하는 신하들은 모두 잔혹한 형벌로 죽여 버렸다.

봉건 제도의 실시

이런 극악무도한 주왕의 행동으로 기원전 1050년경 주(周) 왕조의 무왕(武王)이 상 왕조를 무너뜨렸다. 주 왕조는 상 왕조를 정복한 직후 왕의 친척들과 공신들에게 봉토를 하사하고 통치하게 하는 봉건 제도를 실시했다. 봉(封)이란 흙을 쌓아 올린다는 뜻이다. 건(建)은 다시 거기에 표지로서 나무를 세운다는 뜻이다. 즉, 경계를 정하여 제후들에게 경계 내의 지배권을 인정해 주는 것으로 일종의 지방 자치제를 실시한 것이다.

 제후를 임명할 때 자치권뿐만 아니라 활과 화살 등의 무기를 함께 주었다. 실은 그것은 주 왕조의 통치가 미치지 않는 지역을 식민지로 개척하려는 의도였다. 즉, 주 왕조가 완전히 장악한 땅을 종친과 공신들에게 나누어 준 것이 아니라 주 왕조의 영역을 넓히기 위해 종친과 공신들에게 자치권을 주는 대가로 주변 지역을 식민지로 개척하려는 사업이었던 것이다. 따라서 제후들은 힘겹게 토착민과 격렬한 전쟁을 통해 제압하기도 하고 무성한 초목을 벌채하여 황무지를 개간하면서 독자적으로 식민지를 개척하여야 했다. 그러나 이 때문에 이후 주 왕조 왕실의 힘이 약해지면서 제후들은 독립 국가로 발전해 나갈 수 있었다.

춘추·전국 시대의 시작

12대 왕인 유왕은 포사라는 여인을 총애하다가 주 왕조는 수도 호경(지금의 시안)을 잃고 동쪽으로 천도하였다. 유왕이 총애한 포사라는 여인은 평소에 잘 웃지 않았다고 한다. 유왕은 어떻게든 포사를 웃게 하려고 여러 가지로 애써 보았으나 모두 실패했다.

유왕은 일찍부터 봉화대와 큰 북을 만들어 외적이 침입했을 때에는 이것으로써 외적의 침입을 제후에게 알리도록 하였다. 어느 때 장난 삼아 봉화를 올렸더니 제후들은 모두 급하게 유왕에게로 달려왔으나 적의 모습은 없었다. 너무나 어이없어하는 제후들의 모습을 보고 포사는 처음으로 소리 높여 웃었다. 이때부터 유왕은 포사의 웃음을 보기 위해 적의 침입이

▲ 포사 : 기원전 8세기경 주 왕조 유왕의 여인

없음에도 불구하고 자주 봉화를 올렸다. 그럴 때마다 제후들은 유왕에게 달려왔고 포사는 웃었다.

주 왕조 서북쪽에는 흉노와 같은 종족으로 추정되는 견융(犬戎)이라는 유목민이 있었다. 이 견융이 기원전 771년 주 왕조

의 수도인 호경을 공격해왔다. 유왕은 견융의 침입을 막기 위해 봉화를 올렸으나 여러 번 속은 제후들은 아무도 오지 않아 결국 호경이 함락되고 주 왕조는 수도를 동쪽인 낙읍(현재의 뤄양)으로 옮겼다.

주 왕조의 역사는 이 사건을 계기로 서주와 동주 시대로 갈리게 된다. 견융의 침입 이전, 즉 수도가 호경일 때를 서주 시대, 수도를 낙읍으로 옮긴 이후를 동주 시대라고 구분한다. 동주 시대는 다시 춘추 시대와 전국 시대로 나뉘게 되는데 이 춘추·전국 시대에 제자백가가 등장했다.

공자

공자는 자신이 살았던 춘추 시대(기원전 722~기원전 481)를 '천하에 도가 사라진 상황', '예가 무너지고 악이 붕괴된 상황'으로 보았다. 예란 단순히 주 왕조의 예절뿐만 아니라 통치 제도까지를 의미하는 것이며, 악이란 주 왕조의 음악을 말한다.

▲ 공자 (기원전 551~479) : 인천 차이나 타운에 있는 공자의 동상

주 왕조 무왕이 상 왕조(은 왕조)를 멸망시킨 후 71개의 제후국을 세우고 이 중 55개국에는 자신의 가족들을 제후로 봉하였다. 주 왕조는 왕을 중심으로 가족 간의 유대를 통한 혈연적 봉건 제도를 실시한 것이다.

그러나 춘추 시대 말기에는 제후들이 왕만이 사용할 수 있는 음악을 연주했으며 제(齊)의 재상이었던 관중은 제후만이 설치

할 수 있는 시설들을 자기 집에 설치하였다. 이와 같이 군주와 신하 간의 관계가 어지러워지고 하극상이 심해져 신하가 군주를 살해하기에 이르렀다. 초(楚)에서는 아들이 아버지인 왕을 죽이는 등 241년간 춘추 시대에 모두 36명의 제후가 신하에게 피살되었다.

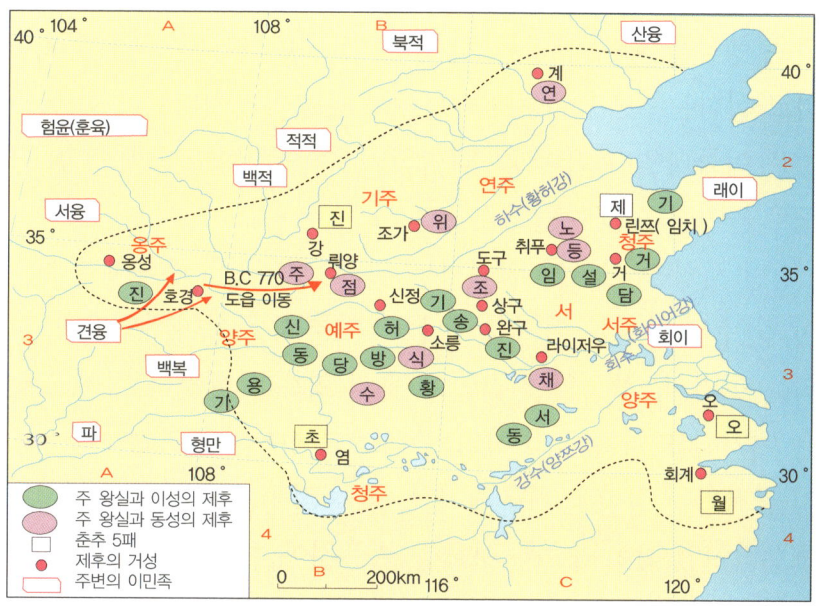

▲ 춘추·전국 시대

공자의 정명 사상과 극기복례

공자는 이 춘추 시대 말기의 혼란 시대를 극복하기 위해 옛 주 왕조의 봉건 제도로 돌아가길 원하였다. 주 왕조의 봉건 제도는 혈연적 봉건 제도를 기초로 하고 있다.

1. 혼란, 아니 진보 시대의 철학자들
제자백가 / 춘추·전국 시대

▲ 정명 사상

공자는 주례, 즉 가족 간의 유대관계를 기초로 한 주 왕조의 통치 제도로 돌아가길 희망했던 것이다. 공자는 주례로 돌아가기 위해서는 정명 사상(正名 思想)이 필요하다고 역설했다. 정명 사상이란 주 왕조 시기처럼, 사회 각 계층의 사람들이 각자의 직책과 명분에 걸맞은 행동을 해야 한다는 것이다. 공자는 "임금은 임금다워야 하고 신하는 신하다워야 하며, 아버지는 아버지다워야 하고 아들은 아들다워야 한다"고 역설하며 주 왕조의 혈연적 봉건 제도로 돌아갈 것을 주장했다.

정명 사상을 이루기 위해서는 신하가 임금을 몰아내고 자신이 왕이 되고 싶은 이기심, 아들이 아버지를 몰아내고 왕이 되려는 이기심, 자신의 친척인 이웃의 영토를 빼앗아 넓히고 싶은 이기심을 극복(극기)하고 주례로 돌아가야(복례) 한다. 이것이 공자가 주장한 극기복례이다. 이처럼 공자의 정치적 입장은 보수적이었으며 새로운 사회를 가능하게 하는 진보나 개혁적 노선을 모색하지는 않았다.

공자의 '인'과 '서'

하지만 공자는 정명 사상과 극기복례를 이루기 위한 방법으로 '인'과 '서'를 제시하여 유교의 기틀을 만들었다는 점에서 그 역사적 의의

▲ 공자의 인과 예

인(仁)은 도덕성의 내적 기준이고, 예(禮)는 외적인 규범이다

| 동양 철학과 동양사(한국 철학과 한국사 포함)

가 있다. 공자 사상의 중심은 인(仁), 즉 사랑이다. 인은 예(주례)를 실행하기 위한 내면적 바탕이다. 공자는 "인하지 않다면 예가 있다 한들 무엇하리?, 사람이 인하지 않다면 악이 있다 한들 무엇하리?"라고 하며 무너져 내리는 예를 회복하기 위한 조건으로 인을 강조했다.

공자의 사상의 또 다른 중심은 서이다. 서(恕)를 파자하면 마음 심(心)과 같을 여(如)가 합쳐진 글자라는 사실을 알 수 있다. 이는 내 마음과 남의 마음을 같게 하자는 뜻이니 용서할 '서(恕)'와 헤아릴 '서(恕)'의 두 가지 뜻을 모두 가지고 있다. 서의 소극적 표현은 "네가 남으로부터 당하기 싫어하는 일은 남에게도 베풀지 마라"이며 서의 적극적 표현은 "자기가 서고자 하면 남도 세워 주고, 자기가 도달하고자 하면 남도 도달하게 해주라"는 것이다.

▲ 역지사지

공자의 '서'는 역지사지를 의미한다. 역지사지란 남이 나를 밟으면 나 또한 상대방을 밟을 수 있으니 용서한다는 의미이다.

아시아의 축제, 제사

이전 사람들은 신, 귀신 등의 문제에 대하여 많은 관심이 있어왔다. 그러나 '인간의 인에 대한 자각'이라는 위대한 발견을 한 공자 시대에 이르러 더 이상 초자연적인 신이나 귀신을 믿지 않게 되었다. 유교의 '유(儒)'는 지금은 선비를 뜻하지만 그 당시에는 제사나 예식을 담당하던 관리를 말했다. 공자 역시 어릴 적부터 제사에 쓰는 그릇 등을 가지고 놀았다고 한다. 그러나 공자가 신이나 귀신을 믿었기 때문에 제사를 지낸 것은 아니었다. 공자는 신, 귀신, 죽음 이후의 세계인 내세에 대한 논의 자체를 배격했다.

제자가 그에게 귀신과 죽음에 대해서 물었을 때, "사람도 제대로 섬기지 못하는데 어찌 귀신을 섬길 수 있겠는가? 나는 아직 삶에 대해서도 알지 못하는데, 어찌 죽음에 대해서 알 수 있겠는가?"라고 대답하였다. 이와 같이 공자가 전개한 사상은 대단히 현실적이고 인간 중심의 철학이었다.

주 왕조의 봉건 제도는 가족의 혈연적 유대를 중심으로 한 봉건 제도였다. 따라서 이 종법 제도가 안정적으로 이루어지려면 가족 간의 유대가 강화되는 것이 선제조건이었다. 가족 간의 유대가 강화되려면 가족끼리 주기적으로 일종의 축제를 해서 단합대회를 해야 한다. 이러한 축제의 일환으로 바로 제사가 강조된 것이다.

제사를 문제 삼지 않는 로마 가톨릭

유럽에서 종교 개혁이 일어나자 로마 가톨릭은 예수회를 만들어 아프리카, 아시아로 전도하기 시작했다. 예수회의 마테오 리치가 명 왕조 시기에 중국에 와서 당시 지배층인 유학자들을 만났다. 그리고 그는 제사가 공자의 생각처럼 효를 드러내는 미풍양속이며 가족 간의 단합을 위한 일종의 축제라는 것을 알고 제사를 문제 삼지 않았다.

Ⅰ 동양 철학과 동양사(한국 철학과 한국사 포함)

양반의 집 (17세기 이후)   가묘의 내부
▲ 조선 중기 가묘와 신주

자린고비란 '조기를 쳐다보면서 밥을 먹는 사람'을 의미하는 것이 아니라 '신주의 종이를 갈지 않는 자'를 말한다. 조선 시대에는 자신이 굶어도 신주의 종이는 주기적으로 갈아줘야 할 만큼 신주를 중요시했다.

하지만 이후 중국에 온 다른 예수회 신부들은 주로 중국의 하층민을 상대로 포교를 했다. 하층민들은 제사를 지낼 때 조상에게 영혼이 있다고 생각하며 제사를 지냈다. 이에 후발 주자로서 온 예수회 신부들은 로마 교황청에 제사를 허용해서는 안 된다고 강력하게 주장하여 1742년 로마 가톨릭은 제사를 금지했다. 로마 가톨릭의 제사 금지 조치로 인해 조선의 신자들도 제사를 부정하다가 많은 박해를 받았다. 이후 1939년에는 다시 처음 입장처럼 로마 가톨릭은 제사를 문제 삼지 않게 된다.

《삼국사기》에 단군 신화가 기록되지 않은 이유는?

고려시대《삼국사기》를 저술한 김부식은 신라 계승주의자였다. 많은 독자들은 김부식이 신라 계승주의자였기 때문에 《삼국사기》에 단군 신화를 기록하지 않은 것으로 오해한다. 그러

1. 혼란, 아니 진보 시대의 철학자들
제자백가 / 춘추·전국 시대

나 고조선과 신라는 그 시대가 다르기 때문에 둘 모두를 계승할 수도 있다. 즉 고조선 계승주의자이며 신라 계승주의자일 수도 있는 것이다.

▲ 단군 신화

필자의 경우는 한민족임을 자랑스럽게 생각한다. 따라서 고조선 계승주의자이다. 그리고 필자는 고향이 충청도이기에 또한 백제 계승주의자이다. 이처럼 백제와 신라를 동시에 계승한다는 것은 무리가 있지만 시대가 다른 왕조는 둘 모두를 계승할 수 있는 것이다.

다시 말하지만 경주 김씨인 김부식은 신라 계승주의자이다. 많은 학자들은 삼국 중에 고구려가 가장 먼저 건국되었을 것이라고 추정하지만 김부식은 《삼국사기》에서 신라가 제일 먼저 건국했다고 기록했다. 이것은 김부식이 신라 계승주의자이기 때문이다.

김부식이 《삼국사기》에서 단군 신화를 기록하지 않은 것은 바로 유학자이기 때문이다. 공자가 창시한 유교는 내세, 미신, 신화, 귀신을 인정하지 않는 합리주의를 추구한다. 김부식은 인간과 곰이 결혼하여 단군을 낳았다는 이야기 자체가 비합리적인 이야기라고 여겼기 때문에 단군 신화를 기록하지 않은 것이다.

맹자, 성선설을 정립하다

맹자는 공자의 사상을 더욱 체계화하고 당시 상당한 영향력을 형성하였던 묵가의 학설을 물리쳐서 유가를 크게 발전시킨 인물이다.

맹자는 스승인 공자의 인을 강조하기 위해 성선설을 주장한다. 다시 말해 원래 모든 인간은 태어날 때부터 인을 갖게 되며 그러한 인을 반드시 실천해야 한다고 역설했다.

▲ 맹자(기원전 372?~289?)

구체적으로 맹자는 사람이 태어날 때부터 불인인지심(不忍人之心, 차마 어떻게 하기 어려운 인간의 선한 마음)을 갖고 태어난다고 보았다. 모든 인간은 태어날 때부터 다른 사람의 불행을 차마 보지 못하는 인간의 순수한 마음을 갖고 태어나니 공자의 인은 반드시 실현될 수 있다는 것이었다.

▲ 맹자의 성선설 : 인간은 차마 어찌하기 어려운 선한 마음을 가지고 태어난다.

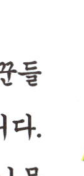
▲ 맹자의 사단(四端)

"본래 나무가 울창한 산이 있었습니다. 그런데 나무꾼들이 매일 나무를 베어 내어서 민둥산이 되어 버렸습니다. 사람들은 헐벗은 산을 보고서, '저 산은 처음부터 나무가 없는 산이다'라고 생각하기 쉽습니다. 그 산의 원래 모습은 보지 못한 채 말입니다. 사람의 본성도 마찬가지입니다. 매일 나무를 잘라내듯 착한 마음을 없애버리면 악한 행동을 하게 됩니다."

– 《맹자(孟子)》 –

맹자, '인'보다 '의'를 강조하다

성선설까지는 공자와 맹자의 차이가 드러나지 않는다. 하지만 맹자의 철학은 공자의 철학보다 훨씬 더 발전했다. 그 이유는 공자의 시대가 춘추 시대라면 맹자의 시대는 전국 시대였기 때문이다.

춘추 시대 초기 170여 개국은 전국 시대에 20여 개국으로 통합되었으며 다시 전국 시대 중기를 거치면서 7개 국으로 통합되었다. 춘추 시대에는 전쟁을 할 때 주로 전차를 이용했는데, 전국 시대에는 보병전으로 양상이 바뀌어 군사력이 춘추 시대보다 10배 내지 30배로 증가했다.

기원전 293년 진(秦)은 한과 위 연합군을 대파하여 24만 명의 병사를 참수했으며 기원전 260년에는 진이 조의 항복한 병사 40만 명을 땅에 묻어 죽여 버렸다.

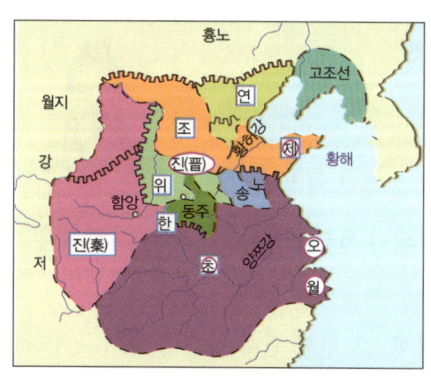
▲ 전국 시대

진(晉)을 조·한·위씨가 3분한 해(기원전 453)부터를 전국 시대라고 한다. 춘추 시대는 상대적으로 더 강력한 제후가 나머지 제후들을 연합하여 맹주가 되고, 존왕양이(尊王攘夷, 왕을 지키고 오랑캐를 무찌른다는 뜻)를 내세우며 주 왕조의 봉건 제도를 유지하기 위해 힘썼다. 이러한 강력한 제후를 패자(覇子, 으뜸인 자)라 하였다. 왕을 칭하지 않고 패자를 칭한 것은 주 왕조 왕실을 존중해서이다. 하지만 전국 시대에는 모두 왕을 칭했다. 이에 이후 진 시황제는 중국을 통일한 후 왕을 칭하지 않고 황제란 말을 만들어 사용했다.

이런 참혹한 전국 시대에 살았던 인물이었던 맹자는 공자와 다르게 의를 강조하게 된다. '인'은 공자가 말했듯이 따뜻하고

춘추 시대

전국 시대

▲ 전차와 보병

포용적인 사랑이다. '의'는 옳고 그름을 분명하게 구분하는 사회적 정의이다. 사람은 누구나 마땅히 가지게 되는 것으로, 하지 말아야겠다는 마음과 그리고 또 반드시 하겠다는 마음이 있다. 이러한 마음을 확대해 밀고 나가 일체 하지 말아야 할 일을 하지 않게 하며, 반드시 이루어야 할 것을 이루고 마는 것이 의이다. 하지만 이러한 의를 이루려다가는 자신이 죽을 수도 있다. 맹자는 용기를 갖고 죽음을 두려워하지 말라고 주장했다. 그리고 그는 이러한 용기가 호연지기를 통해 얻어진다고 했다.

맹자가 살던 전국 시대는 공자가 살던 춘추 시대보다 더욱 혼란한 시대였기에 죽음을 무릅쓰고 의를 이루어야 한다고 강조한 것이다.

▲ 호연지기

"이기지 못하는 것을 이기는 것처럼 보는 것이니 적을 헤아린 뒤에 진격하며 이길 것을 고려한 뒤에 회전한다면 이는 적의 삼군을 두려워하는 자이다. 내 어찌 반드시 이기는 것만을 할 수 있겠는가? 두려워하지 않을 뿐이다."

― ≪맹자(孟子)≫ ―

맹자, 역성혁명을 부르짖다

맹자의 정치적 입장은 공자보다 훨씬 진보한 노선을 보이고 있다. 그가 바로 춘추 시대가 아니라 전국 시대의 인물이기 때문이다. 공자는 당시 정치적 혼란을 이겨내기 위해 주 왕조로 돌아갈 것을 주장했다. 하지만 맹자가 살던 전국 시대는 주 왕조 왕실이 단지 이름만 있는 존재였기 때문에 맹자는 그것을 주장하지 않았다.

오히려 맹자는 서양의 로크처럼 군주를 교체할 수 있다고 강조한다. 맹자는 세상에서 가장 중요한 백성들을 도덕적으로 통치하는, 즉 '왕도 정치'를 제대로 행하지 못하는 왕이 있다면 그를 교체할 수 있다는 역성혁명을 주장하였다. 다시 말해 정권 교체를 과감하게 승인한 것이다.

▲ 역성혁명

예를 들어 고려 말의 사회적 모순을 당시의 왕씨가 해결하지 못한다면 그 순간부터 왕씨는 왕이 아니다. 다른 성씨, 즉 이씨가 왕씨를 몰아내고 왕이 될 수 있다는 사상이다.

제(齊)의 선왕이 물었다. "신하가 임금을 죽일 수 있는가?" 맹자가 대답했다. "인을 파괴하는 사람은 도적이고, 의를 파괴하는 사람은 강도입니다. 도적이나 강도는 하찮은 장부(丈夫)일 뿐입니다. 한 장부를 죽였다는 말은 들었지만 임금을 죽였다는 말은 듣지 못했습니다."

▲ 맹자가 꿈꾼 민본주의

| 동양 철학과 동양사(한국 철학과 한국사 포함)

이처럼 맹자는 백성을 가장 중시했다. "백성이 가장 귀하고, 사직은 그 다음이요, 임금은 가장 경미하다." 가장 귀한 백성을 위해 왕도 정치를 행하지 않으면 가장 경미한 임금은 언제든지 교체할 수 있는 것이다.

맹자, 혈통이 아닌 능력의 나라를 꿈꾸다

전국 시대에 들어와 본격적으로 주 왕조의 귀족들은 기득권을 상실했으며 능력 있는 새로운 인물들이 지배층으로 교체되었다. 공자는 정명 사상을 주장하며 주 왕조의 신분 제도로 돌아갈 것을 주장했지만 맹자는 이를 거부하였다. 주 왕조의 귀족들은 혈통을 통해 관직을 세습하면서 자신들의 기득권을 유지해 왔다. 맹자는 이를 비판하며 능력에 따라 관직을 차지해야 한다고 주장한다. 맹자의 사상에 의해 이제 중국의 새로운 지배층은 혈통이 아니라 자신들의 능력을 강조함으로써 농민에 대한 지배를 합리화할 수 있게 되었다. 이제 중국은 혈통의 나라에서 능력의 나라로 전환되기 시작했다. 아니 어쩌면 이미 능력의 나라로 전환된 이 시대를 맹자가 합리화시킨 것일 수도 있다.

고려 시대의 경우 음서가 관직 진출에 중요한 수단이었다. 음서 제도란 조상이 고위 관리이면 자손이 시험을 보지 않고 관리가 될 수 있는 특혜였다.

하지만 조선은 맹자를 신봉하는 유학자들이 세운 나라이다. 따라서 조선의 유학자들은 결코 혈통으로 농민에 대한 지배를 합리화하지 않았다. 자신들은 육체 노동보다 더 힘든 정신 노동을 통해 과거에 합격한 자이니 당연히 농민을 지배할 수 있다는 것이 그들의 논리였다.

▲ 육체 노동

다시 말해 과거를 통해 정신 노동을 할 수 있다는 능력을 인정받은 자신들은 정신 노동에 약한 농민들을 마땅히 지배할 수 있다는 것이다.

▲ 정신 노동

다음은 맹자의 말이다. "대인이 할 일이 있고, 소인이 할 일이 있습니다. 어떤 사람은 정신 노동을 하고 어떤 사람은 육체 노동을 합니다. 정신 노동을 하는 사람들은 다른 사람들을 다스리고, 육체 노동을 하는 사람들은 그 사람들로부터 다스림을 받습니다. 다스림을 받는 사람들은 그 사람들을 먹여주고, 다스리는 사람들은 그 사람들로부터 얻어먹는 것이 천하에 보편적인 원칙입니다."

맹자는 노동을 정신 노동과 육체 노동으로 구분했다. 맹자는 육체 노동보다 정신 노동이 더 힘든 것이니 정신 노동을 하는 자들이 육체 노동을 하는 농민을 지배할 수 있다고 주장했다. 이는 단순히 지배의 합리화를 위해 주장한 이론은 아니다. 혈통으로 관직을 세습하는 것을 비판하고 정신 노동을 잘할 수 있는 능력을 기준으로 관직을 차지하게 해야 한다는 이론이다.

맹자, 복지 국가를 꿈꾸다

공자는 이상 사회로 대동 사회를 제시했다고 알려져 있다.

▲ 대동 사회

"큰 도가 행해지고 어진 사람과 능력 있는 자가 버려지지 않으며, 가족주의에 얽매이지 않고, 노인은 자기의 생을 편히 마치고, 젊은이는 모두 일할 수 있으며, 노약자·병자·불쌍한 자들이 부양되며, 길에 재물이 떨어져도 줍지 않는 세상이 바로 대동 세계이다."

하지만 일부 학자들은 이 내용을 후대에 와서 꾸며진 것이라고 보기도 한다. 공자의 사랑은 차별적인 사랑이다. 일찍이 공자는 존비친소(尊卑親疎, 높고. 낮고. 친한 사이. 먼 사이)를 인정했다. 공자는 부모가 자식보다 더 중요하며, 내 가족이 이웃보다 더 중요한 것이라고 말했다. 이 주장과 위의 대동 사회는 서로 맞지 않는다. 따라서 일부 학자들은 무차별적인 사랑, 내 가족과 이웃을 동등하게 사랑하자고 주장한 묵가의 영향을 받아 공자의 대동 사회가 송 왕조 이후에 꾸며진 것으로 보고 있다.

그러나 공자의 제자인 맹자는 공자의 차별적 사랑의 한계를 극복하기 시작한다. 물론 맹자가 묵자(묵가를 창시한 인물)처럼 무차별적인 사랑을 주장한 것은 아니다. 공자의 차별적 사랑을 인정하면서 자기 가족에 대한 사랑을 이웃으로 확대시키자는 것이다.

'자기의 어버이를 어버이로 섬기고(친기친, 親其親) 자기의 웃어른을 웃어른으로 섬기면(장기장, 長其長) 천하가 화평하게 다스려질 것이다(이천하평, 而天下平).'

맹자의 주장에 따르면 이제 자기 가족뿐만 아니라 이웃까지도 사랑해야 하기에 복지 국가의 과제가 대두되게 된다.

'문왕의 사냥터가 사방 70리나 되었지만 나무꾼과 사냥꾼을 마음대로 드나들게 하여 그들과 함께 쓰셨으니 백성들이 그것을 크다고 여기지 않았습니다. 제(齊)는 사방 40리의 사냥터가 있지만 그 안에 있는 사슴을 죽인 자는 살인죄로 다스리고 있습니다. 그것은 마치 사방 40리나 되는 함정을 나라 안에 파 놓은 꼴이 되니 백성들이 그것을 크다고 생각하지 않겠습니까?' 맹자에 의하면 이처럼 국가는 백성 전체의 소유이니 국가는 적극적으로 분배를 위해 노력해야 하는 것이다.

맹자는 '항산(恒産)이 있어야 항심(恒心)이 있다.'라고 주장하며 국가는 항상 백성들의 생계를 책임져야 하고 그렇지 못할 경우 백성들은 저항할 수 있다고 주장한다. 맹자의 이 복지 국가 정신에 따라 후에 실학이 등장하게 된다.

중국의 베이컨 순자

순자가 살던 시대는 맹자가 살던 시대보다 더욱 혼란스러운 전국 시대 말기였다. 따라서 순자는

▲ 순자(기원전 298?~기원전 238?)

맹자의 성선설을 거부하고 성악설을 주장한다. 순자는 그 당시 사회를 홉스처럼 '만인의 만인에 대한 투쟁 상태'로 본 것이다. 인간은 태어날 때부터 이익을 좋아하고, 남을 미워하며 자신의 본능적인 욕구를 따르는 존재이니 군주가 인간을 엄격하게 규제하고 도덕을 강요하여 악한 본성을 변화시켜(화성) 선하게 만들어야함(기위)을 강조했다. 바로 '화성기위(化性起僞)'를 주장한 것이다. 순자가 강조

▲ 화성기위

한 위는 '사람'이라는 뜻을 가진 '인(人)'과 '행동'이라는 뜻을 가진 '위(爲)'가 합쳐진 글자이다.

이렇게 인간의 행동을 강조함으로써 순자는 맹자보다 한층 더 인간의 능동적 측면을 강조하는 것이다. 순자는 자신이 항상 공자의 후계자라는 생각을 가지고 있었지만 후대의 유학자들은 그를 유교의 이단아로 보았다. 순자가 맹자의 성선설을 반박하고 성악설을 주장했기 때문이다.

그러한 순자는 인간의 능동성을 강조하고 자연과 인간을 분리시켰다. 다시 말해 순자는 자연은 만물을 만들었지만 자연을 다스리는 것은 능동적인 인간이라고 보았기 때문에 자연에 대한 인간의 능동적 참여를 강조한 것이다. 이러한 순자의 사상은 중국의 자연 과학 발달에 기여했다.

그리고 이 주장은 서양의 베이컨의 사상과 거의 일치한다. 베이컨은 '아는 것이 힘이다'라고 하며 인간은 능동적으로 자연

과학을 발달시켜 자연을 정복해야 한다고 주장했다.

한편 순자는 군주가 악한 인간의 본성을 적극적으로 변화시켜야 한다고 주장함으로써 한비자의 법가에 영향을 주었다.

군주를 위한 마키아벨리, 민중을 위한 법가

공자와 맹자의 시대 사이에 활동한 묵자는 당시 중국에 큰 영향을 끼친 사상가였다. 묵가는 전쟁을 없애 민중의 이익을 극대화시키자는 사상이다.

▲ 묵가를 창시한 묵자

그러나 법가는 전쟁을 통해 중국을 하나의 나라로 통일하여 민중의 이익을 극대화하자고 주장했다. 하나의 나라로 중국을 통일하기 위해서는 일단 강력한 법을 토대로 국가의 부국강병을 도모하여 그 국력으로 천하를 통일하자는 주장이다.

이것이 바로 법가가 또 하나의 부국강병을 위한 교본인 마키아벨리의 《군주론》과 다른 점이다. 마키아벨리의 《군주론》은 군주를

▲ 마키아벨리

위한 철학이나, 법가는 묵가와 동일하게 민중의 이익을 위한 철학이다. 중국의 법가로는 관중(?~기원전 645), 오기(기원전 440~기원전 381), 상앙(商鞅, 기원전 395?~기원전 338), 이사(?~기원전 208), 한비자(기원전 280?~233) 등이 있는데 단연코 상앙과 한비자가 대표적인 인물이다.

상앙의 이목지신

평소 제(齊)의 재상을 하던 관중의 법가 철학의 영향을 받은 상앙은 진(秦) 효공 때 재상이 되어 법가 철학을 기반으로 법령과 제도를 개혁하고 부국강병을 이루어 후일 진이 천하를 통일할 수 있는 토대를 만들었다.

상앙은 법률을 제정하고 공포하기 전에 3자 길이 나무를 수도의 남문에 세워 놓고 백성들을 불러 모아 이 나무를 북문으로 옮기는 자에게는 큰 돈을 준다고 약속하였다. 그러자 백성들은 이를 이상하게 생각하여 아무도 옮기는 자가 없었다. 그러자 처음 약속했던 돈보다 더 큰 돈을 주겠다고 하자 백성들 가운데 한 사람이 이를 북문으로 옮겼다. 상앙은 즉시 약속한 돈을 주고 새로 만든 법률을 공포하였다. 이를 이목지신(移木之信)이라 한다. '나무를 옮긴 사람에게 상을 주어 믿음을 갖게 하다'라는 뜻으로 남을 속이지 않거나 약속을 반드시 지킨다는 것을 비유하는 말이다.

▲ 이목지신

상앙은 전쟁에서 공을 세워야 공직을 주었으며, 일을 열심히 하여 생산량을 늘린 자에게는 세금을 줄여 주었다. 그리고 전쟁을 할 때도 여러 병사를 하나의 팀으로 묶어 그 중 한 사람이라도 도망가면 모두 처벌을 받게 하였다. 이러한 상앙의 법의 핵심은 처벌이었다. 상앙은 "형벌이 결국 형벌을 없앤다."는 철학으로 벌과 상의 비율을 9:1로 정하였다. 진의 태자가 진 왕조의 법을 어기자 상앙은 태자의 스승의 얼굴에 문신을 새기는 형벌을 가했으며 이후 태자가 또 법을 어기자 스승의 코를 베었다.

이처럼 강력한 법 집행으로 진은 부국강병을 이루게 되었다. 한 왕조의 역사가 사마천이 쓴 《사기》에 따르면 상앙의 법이 실시된 지 10년도 안되어 진에서는 도적이 사라졌고 땅에 물건이 떨어져도 주워가는 사람이 없었다고 기록되어 있다.

하지만 상앙은 자신의 후견자였던 효공이 죽고 자신을 미워했던 태자가 왕이 되자, 말을 몰아 사지를 찢어 죽이는 무시무시한 형벌로 처형되었다. 사람들은 상앙을 '자신이 만든 법률에 의해 죽은 자'라고 조롱했다.

맹자의 연목구어, 한비자의 수주대토

상앙이 죽은 뒤 100년 후 법가는 한비자에 이르러 더욱더 발전했다. 맹자는 형벌과 법치로 통치하는 패도 정치로 나라를 다스리는 것은 나무 위에 올라가 고기를 구하는 '연목구어(緣木求魚)'와 같다고 비판했다. 즉 연목구어란 불가능한 일을 무리해서 굳이 하려 함을 비유적으로 이르는 말이다. 맹자는 패도 정치로는 결코 천하를 통일할 수 없고 도덕으로 통치하는 왕도 정치만이 천하를 통일할 수 있다고 하

▲ 한비자

면서 이 사자성어를 언급한 것이다.

　반대로 한비자는 수주대토(守株待兎)의 일화를 통해 맹자의 주장을 반박했다. 즉 그는 맹자의 도덕을 통한 왕도 정치를 비판하고 가혹한 형벌과 법치에 바탕을 둔 패도 정치를 주장했다. 수주대토란 대책 없이 옛것에 의존하는 사람들을 빗대는 고사성어이다.

　'옛날에 어느 농부가 농사를 짓다가 토끼 한 마리가 나무에 부딪쳐 죽는 걸 보았다. 이 행운으로 토끼를 얻은 농부는 농사를 그만두고 다른 토끼가 와서 부딪칠 때를 숨죽여 기다리기만 했다.'

　한비자는 혼란한 전국 시대 말기에 왕도 정치를 추구하는 것은 이 어리석은 농부의 행동과 유사하다고 하며 비판한 것이다.

▲ 연목구어

▲ 수주대토

　한비자는 역사는 진보하므로 그 시대의 상황에 맞게 새로운 해결책을 모색해야 한다고 주장했다. 그 해결책이 바로 패도 정치였다.

한비자는 순자의 제자로서 인간을 악하다고 보았다. 하지만 다른 점도 있다. 순자는 비록 인간은 악하지만 선해질 수 있다고 보았다. 반면 한비자는 인간은 원래 이기적이고 간사하기 때문에 오직 상과 벌로써만 조종할 수 있으며 결코 착해질 수 없다고 보았다. 이러한 차이가 바로 순자의 유가와 한비자의 법가의 다른 점이다.

한비자는 원래 진(秦)이 아니라 한(韓)의 사람이었다. 이사와 함께 순자의 제자였으나 말더듬이여서 등용되지 못했다. 하지만 이웃 진왕(이후 진 시황제)은 이 한비자를 너무 좋아해서 "이 사람을 만나 함께 대화를 나누었으면 여한이 없겠다."라고 할 정도였다. 결국 한비자는 진에 와서 등용되었으나 재상이었던 이사가 한비자를 질투해서 죽여 버렸다.

법가 사상의 3요소

한비자는 법가 사상을 법·세·술로 정리했다. 한비자는 세가 제일 중요하며 그 다음으로 법, 술이 중요하다고 했다.

'법'이란 문서로 만들어져 백성이면 누구나 알 수 있도록 선포된 규율이다.

'술'이란 왕의 관리에 대한 조종 원리이다. 구체적으로 '술'이란 상과 벌로서 관리들을 조종하는 원리이다. 즉 관리가 불을 끄

▲ 법가의 삼요소

다가 죽으면 전쟁에서 전사한 자와 같은 상을 내리고, 불을 끄지 않은 자에겐 전쟁에서 적에게 항복한 자와 같은 벌을 내리는 것이다.

'세'란 법과 술을 가능하게 하는 실질적 근거로서 막강한 통치권을 의미한다.

전사집단 묵가

묵가의 사상은 묵적이 그 창시자이다. 묵적은 공자와 맹자 사이의 시기에 태어난 목공 기술자였는데 나무를 베기 위해 벨 위치에 먹물로 표시를 하여 묵적 (墨蹟, 먹 묵, 자취 적)으로 불렸다는 설이 있다. 묵적은 공자에 대한 비판을 통해 자신의 사상을 펼쳐 나갔다. 묵적은 공자의 차별적인 사랑을 비판하며 예수처럼 무차별적인 사

▲ 영화 '묵공' (2006년 개봉) 의 포스터

랑을 주장했다. 그리고 공격적인 전쟁을 반대하여 큰 나라가 작은 나라를 공격하는 전쟁을 반대하였다. 때문에 묵가는 작은 나라를 도와주는 전사 집단이기도 했다.

이 시대 묵가의 인기는 매우 컸다. 맹자도 주로 묵가의 이론에 대한 비판을 통해 유가의 사상을 정립하였을 정도였다. 하지만 이들이 전사 집단이었기에 진 왕조가 중국을 통일한 이후에는 국가 입장에서 부담이 되어 철저하게 배척당했다.

동양의 예수 묵가

공자는 차별적인 사랑을 주장했다. 공자는 이웃보다 자신의 가족이 더 중요했다. 하지만 묵자는 예수처럼 무차별적인 사랑을 주장했다. "천하의 모든 나라는 천의 고을이고 천하의 모든 사람은 천의 신하이다." 이것이 바로 겸애설(兼愛說)이다. '겸(兼)'이라는 글자는 '차별이 없음', '두루 아우름'의 뜻을 갖는다. 따라서 묵가의 겸애는 '차별이 없는 사랑'을 의미한다.

무차별적인 사랑을 주장한 점에서는 예수와 같지만 그 원리는 전혀 다르다. 묵자는 사람을 원래 이익을 추구하는 존재라고 본다. 따라서 묵자는 사람들이 자신들의 이익을 위하여 무차별적인 사랑을 하여야 한다고 주장한다. 묵자에 따르면 사랑이란 남을 이롭게 하는 것이면서 동시에 자신도 이롭게 하는 것이다. 즉 자신이 이롭기 때문에 무차별적인 사랑을 하라는 것이다. 이를 겸애교리(兼愛交利)라고 한다. 겸애교리란 무차별적인 사랑은 너도 나도 모두 이롭게 한다는 뜻이다.

맹자는 이를 비판하며 견리사의(見利思義)를 주장했다. 이익을 보면 의를 생각하라는 것이다. 다시 말해 유가의 인은 '의로움'에 의해 정당화된다면 묵가의 겸애는 '이로움'에 의해 정당화된다.

묵가는 창시자가 목공 기술자였기에 그들 중에는 수공업자들이 많았을 것으로 추정한다. 수공업자들은 철저하게 이익을 중시하여 실용주의의 성격이 강하다. 이는 미국의 사상가 듀이의

| 동양 철학과 동양사(한국 철학과 한국사 포함)

실용주의(實用主義, Pragmatism)와 매우 유사하다.

망치는 못을 박을 때는 유용하므로 이때는 도구이지만, 코를 후빌 때는 유용하지 않으므로 이때는 도구가 아니다. 즉, 망치는 항상 도구가 아니라 유용성이 있을 때만 도구가 되는 것이다.

▲ 듀이의 실용주의

▲ 듀이

인격천과 귀신을 이용하는 묵가

묵자는 실용주의자다. 따라서 묵가는 하늘과 귀신을 자신들의 목적을 위해 이용한다. 이 당시 지식인들은 대체로 귀신에 대한 의식은 치렀지만 그 존재를 믿지 않았다. 하늘은 인격적인 존재(인격천)라기보다는 인간이 제어할 수 없는 운명과 같은 비인격적 존재(자연천)로 간주되었다. 공자도 하늘에 인격이 없다고 생각했으며 귀신도 존재하지 않는다고 생각하였다. 도가에서도 "하늘은 만물을 편애하지 않아 '짚으로 만든 개(하찮은 물건을 의미)'처럼 하찮게 취급한다."고 생각했다.

단지 하층민들에서만 공자, 도가와 다르게 인격천(人格天)과 귀신을 믿었다.

묵가도 하늘이 인격이 있고 귀신도 있다고 주장한다. "하늘은 사람들이 서로 사랑하며 서로 이롭게 할 것을 바라지, 사람들이 서로 미워하여 서로 해칠 것을 결코 바라지 않는다."라고 했다.

1. 혼란, 아니 진보 시대의 철학자들
제자백가 / 춘추 · 전국 시대

프랑스의 나폴레옹은 종교에 심취하지 않았던 인물이다. 나폴레옹이 황제가 되자 어떤 신하가 나폴레옹이 종교에 심취하지 않은 걸 알고 교회의 수를 줄이자고 건의했다. 이에 나폴레옹은 비록 자신은 신을 믿지 않지만 교회가 가져다 주는 사회적 평화는 믿는다고 말했다. 묵가도 나폴레옹과 마찬가지로 백성들이 하늘과 귀신을 믿지 않을 때보다는 믿었을 때 그들을 통제하기가 쉽다고 생각했다.

국가의 경찰력이 모든 도둑을 방지할 수는 없다. 하지만 하늘에 인격이 있다고 강조하면 도둑 입장에선 바로 옆에 경찰이 없더라도 하늘에서 보고 있으니 도둑질을 할 수 없는 것이다. 그리고 귀신의 존재를 인정하면 경찰이 옆에 없어 상대방을 죽이는 데 성공할지라도 죽은 상대방이 나중에 귀신이 되어 복수할 수 있기에 상대방을 죽일 수 없게 되는 것이다.

이처럼 철저한 실용주의 입장에서 묵가의 천은 인격천이 되었다. 이후 유교는 한 왕조 때 동중서에 의해 이러한 묵가의 실용주의를 수용하여 하늘을 묵가처럼 인격천으로 만들어 버린다. 묵가의 생각처럼 하늘에 인격이 있다고 강조해야 통치에 수월하기 때문이다.

공자, 도가의 하늘

묵가의 하늘과 동중서 이후 유교의 하늘

▲ 하늘의 변화

하늘의 개념은 공자, 도가의 자연 천(天)에서 묵가, 동중서의 인격 천(天)으로 변화한다.

노자

노자의 활동 시기는 여전히 논란거리이다. 하지만 노자의 주장이 주로 공자의 주장을 비판하는 것이기에 노자의 활동 시기를 공자 다음으로 보는 것이 옳다.

▲ 노자

노자의 무위자연

노자의 철학은 '무위자연(無爲自然)'이란 한마디로 이해할 수 있다. 여기서 자연이란 숲 속의 자연이 아니라 무위를 말한다. 무위란 인위적으로 만든 사회 제도를 행하지 않는 것을 말한다. 즉, '인위적으로 만들어진 사회 제도를 하지 않는 행위' = '무위' = '자연' 인 셈이다. 노자는 인위적으로 만들어진 사회 제도 때문에 우리 인간은 진정한 도를 볼 수 없어 더 힘든 세상을 살게 된다고 주장했다. 노자가 말하는 인위적으로 만든 사회 제도란 물론 법가의 법도 해당되지만 주로 공자의 예를 말한다.

▲ 무위자연

춘추·전국 시대에 단연코 가장 인기가 많았던 철학은 유가였다. 법가는 유가에 비해 인기가 없었는데 그럼에도 후일 진시황제가 법가를 선택하여 천하를 통일하게 된다. 당시에는 유가가 가장 인기가 많은 철학이었기에 노자는 주로 공자의 예를 공격한 것이다.

1. 혼란, 아니 진보 시대의 철학자들
제자백가 / 춘추·전국 시대

노자가 지었다고 전해지는 《도덕경》은 전혀 도덕을 강조하는 책이 아니다. 도덕은 공자가 강조하는 말이었다. 《도덕경》은 '도'와 '덕'을 강조하는 책이다. 노자는 우주 만물의 근원을 도라고 보았고, 덕이란 모든 사람들의 내부에 존재하는 도를 의미했다.

공자는 이기심을 극복하고 주 왕조의 예를 회복(극기복례)할 것을 주장했다. 하지만 이 당시 귀족과 지식인들은 예에 따른 행동을 잘하였던 반면 일반 백성들은 예에 익숙하지 못하여 형법의 규제를 많이 받았다. 따라서 예는 아래로 서민에게 미치지 못하였고, 형벌은 위로 대부까지는 미치지 못하였다. 예의 진정한 목적이란 백성들을 선하게 만들고 사회를 안정시키는 데 있다.

그러나 이 당시 예는 구속력만을 강조하여 백성들을 힘들게 하고 본래의 의도와 다른 결과를 초래하는 경우가 많았다. 이에 노자는 공자의 예를 행하지 말고 무위를 행할 것을, 즉 자연스럽게 인간 내부에 있는 우주의 도인 덕을 행할 것을 강조한 것이다.

"가장 좋은 것은 백성들이 통치자가 있다는 것만을 아는 것이고, 그 다음은 통치자를 가깝게 여기고 칭찬하는 것이고, 그 다음은 통치자를 두려워하는 것이고, 가장 나쁜 것은 통치자를 모욕하는 것이다. 믿음이 부족한 경우에는 불신이 생길

| 동양 철학과 동양사(한국 철학과 한국사 포함)

것이다. 그러므로 성인은 자신의 말을 주저하는 듯하다. 성인이 공을 이루고 일을 완수했지만 백성들은 모두 '스스로가 그렇게' 했다고 말한다." 노자는 공자와 달리 예를 모르는 어린아이를 이상형으로 보았다. 어린아이와 같이 자연 그대로의 순진한 모습을 회복해야만 평화스러운 사회를 구축할 수 있다고 주장했다.

노자의 상선약수와 소국과민

노자는 도를 물로 비유했다. 물은 위에서 아래로 흐르니 겸허하고, 서로 만나도 싸우지 아니하며, 더러운 곳을 씻어주어 만물을 이롭게 하기 때문이다. "가장 착한 것은 물과 같다. 물은 만물을 이롭게 하며 다투지 않는다. 그리고 많은 사람들이 싫어하는 낮은 곳에 머무른다. 그런 까닭에 도와 가깝다." 이를 상선약수(上善若水)라고 한다. '상선'은 가장 높은 선을 말하고 '약수'는 물과 비슷하다는 뜻이다.

노자도 춘추·전국 시대 혼란을 극복하고자 하는 철학을 펼친 사상가였기에 당연히 이상 국가를 제시하였다. 노자의 이상 국가는 소국과민이다. 소국과민이란 작은 나라와 적은 백성을 의미한다. 노자의 이상 국가는 백성의 수는 무척 적으며 그 나라의 크기는 이웃 나라에서 닭 우는 소리

▲ 노자의 상선약수와 소국과민

1. 혼란, 아니 진보 시대의 철학자들
제자백가 / 춘추·전국 시대

가 겨우 들릴 정도인 작은 나라이다. 주 왕조 시기 한 마을의 크기는 폭과 넓이가 300걸음 정도로서 스물 다섯 남짓의 가구가 모여 사는 곳이었다. 노자가 말하는 이상 국가는 주 왕조의 한 마을의 크기와 비슷했다.

얼핏 보면 노자가 말하는 국가는 주 왕조 시기의 마을과 비슷하여 노자의 이상 국가가 주 왕조 시기를 말하는 것처럼 보이지만 그렇지는 않다. 노자는 주 왕조와 같은 거대한 제국을 거부하였고 더 나아가 사람들이 늙어 죽을 때까지 서로 왕래하지 않을 것을 주장했다.

그리고 주 왕조 시기에 이미 존재했던 농기구, 수레, 배 등 일체의 문명을 거부했다. 따라서 필자는 노자의 이상 국가가 청동기 문명인 주 왕조 이전인 문명이 성립되지 않은 신석기 시대라고 생각한다.

도가도 비상도, 명가명 비상명

'도가도 비상도(道可道 非常道), 명가명 비상명(名可名 非常名)'이란 '도를 도라 하면 이미 그것은 도가 아니다. 이름이라고 말할 수 있으면 그것은 이미 진정한 이름이 아니다.'라는 뜻이다.

문자는 청동기 시대에 비로소 등장한다. 하지만 노자의 이상 국가는 청동기 시대 이전, 즉 문자가 생기기 이전인 신석기 시대이다. 따라서 노자의 도는 문자가 생기기 전에 존재하였기에 문자로 표현할 수 없는 도인 것이다.

가령 예를 들어 우리가 만약 노자의 도를 물(水)이라고 표현해 보자. 노자의 도는 문자 탄생 이전인 신석기 시대에 이미 존재했고, 반면 물이란 문자는 청동기 시대에야 등장한다. 따라서 도를 물이라고 표현하는 순간 도는 진정한 도가 아닌 것이다. 물이라는 문자가 도의 진정한 이름이 아니기 때문이다. 노자의 상선약수는 도가 물과 가장 유사하지만 문자로 표현되는 물은 도가 아닌 것이다.

공자의 예는 청동기 시대인 주 왕조 때 만들어진 예법이다. 공자는 혼란한 시대를 극복하기 위해 청동기 시대인 주 왕조로 돌아갈 것을 주장했지만 노자는 주 왕조 이전인 신석기 시대로 돌아갈 것을 주장했다.

그러나 이러한 과격한 주장은 춘추·전국 시대라는 혼란을 극복하는 데 도움을 줄 수 없었다. 따라서 중국 철학은 유가와 법가가 이끌게 되고 도가는 현실 정치에 염증이 난 사람들의 운둔 사상이 되었다.

과연 이 시대는 혼란의 시대인가?

유가, 법가, 묵가, 도가 등 제자백가는 모두 춘추·전국 시대를 혼란한 시대로 여겼다. 하지만 필자는 그것이 어디까지나 제자백가 사상가들의 착각이라고 생각한다. 사실 춘추·전국 시대는 엄청난 진보의 시대였다. 주 왕조의 옛 제도로 복귀를 꿈꿨던 공자 등에게는 춘추·전국 시대 하극상의 현실적 세태가 암울한 모습으로 보였을 것이다. 그러나 오히려 이러한 현실은 춘추·전국 시대 신분제가 변화하는 것을 보여 주는 대단히 긍정적인 모습이다.

서주 시대에는 단지 귀족들만이 특권을 유지하던 혈통 중심의 시대였지만 적어도 춘추·전국 시대는 달랐다. 비록 서민일지라도 실력이 있다면 지배층으로 편입할 수 있는 능력 중심의 시대로 진보한 것이다.

제(齊)의 맹상군은 진(秦)에 잡혀 있다 간신히 도망하였는데 함곡관에 이르렀을 때에 한밤중이어서 관문을 빠져나갈 수가 없었다. 진의 법은 반드시 새벽에 닭이 울어야 출입이 가능하였던 것이다. 그런데 맹상군이 데리고 있던 손님 중에 닭 우는 소리를 교묘하게 흉내 내는 이가 있었는데 이 자가 닭 우는 소리를 흉내 내니 함곡관의 닭이 모두 울게 되어 무사히 문을 열고 탈출하였다고 하는 이야기가 있다. 이러한 사례는 천한 사람이라도 능력만 있으면 대우를 받는 사회로 중국이 진보하였다는 것을 보여준다.

▲ 닭 울음 소리를 흉내 낸 손님의 도움으로 함곡관을 탈출하는 맹상군

그리고 춘추·전국 시대는 비록 정치적으로 혼란한 시대였으나 경제적으로는 엄청난 발전의 시대였다. 바로 철기와 우경(牛耕, 소로 밭을 갊)의 확산으로 인한 생산력의 증대가 비약적으로 이루어졌다. 따라서 잉여 생산물을 거래하는 상업과 수공

업이 자연스레 발전하였다. 서주 시대에는 아직 철제 농기구가 등장하지 않아서 주로 돌로 만든 농기구를 사용하여 경작하였다. 청동기 시대에 청동제 무기가 등장하였지만 철기에 비해 귀하고 약한 청동으로 농기구를 제작할 수는 없었다. 따라서 여전히 돌로 만든 농기구를 널리 사용하였던 것이다. 이처럼 아직 철제 농기구가 등장하지 못해 열악한 돌로 만든 농기구를 가진 그 시대 마을 사람들은 어쩔 수 없이 공동으로 토지를 경작하여 수확물을 나눠 가졌다. 이러한 정전제는 일종의 토지 공유제에 해당한다. 하지만 철제 농기구가 등장하고 소가 농사에 이용되면서 생산력의 증대가 이루어져 토지 사유제가 등장하였으며 상업과 수공업이 발달하였던 것이다.

▲ 주 왕조의 정전제

  이런 경제적 성장에도 불구하고 천하가 여러 개의 나라로 나누어져 있다는 것은 백성들에게 무척 불편한 것이었다. 백성들은 천하가 하나로 통일되어 하나의 시장이 되길 희망했다. 이미 춘추·전국 시대는 중국 전역이 하나의 시장으로 발전하는 과정이었으며 그에 따라 국적을 초월하여 관리가 되는 경우가 많았다.

  법가인 위(魏)의 오기라는 자는 초(楚)에 가서 귀족들을 누르고 왕권을 강화하여 강국을 만든 사람이었다. 오기는 신분이 낮은 병사들과 같은 옷을 입고 같은 음식을 먹었다고 한다. 잠을 잘 때에는 자리를 깔지 않았으며, 행군할 때도 말이나 수레

1. 혼란, 아니 진보 시대의 철학자들
제자백가 / 춘추·전국 시대

를 타지 않았으며, 자기가 먹을 식량은 직접 가지고 다니는 등 병사들과 고락을 같이 하였다고 전해진다. 언젠가 병사 중에 심하게 종기가 난 자가 있었는데 오기가 입으로 고름을 빨아 주자 병사의 어머니가 그 소식을 듣고 통곡하였다. 지나가는 사람이 이를 이상하게 여겨 질문했다. "당신의 아들은 일개 병졸에 지나지 않는데도 장군이 직접 종기 고름을 빨아 주었잖아요? 그런데 기뻐하지는 못할망정 통곡을 하다니요?" "모르는 말씀 마세요. 오기 장군은 예전에 내 남편의 종기가 났을 때도 그랬었습니다. 남편은 감격한 나머지 전쟁터에 나가 끝까지 싸우다 전사했어요. 오기 장군이 또 내 자식의 종기를 빨아 주었다 하니 이제 내 아들도 죽을 것이니 통곡하는 것입니다." 이후 오기는 실력을 인정받아 초(楚)의 재상이 되었고 초의 귀족들을 견제하여 나라를 강국으로 만들었다. 비록 초는 강국이 되었지만 힘을 잃은 귀족들은 오기를 원망했다. 결국 초의 왕이 죽자 귀족들은 오기를 향해 활을 쏘기 시작했다. 오기는 일부러 초왕의 시체로 도망가서 화살이 자신뿐만 아니라 왕의 시체도 아울러 훼손하게 하여 죽어서도 귀족들을 제거해버렸다.

▲ 오기 장군

'초의 재목을 진이 쓴다(진용초재, 晉用楚材, 인재등용은 국경과 지역을 초월한다는 의미).' 라는 말처럼 전국 7개 국은 신하를 등용할 때 국적을 가리지 않았다. 이것은 전국 시대에 이르러 이미 국적이 의미가 없게 되었다는 것을 의미한다.

맹자가 위(魏)에 갔을 때 위왕인 양왕이 맹자에게 '천하는 앞으로 어떻게 정해질까?'라는 질문을 했다. 이에 맹자는 이렇게 대답하였다. "천하는 하나로 통일될 것입니다." 이제 천하를 하나로 통합하는 일이 시대적 과업으로 제기된 것이다. 그러나 바로 이 대업을 성공시킨 자는 맹자가 말한 유가적인 군주가 아니라 법가를 신봉하는 진 시황제였다.

▲ 진 시황제의 중국 통일

1. 혼란, 아니 진보 시대의 철학자들
제자백가 / 춘추·전국 시대

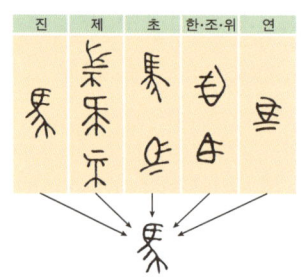
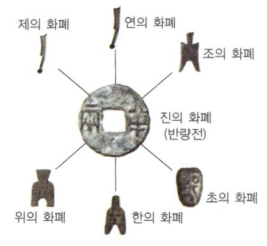

문자의 통일 　　　　　화폐의 통일
▲ 진 시황제가 이룩한 문자와 화폐의 통일

▲ 진 시황제

▲ 만리장성

Ⅰ 동양 철학과 동양사(한국 철학과 한국사 포함)

Ⅰ 동양 철학과 동양사
(한국 철학과 한국사 포함)

2. 장자, 불교 수용의 토대를 마련하다
불교와 장자 / 인도사

불교의 탄생

인도 서북쪽 인더스강 유역에서 기원전 2500년경 청동기 문명이 탄생했다. 이 문명이 바로 인더스 문명이다. 인더스에서 지금의 인도와 힌두교라는 말이 유래했다. 이 문명은 메소포타미아 문명과 교류하는 활발한 활동을 하였는데 지각이 융기하여 하천의 방향이

▲ 인더스 문명

바뀌고 기후 변화로 비가 줄어들어 소멸되었다고 알려져 있는데 정확한 원인은 아직 연구 중이다.

기원전 1500년경 인구어족(인도·유럽어족)인 아리아인이 이곳으로 쳐들어왔다. 이들 아리아인은 철제 무기로 무장하고 말과 전차 부대를 가지고 있었다. 이들은 인더스 지역을 점령하고 나아가 기원전 1000년경에는 갠지스강 유역까지 진출했다. 이 아리아인들은 브라만교와 엄격한 신분제인 카스트 제도를 통해 원주민인 드라비다인을 지배했다. 그들은 피지배층이

전생의 업(業)으로 피지배층이 되며, 지배층은 전생의 업으로 지배층이 된다는 브라만교의 교리를 통해 자신들의 지배를 합리화시켜 나갔으며 카스트 제도를 통해 자신들의 지배를 공고히 했다.

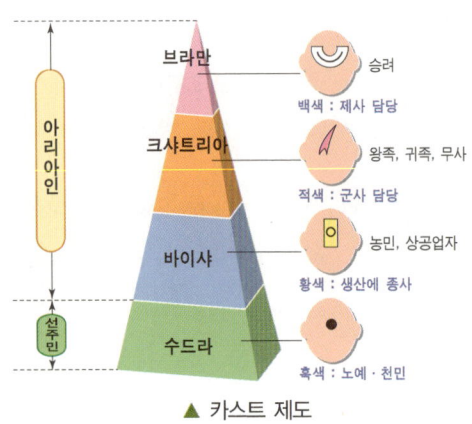

▲ 카스트 제도

이후 농업과 상공업의 발달로 군사를 담당하는 크샤트리아와 생산에 담당하는 바이샤 계층이 성장하였다. 그에 따라 점차 평등을 강조하는 자이나교와 불교가 탄생했다. 하지만 자이나교는 극단적인 고행과 금욕을 강조하여 대중화되지 못했다.

기원전 6세기경 고타마 싯다르타는 브라만교의 윤회 사상을 바탕으로 하면서도 신분 차별에는 반대하여 인간 평등을 강조하는 불교를 창시했다.

불교의 중도

석가모니는 기원전 565년 인도의 카필라 왕국(현재의 네팔)에서 숫도다나 왕의 왕자로 태어났다. 성은 '고타마'이고 이름은 '싯다르타'이다. 석가는 샤카족에서 온 말이고, 모니는 성자란 뜻이다. 깨달은 사람이라는 뜻으로 '붓다'라고도 한다. 석가모니는 16세에 결혼해 아들 라훌라('장애물'이라는 뜻)를 두었다. 그러나 석가모니는 왕자로서 유복한 생활과 아버지와 남편의 의무보다 삶의 허무함과 고통에 대한 비밀을 푸는 것이 더 중요했다. 결국 29세에 부인과 자식을 버리고 극단적인 고행을 시작했다. 그러나 마음과 몸이 지쳐 중단하고 어린 소녀가 준 우유를 먹고 정신을 차렸다. 이 모습을 본 동료들은 그를 비난하고 떠났다. 다시 석가모니는 어느 나무 아래에서 고행에 들어가는데 이때 양 극단, 즉 지나친 고통과 지나친 쾌락에 치우친 수행이 아닌 중도(中道)의 수행 방법을 택하였다. 그리고 49일 만에 깨닫고 불타가 되었다. 이때가 그의 나이 35세였다.

석가모니가 보리수 밑에서 깨달은 것은 자이나교가 주장한 극단적 고행을 하지 말라는 것이다. "두 가지 극단에 치우치지 말라. 육체의 요구에 자신을 맡겨 버리는 쾌락의 길은 정에 애착을 갖게 되고, 육체를 너무 학대하는 고행

▲ 보리수 밑의 부처

부처가 나무 밑에서 깨달음을 얻었기에 불교에서 이 나무를 보리수라고 부르게 된다. '보리'라는 말은 '깨달음'을 뜻한다.

의 길은 마음이 산란해지고 번뇌를 일으키게 한다. 이 두 극단을 버리고 중도를 행하라." 이 말은 현실이 진리와 떨어져 있지 않으니 현실 안에서 진리를 추구하라는 뜻이다.

불교의 연기설

석가모니의 핵심 이론은 바로 연기설(緣起說)이다. 연기라는 말은 '~을 연하여 일어나는 것'이라는 의미로 이 모든 세상은 다양한 원인과 조건을 연하여 성립한다는 말이다. 즉 우주 만물은 단독의 힘으로 생겨 발전할 수 없고 반드시 인연(因緣, 직접적 원인인 인과 간접적 원인인 연을 통칭하는 원인)의 결합을 필요로 한다는 것이다. 이렇듯 이 세상 모든 것은 서로 불가피한 인과관계로 맺어져 있기 때문에 내가 소중하듯 남도 소중한 것이다. 연기설로 인해 '나와 너는 둘이 아니라 하나'라는 자타불이(自他不二)라는 결론에 다다르게 된다. 따라서 무조건 남을 사랑해야 한다. 내가 내 것을 누구에게 주었다란 생각조차도 버리고 남에게 내 것을 베풀어주는 사랑, 즉 무주상보시(無住相布施)를 행해야만 하는 것이다.

▲ 연기설

'맹귀우목(盲龜遇木)'이라는 불교 설화가 있다. 사람이 한 번 이 세상에서 태어나고 내 가족과 친구들을 만난다는 것은 눈먼 거북이 한 마리가 한없이 넓은 바다에 살면서 백 년에 한 번씩

물 밖에서 숨을 쉬기 위해 머리를 내미는데, 마침 그때 떠돌던 나무 한 조각에 구멍이 뚫려 그 구멍에 머리가 쏙 들어간 것이나 만큼 어려운 일이라는 것이니 그들을 무조건 사랑해야 한다. 이렇듯 예수·공자·석가모니의 공통점은 모두 사랑을 주장했다는 것이다.

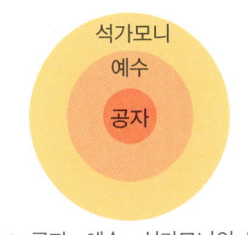

공자의 사랑은 내 가족을 우선하는 차별적 사랑이다.
예수의 사랑은 무차별적이나 인간에 국한된다.
석가모니의 사랑은 불성을 가진 동물에까지 이른다.

▲ 공자·예수·석가모니의 사랑

불교의 삼법인설

불교에서는 이 세상 모든 것이 변한다고 보는데 이를 제행무상(諸行無常)이라 한다. 지금 필자는 40대의 젊은 사람이다. 하지만 수십 년이 지나면 제대로 걷지 못하는 노인이 될 것이다. 또 그 이후에 수십 년이 지나면 죽어서 사랑하는 내 딸의 자식으로 태어날 수 있다.

지금 필자는 내 딸의 아버지이지만 나중에는 내 딸의 자식이 되니 고정된 나는 없는 것이다. 이를 제법무아(諸法無我)라고 한다.

이렇게 모든 것들이 변하는데, 변하지 않는 것이 있다고 착각하면서 영원히 살 것처럼, 영원히 누릴 것처럼 착각하여 집착하면서 살고 있다. 이러한 사람의 생로병사가 모두 고통인 것이다. 이를 일체개고(一切皆苦)라고 한다.

불교의 사성제

집제 : 인간은 보물을 영원히 가질 수 없다. 다시 다른 사람으로 환생하기 때문이다. 하지만 우리 인간은 보물에 끝없이 집착한다.

집제

고제 : 인간의 욕구대로 모든 보물을 가질 수 없기에 인간은 고통스러워한다.

고제

도제 : 석가모니는 이 고통을 해결하는 방법으로 8정도를 제시한다.

* 팔정도 : 바른 견해, 바른 생각, 바른 말, 바른 행동, 바른 생활, 바른 노력, 바른 마음, 바른 선정

도제

멸제 : 이 8정도를 행하면 인간은 다음 세상까지 이 보물을 가져갈 수 없다는 걸 깨닫고 무소유의 경지에 다다라서 마음의 평화를 얻게 되는 멸제에 도달하게 된다.

멸제
▲ 사성제

불교의 분화

이후 불교는 개인의 해탈을 강조하는 상좌부 불교와 대중 구제를 강조하는 대승 불교로 분화·발전한다.

상좌부 불교는 개인의 해탈을 강조하기에 스카이콩콩으로 표현했고, 대승 불교는 대중 구제를 강조하기에 대중 버스로 표현했다.

▲ 상좌부 불교와 대승 불교

▲ 불교의 확산

상좌부 불교는 동남아시아로 확산되었으며, 대승 불교는 중국, 우리나라, 일본으로 확산되었다. 티베트와 몽골은 티베트 불교가 확산되었다.

마우리아 왕조와 쿠샨 왕조

기원전 321년 알렉산드로스가 12만의 병력으로 인도를 쳐들어왔다. 이 당시 인도의 동북쪽에는 강력한 마가다 왕국이 있었으며 서쪽에는 여러 왕조가 분열되어 있었다. 알렉산드로스는 잠시 인도 서북쪽의 일부를 점령하는 데는 성공했지만 병사들이 오랜 전쟁과 혹독한 인도의 더위로 지쳐있었기에 결국 회군을 결정했다.

▲ 마우리아 왕조와 쿠샨 왕조

기원전 4세기 중반, 마가다 왕국이 쇠퇴하자 기원전 321년 '찬드라굽타 마우리야'가 마우리아 왕조를 건설했다. 그의 손자 아소카 왕은 기원전 261년 60만 명의 보병, 3만 명의 기병, 9천여 마리의 코끼리 부대를 이끌고 칼링가 왕국을 정복하여 남부를 제외한 인도 대부분을 통일했다.

하지만 이 전투에서 무려 10만여 명이 죽었다. 이때 아소카 왕은 자신의 죄를 참회하고 불교에 심취하게 되어 상좌부 불교를 장려했다. 마우리아 왕조는 아소카 왕 사후 쇠퇴하기 시작하였으며 기원전 2세기에 결국 멸망하고 인도는 다시 분열했다.

기원전 1세기경 대월지족 즉, 쿠샨족이 북인도를 통일했다. 쿠샨 왕조는 2세기 중엽 카니슈카 왕 때 전성기였는데 대승 불교가 융성하고 불상을 만드는 간다라 미술을 발전시켰다. 원래 불교에서는 불상 대신 부처를 연꽃무늬 등으로 표현했다. 연꽃은 아름답지만 진흙에서 자란다. 진흙, 즉 평민도 부처가 될 수 있다는 것이 불교의 평등 사상인 것이다. 하지만 알렉산드로스 침입의 영향으로 불상을 만드는 간다라 미술이 발전하였다. 쿠샨 왕조는 3세기 사산 왕조 페르시아의 공격을 받고 약화되기 시작했다.

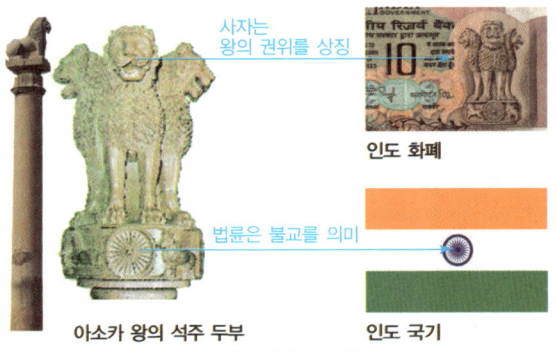
▲ 아소카 왕의 석주

법륜이란 진리의 수레바퀴라는 뜻으로 부처님의 설법을 뜻한다.

▲ 간다라 미술의 전파

굽타 왕조와 무굴 제국

4세기 초 갠지스강 중류 지역에서 찬드라굽타 1세가 굽타 왕조(320~550년경)를 건국했다. 전성기는 찬드라굽타 2세(재위 380~415)의 시대였다. 찬드라굽타 2세는 북인도

▲ 굽타 왕조

2. 장자, 불교 수용의 토대를 마련하다
불교와 장자 / 인도사

▲ 비슈누 신

힌두교는 석가모니를 힌두교의 최고신인 비슈누가 아홉 번째로 변화한 신으로 믿는다.

와 중부 인도의 대부분을 차지하여 굽타 왕조를 대제국으로 발전시켰다.

굽타 왕조 시기에는 브라만교를 중심으로 불교와 민간 신앙을 융합한 힌두교가 발달했다. 6세기 중엽 훈족(또는 흉노)의 침입으로 굽타 왕조는 멸망하고 분열 상태가 지속했다. 굽타 왕조 멸망 이후 인도는 분열되었고 8세기 초부터 이슬람 세력의 침입이 시작되었다.

13세기 초 델리를 중심으로 이슬람 왕조가 수립되어 약 300년 동안 노예 왕조 등 다섯 왕조가 연달아 인도 북부를 통치했다. 이들은 지즈야, 즉 가족의 수에 부과하는 세금인 인두세만 내면 힌두교를 인정했고, 이슬람으로 개종하면 세금을 감면해 주었다. 이에 따라 이슬람교는 인도에서 널리 확산되기 시작했다.

1526년 티무르와 칭기즈 칸의 후손인 바부르가 인도에 침입하여 무굴 제국을 건설했다. 무굴은 몽골이란 뜻이다. 티무르는 칭기즈 칸의 후손과

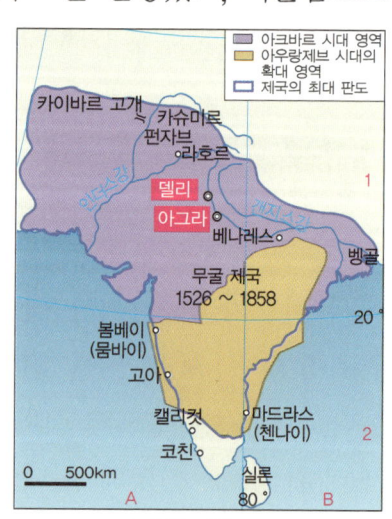

▲ 무굴 제국

결혼했고 이 사이에서 태어난 자식의 후손이 바부르이다. 이에 바부르는 몽골을 계승한다는 의미로 나라 이름을 무굴 제국이라고 했다. 하지만 바부르의 군대에는 몽골 부대가 전혀 없었다. 바부르가 이끈 군대의 중심이 된 것은 튀르크인과 아프가니스탄인이었다. 바부르의 손자 아크바르(악바르)황제(재위 1556~1605)는 데칸고원을 제외한 전 인도를 통일하고 인두세인 지즈야를 폐지하였으며 힌두교도들에게 관직을 개방하는 관용 정책을 펼쳤다.

 그러나 전 인도를 통일한 아우랑제브 황제(재위 1658~1707)는 이슬람 제일주의를 내걸고 지즈야를 부활시키고 힌두교 사원을 파괴하는 힌두교 탄압 정책을 폈다. 이 이슬람 제일주의로 각지에서 반란이 일어나 무굴 제국은 쇠퇴하기 시작했다.

 이후 영국과 프랑스가 서로 인도를 갖기 위해 플라시 전투(1757)를 벌였으며 결국 인도는 이 전쟁에서 승리한 영국의 식민지가 되었다.

장자

 철학은 시대의 아들이라는 말이 있다. 이 말은 철학자가 자신의 시대에 부딪힌 문제를 해결하고자 철학을 창시한 것이라는 뜻이다.

 장자는 전국 시대에 살았다. 물론 장자는 노자의 사상을 계승했고 노자처럼 유가를 공격했다. 그러나 그의 철학은 춘추·전국 시대의

▲ 장자

2. 장자, 불교 수용의 토대를 마련하다
불교와 장자 / 인도사

상황을 넘어선 탈역사적 성격을 갖고 있다. 필자는 장자의 철학이 불교와 매우 유사하기에 후일 중국이 불교를 수용할 수 있는 토대가 되었다고 생각한다.

다음은 장자와 불교의 유사성이다. 불교가 연기설을 주장하며 자타불이를 주장했듯이, 장자도 만물의 상호 연계성을 주장하며 물아일체, 즉 세상과 나는 하나라는 주장을 했다. 그리고 불교가 집착을 제거하기 위해 팔정도를 주장했듯이, 장자도 편견을 없애기 위해 좌망과 심재를 주장했다. 그리고 불교가 사람이 죽어도 다시 환생한다고 보았듯이, 장자도 영혼 불멸 사상을 주장했다.

장자의 물아일체

장자의 물아일체(物我一體, 자연 물, 나 아)는 불교의 자타불이(自他不二, 나 자, 타인 타)와 매우 유사하다. 그것은 세상 모든 것과 나는 서로 연결되어 있어 하나라는 사상이다.

다음은 장자의 호접몽 이야기이다. 어느 날 장자가 꿈속에서 훨훨 나는 나비가 되었다. 스스로 유쾌하게 느꼈지만 자신이 장자라는 것을 알지는 못했다. 갑자기 깨어나서 보니 자신은 확연히 장자였다. '아까 꿈에 나비가 되었을 때엔 내가 장자인 줄 몰랐다. 그런데 꿈에서

▲ 장자의 호접몽
(胡蝶夢, 나비의 꿈)

깨고 보니 장자가 아닌가? 그렇다면 지금의 나는 분명 장자인가? 장자가 꿈에서 나비가 된 것인가? 아니면 나비가 꿈에서 장자가 된 것인가?

　장자는 세상 모든 것이 서로가 서로에게 스며들어 하나가 된다고 보았다. 나비와 장자가 서로 연결되어 있는 것처럼 세계 또한 나와 연결되어 있다. 모든 것이 하나이니 모든 것은 평등한 것이고 물아일체인 것이다. 그럼에도 불구하고 사람들은 세상을 크고 작음, 아름다움과 추함, 도덕과 비도덕, 군자와 소인 따위로 나누려 하기에, 이런 어리석음으로 인해 싸움이 일어난다고 보았다. 도덕과 비도덕, 군자와 소인의 구분을 비판한 점에서 장자가 노자처럼 유가를 공격 대상으로 보았다는 것을 알 수 있다.

장자의 제물론

장자는 세상이 원래 모두 연결되어 있고 평등한 것인데 이를 모르는 원인은 인간의 편견 때문이라고 했다. 그리고 이 편견을 없애기 위해 장자는 제물론(齊物論)을 주장했다. 제물론의 제(齊)는 가지런할 제이니, 제물이란 사물을 가지런히 한다는 의미이다. 노자는 인간이 태어날 때부터 우주의 도를 갖고 태어난 존재라고 보았다. 반면 장자는 인간은 감각에 의해 편견을 가진 존재라고 보았다. 이 편견에 의해 인간은 자기중심적인 사고방식을 가진 존재가 되는 것이다. 이것은 석가모니가 집착하는 인간을 고통스러운 존재로 본 것과 유사하다.

 예를 들어보자. 우리 인간이 보았을 때 학의 다리가 긴 것으로 생각되지만 학의 입장에선 적당한 다리이다. 그리고 또한 오리의 다리는 짧다고 생각되지만 오리의 입장에선 그것이 적당한 길이이다. 길고 짧은 이러한 모든 인식이 바로 인간의 편견에 의해서 만들어진 것이다. "오리 다리는 짧지만, 그렇다고 길게 이어주면 걱정거리가 된다. 학의 다리가 길지만 끊어버리는 것은 슬픈 일이다. 그러니 본래 긴 것을 잘라도 안 되고, 짧은 것을 이어도 안 된다."

 다음은 장자의 제물론의 한 구절이다.

▲ 여희는 과연 미인인가?

사람이 습지에서 자면 허리에 병이 나고 말라죽게 되는데, 미꾸라지도 그럴까? 사람은 나무 위에서 무서워 벌벌 떠는데 원숭이들도 그럴까? 이 세 가지 중에서 어느 것이 올바른 거처를 알고 있을까? 사람들은 소, 양, 개, 돼지를 잡아먹고, 고라니와 사슴은 부드러운 풀을 먹고, 지네는 뱀을 잘 먹고, 솔개와 까마귀는 쥐를 좋아한다. 이 네 가지 중에서 어느 것이 올바른 맛을 알고 있을까? 수컷 원숭이는 암컷 원숭이와 어울리고, 고라니는 암사슴과 어울리고, 미꾸라지는 물고기와 어울려 논다. 사람들은 모장(毛嬙)과 여희(麗姬)가 미인이라 하지만 물고기는 그 미인들을 보면 놀라 물 속 깊이 들어가고, 새도 그 미인들을 보면 놀라서 높이 날아가고, 고라니와 사슴들도 그 미인들을 보면 후다닥 달아난다. 이 네 가지 중에서 누가 천하의 올바른 아름다움을 알고 있을까?

— 《장자》, 〈제물론〉 —

장자의 좌망과 심재

석가모니가 인간의 집착을 없애고 해탈할 것을 강조했듯이 장자도 인간의 편견을 없애 물아일체의 경지에 이를 것을 주장했다. 그 구체적인 실천 방법으로 좌망(坐亡)과 심재(心齋)를 이야기했다. 좌망과 심재는 '없음'이란 뜻을 가진 망(亡)이라는 글자와 '마음'을 뜻하는 심(心)이라는 글자로 구성되어 있다. 즉, '마음이 없음'을 뜻한다는 것인데 여기서 마음이란 인간의 마음 그 자체가 아니라 일종의 편견이나 선입견을 가리킨다.

▲ 좌망과 심재(장자)

"자신의 몸, 손발의 존재를 잊고 눈과 귀의 작용을 멈춘다. 큰 지혜는 나를 구속하는 일체를 잊는데서 온다." 이것이 제물의 방법인 것이다.

▲ 팔정도(불교)

장자의 영혼 불멸 사상

공자는 귀신을 믿지 않았기에 사람이 죽으면 영혼이 없어진다고 보았다. 하지만 장자는 영혼 불멸을 주장한다. 따라서 다음 오른쪽 그림에서 장례식 때 사람이 죽으면 공자는 영혼이 사라지기에 우는 것이고, 장자는 그렇지 않기에 노래를 부르고 있는 것이다.

▲ 장례식 때 공자는 울고 장자는 노래를 부른다.

2. 장자, 불교 수용의 토대를 마련하다
불교와 장자 / 인도사

장자는 아름다움과 추함이 하나이고, 도덕과 비도덕이 하나이듯이 삶과 죽음도 하나라고 보았다. 그래서 그는 아내가 죽었을 때도 곡을 하는 대신 대야를 두드리며 노래했다.

▲ 장자의 죽음

장자가 죽기 전 제자들은 장자가 죽으면 성대한 장례를 치르려고 했다. 이에 장자는 자신의 시체를 들판에 버릴 것을 요구했다.

"나는 하늘과 땅을 관으로 쓰고, 해와 달을 벽으로 삼으며, 별을 구슬로 삼아 세상 만물로부터 문상을 받으려 하는데, 거창한 장례식이 왜 필요하단 말인가?"

"저희들은 스승님의 시신이 까마귀에게 뜯어 먹힐까 두렵습니다."

"내가 땅속에 묻히면 땅강아지와 개미에게 뜯어 먹히지 않겠는가? 너희들은 왜 땅강아지와 개미 편만 들고 까마귀는 푸대접하는고? 성대한 장례식은 한쪽을 빼앗아 다른 쪽에 주어 편드는 것이니라."

장자에게는 이처럼 삶과 죽음이 하나였으며 도는 땅강아지나 개미에게도 있고 기와와 벽돌에도 있으며 똥과 오줌 속에도 있다고 말한다. 불교에서는 연꽃무늬로 부처를 상징한다. 연꽃은 매우 아름다운 꽃이다. 하지만 이 아름다운 꽃은 진흙 속에서 자란다. 즉 진흙 속에도 불성이 있는 것이다.

Ⅰ 동양 철학과 동양사
(한국 철학과 한국사 포함)

3. 중국, 유불도가 공존하다
경학과 현학 그리고 선종 /
한 왕조부터 당 왕조까지

진 시황제와 조고

진 시황제는 법가 사상으로 천하를 통일하고 통치했다. 그리고 법가를 제외한 다른 사상에 관련한 서적을 불태우고 유학자를 생매장시키는 분서갱유라는 사건을 일으켰다. 하지만 당시 민중들에게는 이 사건이 별로 큰 의미가 없었다. 분서갱유로 피해를 본 자들이 소수 지식인 계층에 불과하였기 때문이다. 오히려 전국을 하나의 시장으로 통일시킨 진 시황제에게 민중들은 기꺼이 복종하였다.

▲ 분서갱유

진 시황의 실정은 만리장성과 아방궁, 여산릉의 축조였다. 이 건설 사업으로 많은 민중들이 징발되어 참혹한 희생을 당했다. 불로장생을 꿈꾼 진 시황제는 백방으로 불사초를 얻기 위해 노력했으나 기원전 210년 50세의 나이로 순행 길에 사망하였다.

▲ 진 시황제의 무덤

▲ 여산릉

진 시황제는 죽기 직전 몽염과 함께 만리장성에 있던 첫째 아들 부소에게 황제 자리를 물려준다고 편지를 썼다. 그러나 환관 조고가 이 편지를 보내지 않았다. 그 대신 자신과 친한 호해를 2세 황제로 등극시키고 부소와 몽염 장군에게 자결하라는 내용으로 유서를 조작했다. 부소는 자결했고, 몽염은 자결을 거부하다가 반역죄로 잡혀 사형 당했다. 이후 조고는 라이벌이었던 승상 이사까지 제거하여 모든 권력을 장악하였다. 정확히 말해 이미 진 왕조는 조고에 의하여 거의 멸망 직전에 이르렀다.

유방과 항우

2세 황제가 즉위한 이후에도 축조 사업은 지속되었다. 농민들의 징발은 더욱 심해졌고 진승과 오광의 난이 일어났다. 가난한 농민출신인 진승은 "왕후장상의 씨가 어찌 따로 있는가!"라고 외치며 농민들을 모아 봉기했다. 진승과 오광의 군대는 한때 왕을 칭할 정도로 기세가 강했지만 사실 오합지졸에 불과하여 결국 진 왕조의 군대에 의해 격파되었다.

하지만 이 사건을 계기로 영웅들이 나타나게 되었다. 이러한 영웅들 중에 특히 유방과 항우, 아니 항우와 유방이 가장 유명하였다. 항우가

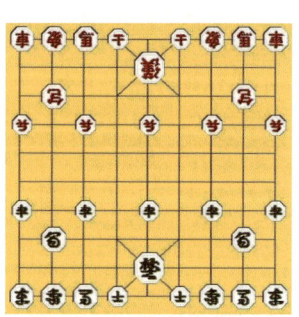

▲ 초한전을 대상으로 한 보드게임 장기(將棋)

장기에서 청은 초(楚), 홍은 한(漢)으로 되어있는데 이는 초패왕 항우와 한왕 유방의 초한전을 의미한다.

초의 귀족 출신인 것과 대조적으로 유방은 가난한 농민의 아들이었다. 따라서 초기 항우와 유방의 세력은 비교가 되지 않았다.

전황이 진 왕조에게 불리해지자 조고는 문책을 당할 것이 두려워 2세 황제를 죽이고 부소의 아들인 자영을 진의 왕으로 정했다. 자영을 3세 황제라고 하지 않는 것은 이미 진 왕조 전역이 항우와 유방에게 점령당했기 때문이다. 진의 왕으로 등극한 자영은 조고가 초와 화친하려고 하는 것을 눈치 챘다. 이에 조고를 죽이고 그의 3족, 즉 친족, 처족, 외족을 모두 죽였다. 이런 상황 속에서 유방이 진의 수도인 함양(지금의 시안)에 다다르자 자영은 백마가 이끄는 흰 마차를 타고 진의 옥새를 유방에게 건네며 항복하였다. 이로써 진 시황제의 통일 국가는 통일로부터 겨우 15년 만에 멸망한 것이다. 이후 유방은 기원전 202년 항우를 물리치고 한 왕조를 건국하게 된다.

한 고조 유방은 중앙은 황제가 통치하고 지방은 공신들이 통치하는 군국 제도를 실시했다. 다시 말해 군국 제도는 중앙은 군현 제도를 실시하여 황제가 직접 지배하고, 주변은 봉건 제도를 실시하여 공신들이 통치하게 하는 제도였다. 따라서 한 왕조 초기에는 중앙 집권이 제대로 실시되지 못했고 황제의 힘도 그리 크지 못했다.

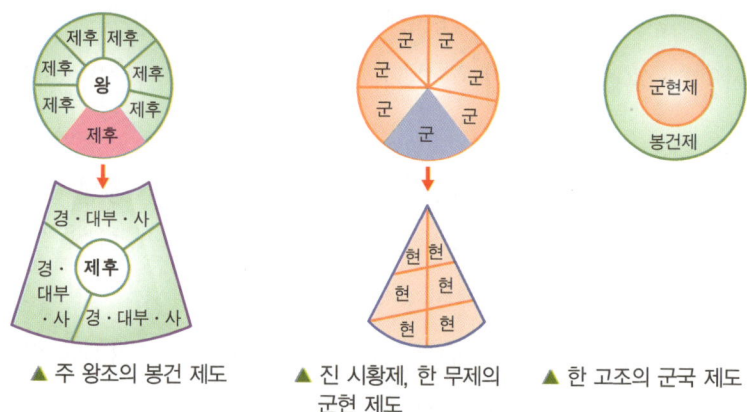

▲ 주 왕조의 봉건 제도   ▲ 진 시황제, 한 무제의 군현 제도   ▲ 한 고조의 군국 제도

황로학파

　　한 왕조 초기에는 황로학파가 지배층 사이에서 널리 유행했다. 황로학파는 도가가 변질되어 생긴 학파인데 노자와 함께 황제를 숭상하는 학파이다. 황제란 중국 고대의 전설적인 임금으로 우리나라의 단군과 같은 존재였다. 변질된 학파이기에 당연히 노자와는 그 사상이 많이 다르다.

　한 왕조의 지배층은 황제권을 견제하기 위하여 노력했다. 이 지배층의 요구에 딱 들어 맞는 것이 황로학파였다. 황로학파의 핵심 사상은 흔히 청정무위(淸靜無爲)라는 말로 요약된다. 한

황제　　　　노자
▲ 황로학파

마디로 '아무것도 하지 않음으로써 모든 것을 한다.' 는 노자의 주장을 변질시켜 황제는 아무것도 하지 말고 지배층의 지배를 그대로 내버려 두라는 주장인 것이다.

한 왕조 초기에는 아무 것도 하지 않음으로써 모든 것을 하는 통치 방식이 그런대로 시행될 수 있었다. 한 왕조 초기에는 여전히 법가 사상을 토대로 한 진 왕조 제도를 거의 그대로 계승하고 있었기 때문이다. 바로 이것이 상앙, 한비자 그리고 진 시황제의 업적이다. 진 왕조의 제도가 정치의 토대를 이루었기 때문에 이 황로학파의 '황제는 아무것도 하지 말고 그냥 있어라' 가 통할 수 있었던 것이다.

하지만 황제권 강화를 추구하는 한 무제에 이르러 변화가 발생했다. 지배층이 권력을 농단하는 걸 내버려 두라는 황로학파의 철학이 그의 마음에 들일이 없었다. 따라서 한 무제는 자신의 정통성을 강화시켜주고 이 황로학파를 무너뜨리고 황제권을 강화시켜줄 새로운 사상을 찾았다. 바로 이 사상을 만들어 준 이가 동중서였다.

황로학파가 눈에 거슬리는 한 무제

한 고조 유방은 진 시황제의 군현 제도를 실시하지 못하고 군국 제도를 실시했다. 군국 제도란 중앙만을 황제가 통치하고 지방은 제후들이 통치하는 제도이다. 지방 제후 중에 특히 오와 초의 힘이 가장 강성하였는데 한 무제의 아버지인 한 경제는 이들을 견제하기에 이르렀다. 한 경제의 견제로 기원전 154년 '오초 7국의 난'이 일어났다. 오와 초 등, 7명의 제후가 한 경제의 견제에 반발하여 난을 일으킨 것이다. 한 경제는 3개월 만에 이들을 진압하고 진 시황제가 실시하였던 군현 제도의 기틀을 다시 만들었다. 이 군현 제도는 그의 아들 한 무제에 의해 완성되었다.

중국 민족을 한족(漢族), 중국의 글자를 한자(漢子)라고 하는 것은 바로 한 무제의 업적 때문이다. 중국 역사에서 한 무제는 진 시황제와 더불어 그만큼 중요한 인물인 것이다. 한 무제는 아버지처럼 지방의 왕들을 무력으로 진압하지는 않았다. 그 대신 지방의 왕들이 여러 자식들에게 자신의 영역을 분할하게 함으로써 차츰 그들의 힘을 약화시켜 나갔다. 그리하여 최종적으로 군현 제도가 완성되었다.

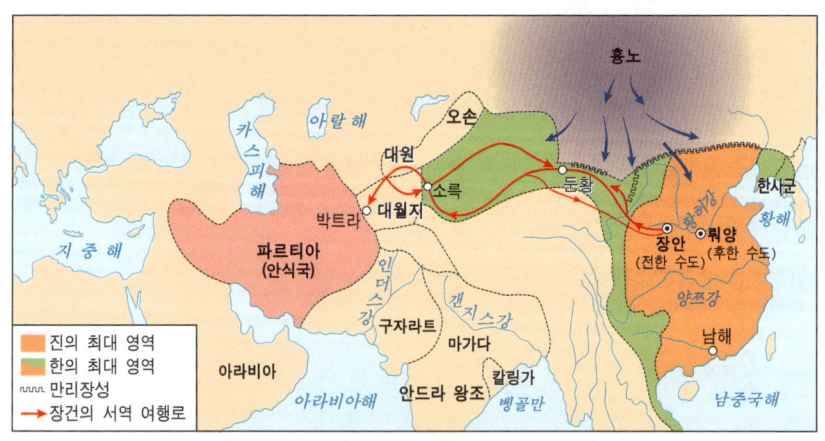

▲ 진·한 대의 영역

한 무제는 대월지와 연합하여 흉노를 견제하기 위해 장건을 대월지에 파견하였다. 하지만 대월지는 이미 중앙아시아에 정착했기에 이 제안은 거절당했다. 이후 대월지는 쿠샨 왕조를 건국했다. 비록 대월지와의 연합은 이루지 못했지만 장건의 활동으로 비단길(실크로드)가 탄생하는 계기가 되었다.

| 동양 철학과 동양사(한국 철학과 한국사 포함)

한 무제는 흉노와 서역을 정벌하였으며 우리나라의 고조선을 정복하였다. 그리고 지금의 베트남인 남월까지 정복했다. 한 무제의 정복 사업 과정에서 장건에 의해 비단길이 개척되기도 하였지만 결국 국가의 재정이 파탄나기에 이르렀다. 이제 한 무제는 자신이 직접 백성들 앞에 엎드려 용서를 빌기까지 했다. 한 무제는 이러한 재정 문제를 해결하고 지배 세력인 호족을 견제하기 위하여 국가만이 판매 권한을 갖는 소금과 철의 전매제를 실시하였다.

그리고 한 무제의 또 다른 중요한 업적은 동중서를 등용하여 유교 정치 이념을 확립한 것이다. 이때의 유교를 특히 경학(또는 훈고학)이라고 부른다. 그리고 이전 춘추·전국 시대의 사상가 공자, 맹자, 순자의 유교를 원시 유가라고 하여 구별한다. 경학이란 진 시황제가 불태운 유교 경전을 다시 찾아 복구하고 해석하는 학문인데 이때는 책을 종이로 만들지 못하고 대나무로 만들었기에 복구가 가능했다. 경학은 단순히 책만 복구하는 것이 아니라 황제를 중심으로 하는 통치 체제를 확립시키는 데 기여한 학문이었기 때문에 송 왕조의 성리학이 등

▲ 경학

▲ 한 무제   ▲ 동중서

국가 진흥의 대책을 묻는 한 무제에게 동중서가 올린 책문에는 '거문고 줄을 풀어 다시 고쳐 맨다'라는 말이 나온다. 이 말은 대대적인 사회·정치적 개혁의 필요성을 의미한다.

3. 중국, 유불도가 공존하다
경학과 현학 그리고 선종 / 한 왕조부터 당 왕조까지

장하기 전까지 중국 정치의 사상적 기반이 되었다.

묵가의 영향을 받은 동중서

한 무제는 자신의 정통성과 황제권을 강화시켜줄 인물을 찾았다. 이때 나타난 인물이 동중서이다. 동중서는 한 무제가 요구하는 대로 한 왕조의 정통성을 찾아 주었고 이전보다 황제권을 강화시켜 주었지만 또한 한 무제의 의도와는 다르게 황제권을 제약시키는 일도 했다.

우선 동중서는 묵가의 인격천을 빌려 온다. 원래 공자에게 하늘은 단지 자연천에 불과하다. 하지만 동중서는 하늘에 인의예지라는 도덕을 결부시켜 도덕적인 하늘을 만들어낸다. 하늘은 인의예지, 즉 도덕이 있기 때문에 사람들이 착한 일을 하면 상을 주고, 나쁜 일을 하면 혼을 내는 존재가 되는 것이다.

이 논리에 따르면 과거 진 시황제는 백성들을 고달프게 하였기 때문에 도덕적인 하늘이 한 왕조가 건국될 수 있게 한 것이다. 이 논리로 인해 한 왕조는 지배의 정당성을 찾을 수 있었다. 그리고 한 무제의 권력은 도덕적인 하늘이 준 것이니 백성들과 지배층은 한 무제의 권력에 복종해야 한다.

하지만 한 왕조 건국의 정당성을 만들어 준 동중서의 논리는 오히려 황제의 권력을 제한하기도 했다. 일단 한 무제가 하늘의 명령을 받아 권력을 잡았지만 만일 진 시황제처럼 백성들을 위한 정치를 하지 않으면 언제든 쫓겨날 수 있는 것이다.

동중서의 이상 군주 세종

동중서(기원전 179~104)의 경학은 황제권을 강화시킴과 동시에 황제의 권력에 제한을 가한 것이다. 바로 이점이 동아시아의 전제 군주제가 다른 나라의 전제 군주제와는 다른 점이다. 만약 황제가 백성을 위한 통치를 하지 않으면 하늘은 황제를 쫓아내고 다른 황제에게 권력을 주기 전에 미리 경고를 한다. 벼락, 가뭄, 홍수 등의 자연재해가 바로 그러한 경고이다. 만약 이런 자연재해가 생기면 통치자는 스스로 마음을 가다듬고 정신을 차려야 한다.

《조선왕조실록》에 의하면 조선시대 가장 많은 자연재해가 일어난 시기는 우리가 알고 있는 태평성대의 군주, 세종 때이다. 물론 세종 때 정말 자연재해가 가장 많이 일어났던 것은 아니다. 자연재해가 발생하면 동중서의 논리에 의하면 하늘이 경고한 것이니 군주는 자신의 게으름을 고치고 마음을 가다듬기 위해 자연

▲ 세종

집현전에서 잠든 신숙주에게 세종이 자신의 곤룡포를 덮어주는 장면이다. 세종은 즉위 초에 군사권을 쥔 상왕 태종 때문에 적극적인 정치를 펼치기 힘들었다. 이에 집현전을 설치해 친위 세력을 만들려고 노력했다.

재해를 기록했다. 보통 자연재해가 2번 일어나면 군주는 1번 정도 기록을 했다. 하지만 세종은 2번 자연재해가 일어나면 모두 기록했기에 기록상 세종 때 자연재해가 가장 많이 일어난 것으로 기록된 것이다. 세종 대왕은 역사가의 평가에 아주

민감했던 왕이었다. 역사가들이 자신을 겸손한 왕으로 평가해주길 원했던 세종은 재해가 일어나면 겸손하게 그것을 모두 기록한 것이다.

참고로 세종은 글씨를 정말 이쁘게 썼다고 한다. 하지만 통치자가 글씨를 이쁘게 쓰면 정치 대신 글씨에만 집착했다는 비난을 받을 것이 두려웠다. 그래서 세종은 항상 글씨를 쓰면 후세에 남기지 않으려고 불태웠다고 한다.

동중서의 경학은 이와 같이 군주의 통치권의 정당성을 만들어 주면서도 또한 군주의 권력을 제한시키는 역할을 동시에 한 것이다. 한 무제가 동중서의 철학을 채택함으로써 이후 청 왕조 멸망 때까지 유교는 중국이란 국가의 지배 이데올로기가 되었다.

하지만 실제로 통치의 토대는 법가였다. 현실적으로 백성들을 다스리는 것은 법가였고 유교는 황제와 지배층 사이에 자리 잡아 통치자가 법을 도덕적으로 사용할 수 있게, 진 시황제처럼 악용하지 않도록 하는 수단이 된 것이다.

제갈공명이 위나라를 멸망시키다

한 고조가 세운 한 왕조는 외척 왕망에 의해 서기 8년에 멸망하고 종친인 유수에 의해서 서기 25년 다시 한 왕조가 세워졌다. 역사상 한 고조가 세운 한 왕조는 전한(前漢), 유수가 세운 한 왕조는 후한(後漢)이라고 한다.

후한의 멸망은 바로 환관들 때문이다. 특히 열 명의 환관 십상시의 횡포가 심하여 농민 봉기가 시작되었다. 음양오행설에 의하면 한 왕조는 불을 의미하며 불 다음에는 흙의 시대가 온다고 했다. 중국 황허강 유역의 흙은 황토이니 흙은 황색을 의미한다. 따라서 농민들은 노란 띠를 머리에 매어 이들을 황건적이라고 했다. 이 황건적의 난으로 중국 전역에 군웅들이 나타났는데 최종적으로 황허강 유역은 조조가, 양쯔강 유역은 손권이, 촉 지방은 유비가 차지하여 삼국 시대가 시작되었다.

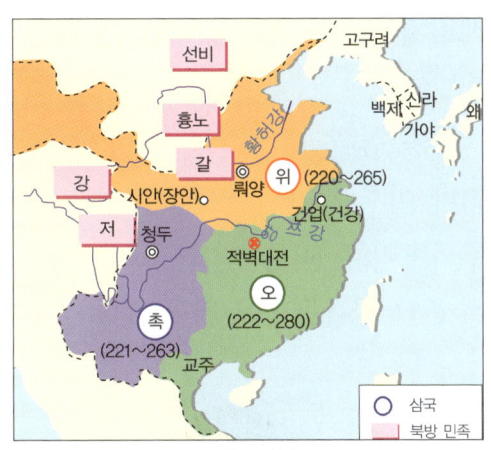
▲ 삼국 시대

서기 220년 조조가 죽고 아들 조비가 권력을 계승하였다. 그는 전한의 헌제를 폐위시키고 스스로 황제가 되어 위를 건국하였다. 221년에는 유비가 촉한을, 222년에는 손권이 오를 건국하였다.

비록 삼국 시대라고는 하나 삼국의 국력 차이는 아주 컸다. 위는 인구가 대략 443만이었던 반면 오는 인구가 대략 230만, 촉은 인구가 대략 230만에 불과하였다. 따라서 적벽 대전에서 조조가 90만을 이끌었다는 이야기는 신빙성이 약하며, 유비가 관우의 복수를 위해 70만 대병으로 오를 공격했다는 이야기는 더욱더 신빙성이 약하다.

　삼국 중 촉의 힘이 가장 약했음에도 불구하고 제갈공명이 위를 자주 공격한 것은 사실 그리 현실성이 없는 것이었다. 그러나 제갈공명의 잦은 위에 대한 공격은 결국 위의 실력자를 바꾸게 만들었다. 제갈공명의 잦은 공격을 위의 사마의가 책임지고 방어했는데 이 과정에서 그의 힘이 강해지기 시작했다.

　제갈공명은 사마의를 물리치고 위를 정복하지는 못했다. 그러나 이후 사마의의 힘이 강해져 사마씨 집안이 조씨 집안을 무너뜨리고 진(晉) 왕조를 세우게 되었다. 이러한 역사적 사실은 결국 제갈공명이 위를 멸망시킨 것이라 볼 여지도 있다.

제갈공명　　　　　사마의
▲ 제갈공명과 사마의

　제갈공명 사후, 249년 사마의는 조씨 세력을 모두 제거하여 위에서 최고의 권력자가 되었다. 이후 263년 사마의의 아들 사마소가 진공(晉公)이 되었다. 이 해 사마소가 장악한 위는 촉을 정복하였다. 이로 인해 사마소의 권력은 더욱 강화되었다. 이제 사마소는 황제가 될 모든 준비를 마련했으나 같은 해 병사했다. 그리고 아들 사마염이 황제가 되니 이 왕조가 진(晉) 왕조이다. 참고로 진 시황제의 진 왕조는 秦이다.

촉은 이미 진 왕조 등장 전에 멸망하였으니 남은 나라는 오직 오뿐이었다. 이때 오는 손권의 손자 손호가 황제였는데 역량이 부족한 인물이었다. 결국 280년 손호는 수도 건업(지금의 난징)의 성문을 열고 항복하니 이제 삼국이 통일되었다. 삼국 정립 시대부터는 약 60년이 지난 해였다.

▲ 제갈공명

병력의 열세에 처한 제갈공명은 오히려 성문을 활짝 연 채 향을 피우고 거문고를 연주하였다. 매복이 있을 것으로 오해한 사마의는 제갈공명에게 속아 퇴각했다.

팔왕(八王)의 난

사마염은 위가 멸망한 원인을 조씨의 힘이 약했기 때문이라고 판단하였다. 그래서 사마염은 사마씨 27명을 왕으로 봉하고 군대를 갖게 하여 다른 성씨들을 견제하였다. 다시는 자신처럼 다른 성씨가 감히 황제가 되지 못하게 하려 한 것인데, 진 왕조는 오히려 이 정책으로 멸망하게 된다.

사마염, 즉 무제가 55세에 사망하고 32세의 혜제가 등극하였다. 혜제는 선천적으로 지능이 떨어졌다. 그럼에도 불구하고 황제가 된 것은 부인 가남풍 덕분이었다. 혜제의 무능을 염려한 사마염이 테스트를 하였는데 가남풍이 시험관을 매수하여 답을 미리 알아내 결국 혜제가 테스트에 통과하게 된 것이다.

▲ 가남풍

지능이 떨어지는 혜제가 커닝으로 황제가 되자 권력이 황후 가남풍에게 집중되었다. 가남풍은 문제가 많은 혜제를 어머니 양태후가 폐위시킬 것이 걱정되었다. 그래서 양태후를 유폐시켜 굶어 죽게 하여 이 걱정을 없앴다. 가남풍은 외모가 정말 추했으며 시기심이 강한 여인이었다. 가남풍은 남편 혜제가 있음에도 불구하고 아름다운 소년들을 상자 안에 숨겨 궁중으로 데려와 동침했다. 이 소년들은 대개 다음날 살해되었다. 정말 마음에 드는 소년이 있으면 값비싼 선물을 주어 돌려 보내기도 하였다. 살아서 돌아간 한 소년이 나중에 도둑으로 오인되어 심한 고문을 받는 도중 결국 가남풍과의 일을 누설하였다. 그럼에도 불구하고 혜제는 가남풍을 견제하지 않았다. 그것은 혜제가 그 정도의 사고력도 없는 황제였기 때문이었다.

가남풍은 딸만 있고 아들이 없었다. 그리하여 친정 동생이 낳은 아기를 자기가 낳은 것처럼 위장하여 키운 후 그 아이를 황태자로 만들고자 하였다. 그래서 방해가 되는 전 황후가 낳은 황태자를 죽였다. 처음에는 황태자에게 독약이 든 음식을 보냈으나 이를 눈치 챈 황태자가 음식을 거절하자 약 찧는 절구로 쳐 죽여 버렸다.

황태자가 죽자 사마씨 일족의 왕들이 수도를 점령했다. 사마씨 왕들에게 체포된 가남풍은 금가루를 넣은 술 금설주를 마시고 결국 스스로 자결했다. 이후 사마씨의 왕들 8명이 서로 황제가 되기 위해 다투니 이것이 팔왕의 난(300~306)이다. 이들 왕들은 서로 권력을 잡기 위해 냉혹하게 싸웠다. 한 왕은 다른 왕을 불에 태워서 죽이기까지 했는데 이를 집행하던 병사들도 그 가혹함에 눈물을 흘렸다고 한다.

문제는 이들이 서로의 권력 투쟁에서 승리하기 위해 북방의 유목 민족들을 불러들였다는 점이다. 즉 자신의 권력 쟁취를 위해 외세인 북방의 유목 민족들을 불러들이면서 5호 16국 시대가 전개된다.

현학

삼국 시대를 거치면서 수많은 백성들이 죽어갔다. 사마염은 조씨 세력을 몰아내고 그들을 지지했던 유학자들 또한 제거했다. 그리고 이 진 왕조에서도 팔왕의 난이 일어나 수많은 지식인들이 죽어갔다. 참혹한 시대로 전개되는 중국 사회에 있어 이제 유교는 더 이상 이 사회 혼란을 해결해 주지 못했다.

이런 상황 속에서 지식인들은 냉소적 도피주의나 은둔주의에 빠져 자연 속으로 숨기 시작했다. 그 자연 속에서 이들은 예술과 철학을 즐기면서 현실을 도피하는 풍조가 만연하였다.

대표적인 인물들로 대나무 숲에 은둔했다 하여 죽림칠현이라 불리는 이들이 있었다. 이런 자들을 통칭하여 현학자라고 하였으며 그들의 사상은 청담사상이라고 했다. '현(玄)'이란 '현묘하다, 오묘하다'라는 뜻이며 청담이란 세속에 물들지 않은 깨끗한 담론을 뜻한다. 세속에 물들지 않은 깨끗한 담론이란 바로 유교에 젖지 않은 사상을 말한다. 유교는 한 왕조의 멸망, 삼국 시대, 사마염의 황제 찬탈, 팔왕의 난을 해결해 주지 못했기에 현학자들은 노자와 장자처럼 유교를 비판했다.

▲ 죽림칠현

현학자의 대표적 인물은 완적(210~263)과 혜강(223~262)이다. 이들이 살았던 시대는 사마염이 조씨 세력을 제거하고 권력을 쟁취하는 시기였다. 사마씨 집단은 권력 찬탈 과정에서 자신들에게 반대하는 집단을 무자비하게 숙청했다. 한 왕조는 지배층의 부정부패로 망했지만 적어도 위(魏)는 부정부패하지 않았다. 단지 제갈공명의 공격으로 조씨보다 사마씨의 힘이 더 커지면서 망한 것이다. 유교의 입장에서 보면 사마씨의 황제 찬탈은 명분이 없었다. 그럼에도 불구하고 사마씨는 위를 지지하는 수많은 유학자들을 오히려 반역자라고 숙청하고 자신들의 지지 세력을 충신이라고 선전했다. 동중서의 이론으로 보면 전혀 맞지 않는 것이다. 동중서에 의하면 황제가 정치를 잘못할 때 그 왕조는 망해야 하는 것이다. 하지만 위는 단지 권력을 잃어 망했을 뿐이다. 따라서 유교에 실망하고 현실을 도피하여 도교에 심취하는 사조가 만연한 것이다.

완적은 어머니가 돌아가셔도 엎드려 절을 하지 않고 술을 마시며 바둑을 두었다. 평생 술과 기행으로 자신을 위장하며 현실을 도피하고 살았다. 다른 현학자들도 모두 제멋대로 방종한 생활을 통달하는 것으로 여겼는데 심지어 발가벗고 사는 사람도 있었다.

한 무제가 서로마를 멸망시키다

한 무제의 흉노 공격으로 이후 흉노는 서쪽으로 이동했다. 바로 이들이 훈족이 되었다는 설이 있다. 375년 아틸라가 이끄는 훈족의 압박으로 게르만의 이동이 엄청난 규모와 속도로 전개되었다. 결국 게르만에 의해 476년 서로마가 멸망하였다.

이 비슷한 시기에 중국도 비슷한 현상이 전개된다. 팔왕의 난으로 힘을 키운 흉노족 등 이민족이 반란을 일으켰는데, 이를 영가(永嘉)의 난이라고 한다. 이 당시 서진의 황제인 회제의 연호가 영가(永嘉, 307~312)였기에 영가의 난이라고 부르는 것이다. 결국 서진의 수도 낙양성(현재의 뤄양)이 흉노족에 의해 함락되어 진 왕조 즉 서진이 망하고 5호는 16국(304~439)을 건국했다.

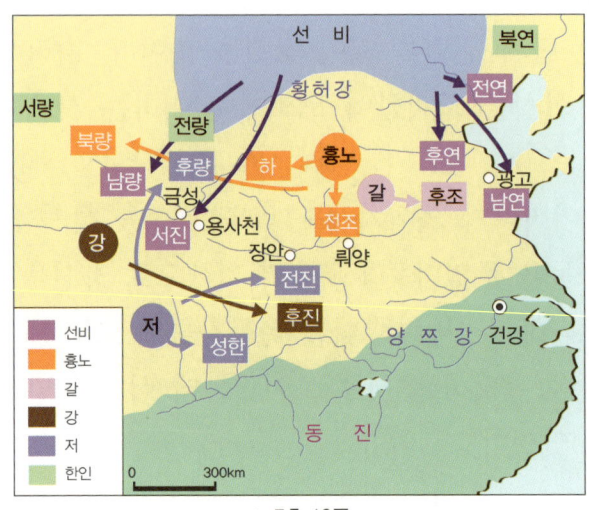
▲ 5호 16국

5호(胡)란 5종의 호족, 즉 5족의 이민족이라는 뜻으로 흉노, 갈, 강, 저, 선비를 지칭한다. 316년 서진이 망하자 사마의의 증손자뻘인 사마예는 오(吳)의 옛 수도인 건업(이후 건강, 지금의 난징)에 근거를 삼고 원제로 즉위하니 이 나라를 동진이라고 한다. 낙양 점령을 기준으로 이전의 나라를 서진, 이후 양쯔강 유역에 재건된 진나라를 동진으로 구분한다. 서진은 수도가 북서쪽인 낙양에, 동진의 수도는 남동쪽 건강에 있었기 때문이다.

필자의 생각에는 북진과 남진이 더 적절하다고 여겨진다. 동진은 비록 북쪽 지방을 잃었으나 서진의 문화를 그대로 간직했는데, 서양의 역사와 비교해 보면 동로마(비잔티움 제국)에 해당된다. 비록 서로마 제국은 게르만족에 의해 멸망당했지만 동로마는 로마의 문화를 계속 유지했기 때문이다. 동로마 제국이 다르다넬스 해협을 장악하여 지중해의 패권을 장악했다면 동진은 양쯔강의 수로를 장악하여 번영을 이루었다.

혼란스러운 황허강 유역을 선비족이 통일하고 북위를 건국하였다. 이 북위는 동위와 서위로 분열되었는데 동위는 북제, 서위는 북주가 되었다. 그리고 남쪽의 양쯔강 유역은 동진이 망하고 송, 제, 양, 진이 차례로 등장하였는데 이 시대를 남북조 시대라고 한다.

북주의 황제 정제의 외할아버지인 양견이 자신의 외손자를 몰아내고 581년 수 왕조를 건국하였다. 이 수 왕조가 남북조를 통일하게 되어 혼란의 시대는 끝을 맺게 된다.

양견, 즉 수 문제가 건국한지 24년, 중국을 통일한 지는 16년 만에 64세의 나이로 사망한다. 이후 둘째 아들인 양광, 즉 수 양제가 즉위하였다. 수 양제는 즉위 직후 대운하 건설을 착수하고 이어 고구려 원정을 시도했다가 실패하여 수 왕조는 멸망했다.

그리고 다시 중국을 통일한 자가 이연이다. 이연은 당 왕조를 건국해서 당 고조가 되지만 실제로 당 왕조 건국에 큰 역할을 한 인물은 이연의 아들인 당 태종 이세민이다.

80 철학과 역사의 만남

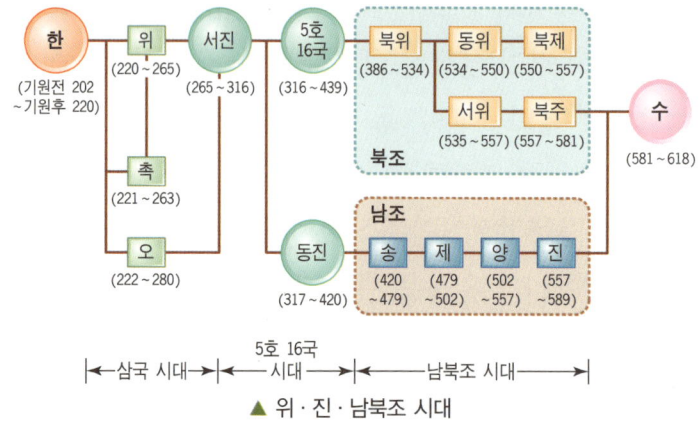

▲ 위·진·남북조 시대

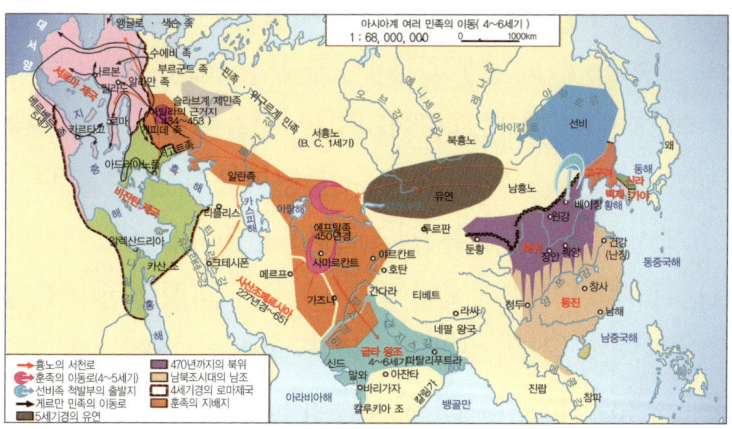

▲ 남북조 시대

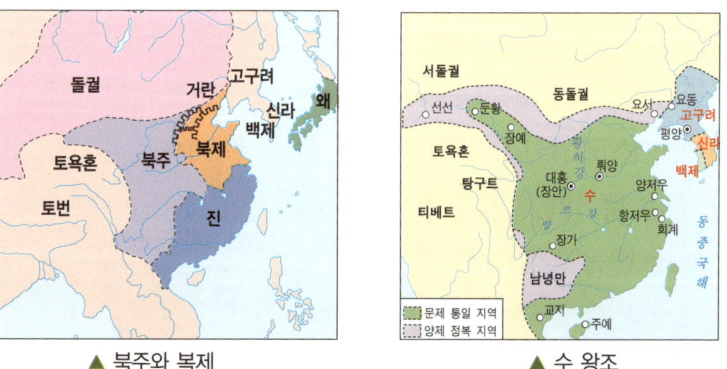

▲ 북주와 북제   ▲ 수 왕조

Ⅰ 동양 철학과 동양사(한국 철학과 한국사 포함)

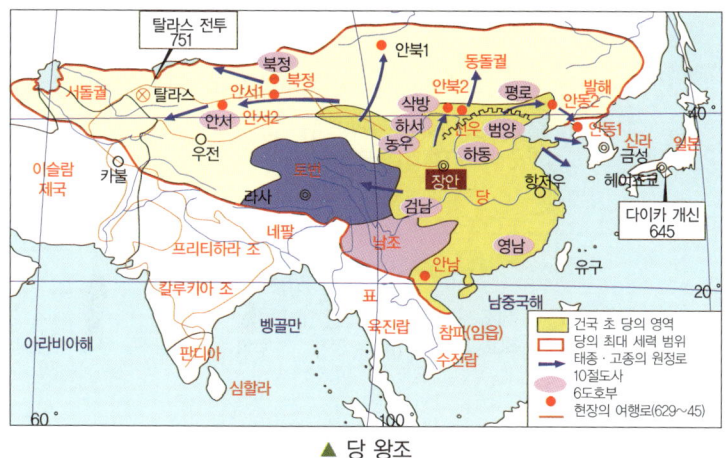
▲ 당 왕조

불교 수용의 토대, 관롱집단

북위의 효문제는 한화 정책을 적극적으로 펼쳤다. 이 과정에서 선비족과 한족의 혼혈집단인 관롱집단(關隴集團)이 탄생했다.

관롱집단은 북위부터 서위, 북주를 거치는 동안 관중(關中)과 농서(隴西)를 중심으로 집단을 형성하며 출발했다. 북위가 멸망하면서 동위, 서위로 분열되었을 때 서위의 우문태는 관중과 농서 지방의 군벌을 이용해 힘을 키워 나가 이후 서위, 북주, 수, 당의 지배집단이 되었다. 서위, 북주, 수, 당의 중심 세력이 모두 관롱집단인 것이다.

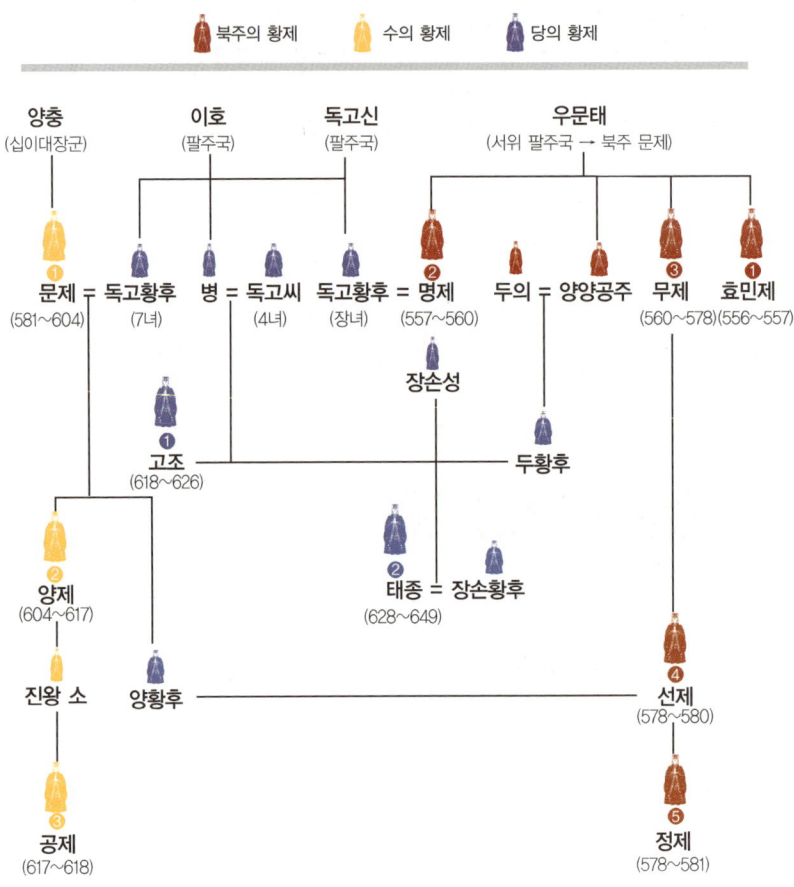

김호동 저 〈아틀라스 중앙유라시아사〉

    독고신이라는 인물은 선비족으로서 관롱집단의 핵심이었다. 독고신의 첫째 딸은 북주의 황후가 되었으며 넷째 딸은 당 왕조의 건국자 이연의 어머니가 되어 후에 황후로 추존되었다. 일곱 번째 딸은 양견의 부인이 되어 수 왕조의 황후가 되었으니 딸 세 명이 모두 황후가 된 것이다.

이민족의 시대에 이민족의 종교가 발달하다

한 무제 때 장건에 의해 비단길이 개척되었으며 이후 비단길을 통해 불교가 전파되었다. 하지만 중국인들은 불교를 이민족의 종교로 인식하였기 때문에 불교가 쉽게 자리를 잡을 수 없었다.

불교의 승려들은 중국에서 불교가 정착될 수 있게 하기 위해 노장사상을 이용했다. 불교의 승려들은 노자가 인도에 가서 석가모니가 되었다고 주장했다. 이 주장을 중국인들이 믿은 것은 두 사상이 서로 비슷하기 때문이었다. 이민족의 종교였던 불교가 중국에 자리 잡게 된 배경은 첫 번째가 승려들의 이 거짓말이었고, 두 번째는 5호 16국 시대 이후 이민족의 시대가 되었기 때문이다. 이제 이민족의 지배를 받는 시대가 되었으니 이민족의 종교가 커질 수 있게 된 것이다.

우리나라 고구려의 소수림왕과 백제의 침류왕이 불교를 수용한 시기도 바로 이 5호 16국의 시대였다. 5호 16국 시대 이후인 남북조 시대, 수·당 시대도 여전히 지배층은 이민족 또는 이민족과의 혼혈집단이었기 때문에 불교는 계속해서 성행할 수 있었다. 북위의 황실은 선비족이었으며 서위, 북주, 수, 당의 황실은 선비족과의 혼혈집단인 관롱집단이었다. 그들 이민족 지배층은 외래 종교인 불교를 적극적으로 받아들였다.

중국화된 불교, 선종

5호 16국 시대가 중국 불교의 준비기라면 남북조 시대는 중국 불교의 토착화 시기라고 할 수 있다. 남북조 시대 520년 인도의 보리 달마가 중국에 건너와 선종의 토대를 만들었다. 선종은 중국에서 만들어진 중국화된 불교였다.

중국에 전래된 기존의 불교는 대승 불교의 교종이었다. 교종은 절 안에서 책을 통해서 점진적으로 해탈하는 것이다. 이 교종은 책을 살 수 있는 부자나 책을 읽을 수 있는 지식인만이 믿을 수가 있었다. 따라서 평민까지 불교가 전파되기 힘들었다.

▲ 달마 대사

달마 대사의 눈이 크게 그려지는 이유는 우선 달마 대사는 참선하는데 잠이 오자 속눈썹을 모조리 뽑고 눈꺼풀을 손톱으로 잘랐기 때문이다. 그리고 달마 대사는 인도인이기에 중국인들이 보았을 때 눈이 커보였기 때문이다.

하지만 이제 경전 없이 참선을 통해서 해탈할 수 있다는 선종이 만들어진다. 선종은 책, 즉 문자를 통해서는 진정한 깨달음에 다다를 수 없다고 주장한다. 이를 불립문자(不立文字)라고 한다. 그리고 선종은 인간의 본성이 곧 부처이므로 동굴 속에 들어가서 책 없이 자신의 본성만을 탐구하여 부처가 되는 것을 주장한다. 이를 견성오도(見性悟道)라고 한다.

▲ 교종과 선종의 차이

선종은 중국에서 달마 대사에 의해 시작되지만 그 토대는 어디까지나 여전히 석가모니였다. 석가모니가 어느 날 대중들 앞에서 아무 말 없이 연꽃을 들어 보이자 오직 가섭만이 그 뜻을 알고 미소 지었다고 하는데 이를 염화미소(拈華微笑)라고 한다. 연꽃은 아름답지만 더러운 진흙 속에서 자란다. 즉 진흙 속에도 불성이 있듯 평민에게도, 거지에게도, 심지어 뱀에게도 불성이 있다는 것을 석가모니는 말과 문자 없이 제자에게 전달한 것이다.

이 선종은 당 왕조 때 조계 혜능(638~713)에 의해 더욱 발전하게 된다. 우리나라 불교인 조계종의 이름이 바로 이 조계 혜능에서 나온 것이다.

"바람이 불어 깃발이 날리는 것을 보고 두 승려가 말다툼을 하는데, 한 승려는 바람이 움직인다고 하고, 다른 승려는 깃발이 움직인다고 하였다. 듣고 있던 혜능 왈, "그것은 바람이 움

▲ 염화미소

직이는 것도 아니고 깃발이 움직이는 것도 아니다. 단지 마음이 움직일 뿐이다."

― 조계 혜능 ―

조계 혜능은 바깥 세계의 사물에 대한 인식은 사람의 마음에 따라 결정된다고 주장했다. "마음이 일어나면 갖가지 사물이 생겨나고 마음이 없으면 갖가지 사물이 없어진다."는 것이다. 따라서 밖에서 경전으로 불법을 공부할 필요가 없으며, 마음에 의지하여 깨달으면 된다는 것이다.

▲ 조계 혜능

"나는 달을 가리키는데 왜 내 손가락을 보는 것이냐?" 조계 혜능의 말이다.
왼쪽 그림에서 달을 가리키는 손가락은 책, 즉 교종의 경전을 의미한다. 오른쪽 그림에서 뒷짐을 지고 달을 바라보는 것은 마음으로 깨닫는 선종을 의미한다.

Ⅰ 동양 철학과 동양사
(한국 철학과 한국사 포함)

4. 한국, 유불도가 공존하다
한국의 유불도 /
삼국 시대부터 고려 시대까지

한국의 유교와 도교

한국에서 유교는 이미 삼국 시대에 전래되었다. 유교의 대표적 문화재로 임신서기석이 있다.

▲ 임신서기석

임신서기석은 임신년에 화랑 두 명이 3년 안에 유교 경전을 열심히 읽자고 서로 맹세한 내용을 돌에 새긴 비석이다. 이 비석은 일종의 타임캡슐로 추측되는데 3년 후에 약속을 다 지키면 다시 꺼낼 생각이었던 것 같다.

도교도 이미 삼국 시대에 수용되었다. 영류왕을 제거하고 권력을 잡은 연개소문은 불교를 억압하고 도교 진흥 정책을 폈다. 김부식의《삼국사기》에는 연개소문이 다섯 자루의 칼을 찼다고 했는데 이는 위압감과 공포감을 주기 위해서라고 기록되어 있다. 그러나 연개소문은 도교에서 강조하는 음양오행설을 강조하기 위해 그랬을 가능성이 있다. 연개소문 자신이 음과 양, 즉 달과 태양이 되며 다섯 자루의 칼은 오행, 즉

▲ 연개소문

중국 경극 〈독문관〉에서 연개소문과 그가 사용하는 다섯 자루의 칼

화수목금토가 되는 것이다. 노자의 무위자연에서 자연이란 숲 속의 자연이 아니며, 무위는 공자의 인예(仁禮)를 거부하는 무위이다. 하지만 시간이 흐르면서 노자의 사상은 숲 속의 자연으로 변질되어 갔다.

청룡(동) 백호(서) 주작(남) 현무(북, 고구려를 상징)
▲ 사신도

▲ 사택지적비   ▲ 산수무늬 벽돌   ▲ 백제 금동 대향로 (금동용봉봉래신향로)   ▲ 백제 금동대향로 세부도

한국에서도 마찬가지였다. 고구려 강서대묘의 사신도는 죽은 자의 사후 세계를 위해 그린 도교 문화재이다. 백제의 금동대향로에서 봉황, 용, 몸통 윗부분의 봉래산은 도교적 특징이며 몸통 아랫부분에 표현된 연꽃은 불교의 특징을 나타낸다. 백제의 사택지적비는 사택지적이라는 사람이 불당을 짓고 세운 비석이다. 불당을 짓고 세운 비석이지만 인생이 허무하다는 비문의 내용으로 보면 도교 문화재이다. 인생을 허무하다고 보는

관점은 도교적 특성이기 때문이다.

　40대인 필자는 수십 년이 지나면 노인이 되고 늙어 죽을 것이다. 도교에 의하면 그것은 허무한 것이다. 하지만 불교의 관점에서 바라보면 죽음 이후 필자는 다시 윤회하여 딸의 자식으로 태어날 것이니 그리 허무하지 않은 것이다.

부처의 종류

▲ 금동미륵보살
반가사유상
(국보 83호)

　한국 불교는 다신교적 성격이 강하다. 석가모니, 다보, 아미타, 관세음, 미륵 등 여러 부처가 있다.

　신라의 역사는 상대, 중대, 하대로 나눠진다.

　상대는 삼국 시대를 뜻하는데 상대에는 삼국 모두 미륵 신앙을 강조했다. 미륵 부처는 석가모니불에 이어 미래의 중생을 구제한다고 하는 일종의 메시아적 성격의 부처이다. 기독교에서도 미래에 메시아(구원자)가 나타날 거라는 예언이 있는데 예수가 나타난 후 예수를 메시아로 인식했다. 불교에서도 백성들이 힘들 때마다 미래에 나타날 미륵을 기다렸다.

　중대는 신라가 삼국을 통일한 직후를 말하는데 중대에는 원효와 의상에 의해 아미타 신앙이 유행했다. 아미타 부처는 불교의 대중화와 관련 있다. 평민들도 '나무아미타불' 이라고 외우면 극락에 갈 수 있다고 한다. '나무' 는 고대 인도어, 즉 산

▲ 석굴암

신라 중대에는 원효에 의해 아미타 신앙이 유행했는데 석굴암의 부처가 바로 아미타 부처이다. 석굴암이 만들어질 당시에는 그림처럼 색깔이 칠해져 있었다.

스크리트어로서, 영어로 'Go to'란 뜻이다. 이렇게 신라 중대가 되면 원효와 의상의 아미타 신앙에 의해 불교의 대중화가 이루어져 귀족의 전유물이었던 불교를 평민까지 믿게 된다. 참고로 신라 중대에 만들어진 석굴암의 부처가 바로 아미타 부처이다.

석가탑과 다보탑

석가모니가 대중들을 모아 놓고 설법을 할 때 이 설법이 너무 좋아 땅속에서 다보의 궁전이 불쑥 솟아 올라왔다고 한다. 그래서 불국사에 석가모니를 표현한 석가탑과 다보를 표현한 다보탑이 함께 있는 것이다. 신라는 삼국을 통일했기에 통일 직후 3층탑이 유행했다. 그래서 석가탑은 3층탑이지만 다보탑은 3층탑을 벗어난 특이한 형태의 탑이다. 탑 윗부분에 다보의 궁전을 표현했기 때문이다.

▲ 석가탑

무구정광 대다라니경

▲ 다보탑

석가탑에서 세계 최고의 목판 인쇄본인 무구정광대다라니경이 발견되었다. 유리 구슬로 보이는 것은 승려의 시신을 화장한 후 수습한 사리이다.

원효, 선종 확산의 토대가 되다

신라 중대에는 원효의 사상이 크게 유행했다. 원효는 우선 일심 사상을 통해 종파 간의 조화를 추구하였다. 원효는 의상과 함께 당 왕조로 유학하기 위해 길을 떠난다. 어느 날 어두운 동굴 속에서 맛있는 물을 마셨는데 다음날 깨어보니 자기가 어제 마신 물이 실은 해골 안에 담긴 썩은 물이었다. 이 충격으로 원효는 구역질을 하며 깨달았다. "변한 것은 무엇인가? 어제의 물이나 오늘의 물이나 똑같은데 나는 왜 구역질을 하는가? 변한 것은 내 마음과 의식뿐이다."

▲ 원효

원효는 이때 일체유심조(一切唯心造)! 마음이 일체의 모든 것을 만든다는 진리를 깨닫는다. 이어 원효는 "모든 것이 오직 한 마음에서 나온다."라는 일심 사상을 바탕으로 종파들 간의 조화를 강조하는 화쟁 사상을 주장하였다.

▲ 원효의 일심 사상

원효가 살았던 신라 중대에는 선종이 유입되었으나 미약했기에 원효는 교종의 종파들 간의 조화를 추구했다. 하지만 원효의 화쟁 사상은 이후 고려 시대 의천과 지눌에 의해 교종과 선종의 조화로 이어지게 된다.

원효는 일심 사상으로 종파 간의 조화뿐만 아니라 아미타 신앙으로 불교의 대중화도 추구했다. 경전을 통해서 해탈하는 것은 글자를 모르는 백성들에겐 힘든 일이었다. 그래서 원효는 〈무애가〉라는 노래와 춤으로 불교를 백성들에게 전파했다. 이러한 원효의 아미타 신앙과 무애가로 신라 중대가 되면 불교의 대중화가 이루어졌다. 신라 상대에는 왕과 귀족만이 불교를 믿었는데 이제 평민까지도 불교를 믿을 수 있게 된 것이다. 원효는 교종 승려였다. 하지만 필자는 글자를 모르는 백성들에게 무애가라는 노래와 춤으로 불교를 전파한 점은 한국에서 선종이 확산될 수 있는 토대를 마련했다고 생각한다.

신라가 중대에서 하대로 접어들자 비로소 선종이 유행했다. 신라 하대는 지방 호족의 시대였다. 지방 호족들은 중대 진골 귀족에 비해 글자와 경전에 취약했다. 이에 교종보다는 선종을 선호하게 되었고 선종 불교가 크게 대두되게 된 것이다.

의천

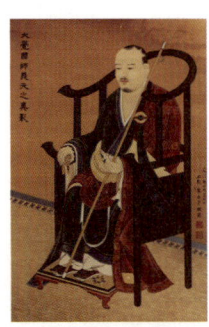
▲ 의천

신라가 망하고 고려가 등장하자 신라 하대의 지방 호족들은 문벌 귀족이 되었다. 일반적으로 귀족은 교종을 선호한다. 책을 살 돈도 있으며 책을 읽을 수 있는 교양도 있었기 때문이다. 따라서 선종을 믿었던 지방 호족은 문벌 귀족이 되자 신라 중대 진골 귀족처럼 교종을 선호하게 되었다.

문벌 귀족의 시대에 살았던 문종의 아들 의천은 형 숙종이 왕일 때 해동 천태종을 창건했다. 이 해동 천태종은 교종 중심으로 선종을 통합한 것이다.

지눌

고려의 문벌 귀족은 무신 정변으로 무너졌다. 무신들은 신라 하대 지방 호족처럼 글자와 경전에 취약했다. 이에 자연스레 무신들은 선종을 선호했다. 이 무신정권 때 지눌은 조계종을 창시했다. 조계종은 선종 중심으로 교종을 통합한 것이다. 문종의 아들이자 숙종의 동생이었던 의천은 왕권 강화라는 정치적 목적으로 해동 천태종을 만들었기에 완벽한 교리 통합을 이루지는 못했다. 그러나 지눌의 조계종은 완벽한 교리 통합을 이루어 오늘날 한국 불교의 주류가 된 것이다.

▲ 지눌

▲ 교종과 선종의 비교

의천은 교종 중심으로 선종을 통합하며 교관겸수와 내외겸전을 주장했다. 교관겸수를 통해 교(교종)을 중심으로 관(선종)의 통합을 시도했으며, 내외겸전을 통해 외(교종)를 중심으로 내(선종)의 통합을 시도했다. 반면 지눌은 선종 중심으로 교종을 통합하며 정혜쌍수와 돈오점수를 주장했다. 정혜쌍수를 통해 정(선종)을 중심으로 혜(교종)의 통합을 시도했으며, 돈오점수를 통해 돈오(선종)을 중심으로 점수(교종)의 통합을 시도했다.

고려의 마지막 집권 세력은 친원파인 권문세족이다. 권문세족이 원 왕조의 영향으로 그들이 믿었던 티베트 불교(라마교)의 영향을 받았을 것이라고 많은 사람들이 예상하지만 실상은 그렇지 않다. 지눌이 완벽한 교리 통합에 성공했기에 권문세족들도 조계종을 믿었다. 지눌의 영향으로 티베트 불교의 영향은 미미하였다.

▲ 경천사지 10층 석탑   ▲ 원각사지 10층 석탑

원의 티베트 불교는 우리나라에 큰 영향을 끼치지 못했다. 그러나 문화재에서 그 흔적을 볼 수 있다. 대표적으로 경천사지 10층 석탑이 있다. 조선 세조의 원각사지 10층 석탑은 이 경천사지 10층 석탑의 영향을 받았다.

▲ 한국 불교의 변화

조계종, 성리학 수용의 토대가 되다

경학(또는 훈고학) 다음으로 등장하는 유교는 성리학이다. 성리학은 경학에 도교와 불교를 융합한 것이다. 특히 불교 중 선종의 영향을 받았다. 선종은 인간의 본성을 탐구하는 것인데 성리학은 이 영향을 받

아 인간의 본성을 탐구한다.

지눌의 조계종은 선종 중심으로 교종을 통합하는 것이기에 선종의 발달을 가져왔다. 지눌의 제자 혜심은 선종과 성리학이 모두 인간의 본성을 탐구하는 것이니 서로 같다고 하는 유불 일치설을 주장했다. 지눌의 조계종 덕분에 고려 후기 지식인들은 선종에 대한 이해도가 높았다. 따라서 고려 후기 선종과 유사한 성리학이 수용되었을 때 어렵지 않게 성리학을 이해할 수 있었으니 지눌의 조계종은 성리학 수용의 토대가 된 것이다.

▲ 혜심

선종의 창시자인 달마 대사가 소림사에서 9년 동안 벽만 바라보며 인간의 본성을 탐구하였는데 이 영향으로 조선의 성리학자 조식은 생활 속에서 참선하며 인간의 본성을 탐구했다. 조식은 늘 참선하는 태도를 잃지 않기 위해 항상 품에 칼을 품고 방울을 차고 다녔다는 말이 전해진다.

▲ 조식

▲ 복원한 경의검   ▲ 성성자

남명 조식은 평소에 '경의검(敬義劍)'이라는 칼과 '성성자(惺惺子)'라는 방울을 항상 몸에 지니고 다녔다. 경의검에서 '경(敬)'이란 내면의 자신을 살피는 것으로 선종의 참선과 관련있다는 설이 있다. '의(義)'는 외면, 즉 사회에 문제가 발생하면 이를 해결하기 위해 과감하게 결단하는 것을 말한다. 한편 성성자의 '성(惺)'은 깨달음을 일컬음이니 방울소리를 들으며 항상 자신을 일깨우자는 의미이다.

신앙 결사 운동

지눌은 조계종을 만들고 또한 신앙 결사 운동을 전개했다. 신앙 결사 운동이란 불교 정화 운동을 말한다. 이 당시 불교계가 크게 타락했기에 지눌은 정혜결사(수선사)라는 조직을 만들어 전라남도 순천의 송광사에서 불교 정화 운동을 전개했다. 참고로 정혜결사(수선사)의 '사(社)'는 조직을 의미하며 송광사의 '사(寺)'는 사찰을 의미한다. 다음은 지눌의 글이다.

▲ 송광사

지금의 불교계를 보면, 아침 저녁으로 행하는 일들이 비록 부처의 법에 의지하였다고 하나, 자신을 내세우고 이익을 구하는 데 열중하며, 세속의 일에 골몰한다. 도덕을 닦지 않고 옷과 밥만 허비하니, 비록 출가하였다고 하나 무슨 덕이 있겠는가? ······

하루는 같이 공부하는 사람 10여 인과 약속하였다. 마땅히 명예와 이익을 버리고 산림에 은둔하여 같은 모임을 맺자. 항상 선을 익히고 지혜를 고르는 데 힘쓰고, 예불하고 경전을 읽으며 힘들여 일하는 것에 이르기까지 각자 맡은 바 임무에 따라 경영한다. 인연에 따라 성품을 수양하고 평생을 호방하게 고귀한 이들의 드높은 행동을 좇아 따른다면 어찌 통쾌하지 않겠는가?

〈권수정혜결사문(勸修定慧結社文)〉

Ⅰ 동양 철학과 동양사
(한국 철학과 한국사 포함)

5. 중국에서 종교 개혁이 일어나다
성리학 / 송 왕조

종교의 박람회장이 된 국제 도시 시안

당 왕조의 건국자 이연의 둘째 아들인 당 태종은 현무문의 변으로 형과 동생을 죽이고 황제가 되었다. 이렇게 당 태종은 비정상적인 방법으로 황제가 되었지만 '정관의 치'를 이루었고 동아시아가 하나의 문화권이 되게 하는 토대를 마련하였다.

오늘날 동아시아의 공동된 문화적 특징은 이 당 태종의 시대에 주변 각국과 유대 관계를 맺으면서 강화된 것이다. 이미 유교와 불교가 신라, 일본, 베트남 등에 전파되었으며 한자는 이들 나라들의 공용 문자로 기능을 하였다. 특히 당 태종이 만든 율령 체제는 주변 국가의 행정 체계에 큰 영향을 주었다.

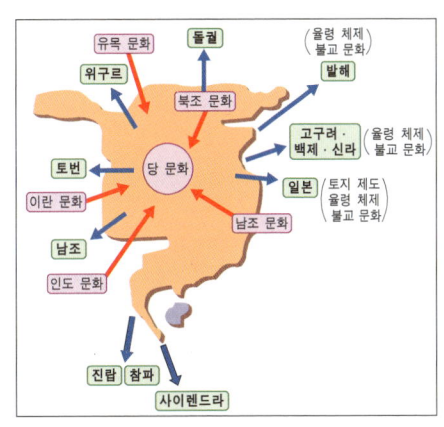
▲ 동아시아 문화권

당 태종은 고구려 원정에 실패했지만, 태종의 뒤를 이은 고종(재위 649~683)이 정복 사업을 계승하였다. 우선 657년 소정방을 보내 서돌궐을 정복하여 서역을 완전히 장악했다. 그런

후 고종은 동쪽으로 눈길을 돌렸다. 신라와 연합하여 660년에 백제를 멸망시켰다. 663년에는 백제 부흥군과 일본의 연합군을 백강에서 격파했으며, 연개소문의 사

▲ 백강 전투

후 그의 아들 사이에 내분이 일자 역시 신라와 연합하여 668년에 고구려를 멸망시켰다. 당 왕조는 신라에 대한 노골적인 정복 야욕까지 드러내었으나 매소성 전투와 기벌포 전투에서 패배하였다.

  당 고종은 다시 눈길을 서쪽으로 돌려 서역으로 진출했다. 이때 당 왕조 군대를 이끈 인물은 고구려 출신인 고선지 장군이었다. 고선지는 747년 1만 명의 기병을 이끌고 세계의 지붕이라 불리는 파미르고원을 넘어 지금의 아프가니스탄 북부에 있는 여러 나라들을 정복했다. 이에 이슬람 72개국이 당 왕조에 항복했다.

  영국의 고고학자 오럴 스타인은 "한니발과 나폴레옹이 알프스산맥을 넘은 것을 능가하는 일이다."라고 평가했다.

▲ 고선지

고선지의 침략에 이슬람의 아바스 왕조는 30만 군대를 모아 당 왕조와 충돌했다. 이것이 중앙아시아의 패권을 놓고 겨룬 751년 탈라스 전투이다. 전투

Ⅰ 동양 철학과 동양사(한국 철학과 한국사 포함)

는 고선지 장군의 패배로 끝났다. 한편 탈라스 전투 당시 고선지의 부하 가운데 종이 만드는 기술자가 아바스 왕조의 포로가 되었다. 이에 중국의 제지술이 이슬람을 거쳐 유럽에 전파되어 기존의 양피지를 대체하게 되었다.

닥나무를 삶은 후 헹굼　　종이 뜨기　　건조
▲ 종이 만드는 절차

후한 시대 채륜은 기존의 종이 만드는 기술을 개량하였다. 이에 따라 제지 비용이 획기적으로 절감되면서 종이가 대중화되는 계기를 마련한다.

　당 왕조 시기에는 당의 문화가 동아시아에 퍼졌을 뿐 아니라 동아시아와 서역의 문화가 당 왕조에 유입되어 당 왕조 수도 장안(지금의 시안)은 인구 100만 명이 넘는 국제 도시가 되었다. 네스트리우스파 기독교가 유입되었으며 페르시아의 조로아스터교와 이슬람교도 유입되었다. 그리고 조로아스터교와 불교가 융합한 마니교도 유입되어 당 왕조 수도에는 이들 다양한 종교의 사원들이 건축되었다.

　신라와 발해는 당 왕조의 외국인 선출 시험인 빈공과에 응시하여 서로 수석을 다투었으며 일본인 아베 나카마로는 안남 도호부의 도호로 임명되어 베트남을 통치하였다.

당삼채 : 백색, 황색, 녹색 등의 유약으로 광택을 낸 도자기로서 낙타, 서역인, 서역 악기 등이 표현되어 있다. 귀족적이고 국제적인 당의 문화를 잘 보여주는 도자기이다.

▲ 당삼채

소그드인, 안사의 난과 아바스 혁명을 일으키다!

▲ 측천무후

당 왕조는 잠시 고종의 부인 측천무후에 의해 멸망한 적이 있다. 측천무후는 아들을 폐하고 대조영이 발해를 건국(698)하기 전인 690년 주 왕조를 건국하여 황제가 되었다. 중국 역사상 여자가 첫 번째로 황제가 된 것이다. 측천무후의 나이가 들자 쿠데타가 발생하여 그녀의 아들 중종이 황제가 되고 당 왕조는 다시 복원되었다. 하지만 중종의 부인인 위후 역시 측천무후처럼 황제가 되려고 야심을 갖게 되었다. 위후와 그녀의 딸 안락공주는 결국 중종을 독살했다. 이것은 명백한 패륜이었다. 이제 정권을 잡게 될 위후는 딸 안락공주를 황태자가 아니라 황태녀로 책봉할 계획이었다. 측천무후가 여자로서 황제가 된 것도 중국 역사상 최초의 일이만, 황태녀가 등장할뻔한 것도 최초의 일이었다. 이런 상황을 참지 못한 이융기(이후 현종)가 정변을 일으켜 위후와 안락공주를 죽였다.

이후 황제가 된 당 왕조의 현종은 처음에는 정치에 열중하여

▲ 당 현종과 양귀비

▲ 안록산

태평성대가 이루어졌으나 양귀비와의 사랑에 빠져 국정을 소홀히 하였다. 곧 안록산과 사사명의 난이 일어났다. 안록산은 중앙아시아 소그디니아 출신이었는데, 이슬람의 우마미야 왕조를 무너뜨리는 아바스 혁명을 일으킨 중심 세력도 바로 이 소그드인이었다.

▲ 우마미야 왕조와 아바스 왕조

당시 소그드인은 동서무역의 중심 세력이었는데, 중국에 정착한 안록산과 동족인 중앙아시아의 소그드인은 비단길, 즉 실크로드를 통해 서로 활발하게 교류했다.

지금의 무역과는 달리 예전의 무역은 목숨을 건 행위였다. 귀중품과 돈을 가지고 다녔기 때문에 언제나 도적 떼를 만날 수 있었다. 따라서 소그드인은 단순한 상인이 아니라 전사 집단이

5. 중국에서 종교 개혁이 일어나다
성리학 / 송왕조

라고 볼 수 있다.

　안록산의 주력 부대에는 바로 이 전사 집단인 소그드인이 상당히 많았다. 안사의 난은 내분과 위구르의 도움으로 겨우 진압되었다. 하지만 안록산과 사사명이 거느렸던 부대들은 여전히 그 세력이 막강했다.

　이에 당 왕조는 그들을 절도사로 임명하며 회유하였다. 절도사는 현지에서 자신의 책임하에 병사를 모집하는 것이 허용되었다. 이는 기존의 부병제, 즉 균전제를 통해 토지를 받는 조건으로 차출되어 군역을 책임지는 제도와는 달랐다. 자신에게 월급을 주는 절도사에게 충성을 다하는 모병제가 등장하게 된 것이다. 절도사와 주로 몰락 농민, 이민족으로 구성된 병사들 사이에는 강력한 주종 관계가 발생하였다. 강대한 군벌 세력이 형성되게 되었으며 거의 하나의 독립 왕국이나 마찬가지였다.

　이때 산둥반도에 이러한 치청 왕국을 세운 인물이 고구려 출신 이정기이며 이 치청 왕국을 무너뜨린 다른 절도사의 부대에 장보고가 있었다.

　당 왕조는 절도사를 견제하기 위해 중앙의 정부군을 증강시키고자 많은 세금을 걷기 시작했다. 이로 인해 소금의 가격이 30배까지 올라가자 소금 밀매업자들이 나타났다. 가혹한 세금으로 민생 경제는 파탄 났지만 중앙 정부에서는 환관의 횡포로 정치기능이 제대로 발휘되지 못하였다.

　이런 상황 속에서 874년 소금 밀매업자 왕선지와 황소가 난을 일으켰다. 이때 신라인 최치원은 황소를 꾸짖는 격문, 이른

바 〈토황소격문(討黃巢檄文)〉을
지었다. 황소의 난을 진압하는
과정에서 절도사의 힘은 더욱
성장하였다. 결국에는 당 왕조
가 망하고 절도사들이 5대 10국

▲ 황소의 난

시대를 열게 된다. 황소의 부하였던 주전충은 907년 당 왕조를
무너뜨리고 양(梁)을 세웠다. 이 양을 역사상 후량이라고 한다.
이때부터 중국은 5대 10국 시대가 전개된다.

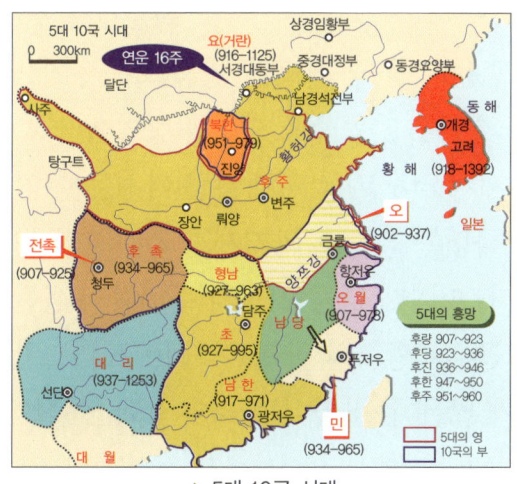
▲ 5대 10국 시대

송 왕조

5대의 마지막 황제인 후주의 영웅 세종이 죽고
7세의 공제가 황제가 되었다. 짧은 시간동안 후량, 후당, 후진,
후한, 후주를 거치면서 백성들은 지쳤고, 장군들도 황제에 대한
충성심이 약해졌다. 이때 어린 황제가 즉위한 것을 기회로 요

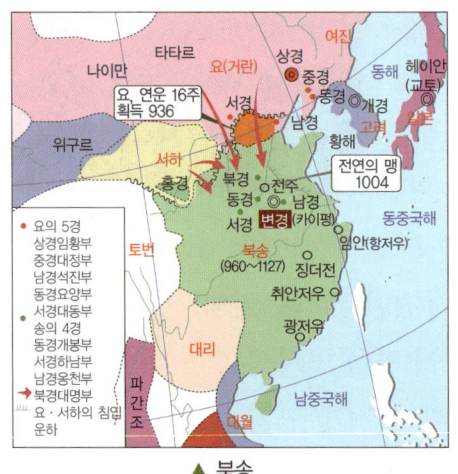
▲ 북송

왕조가 후주를 공격하였다. 요의 공격으로 어린 황제에 대한 불안을 느낀 장군들은 그들 사이에서 존경을 받고 있던 조광윤을 황제로 추대하여 960년 송 왕조가 건국된다.

중국 역사상 이렇게 평화롭게 왕조가 바뀐 적은 없었기에 조광윤은 중국 최고의 영웅으로 평가 받기도 한다. 송 왕조는 건국 이후 5대 10국 시대를 통일했다.

송 왕조 황제는 5대 10국 시대처럼 다시는 무인들이 정권을 잡지 못하게 하려는 의도로 과거제를 강화시켜 문인들을 등용하여 통치했다. 따라서 다시 지방의 무인들이 반란을 일으키는 경우는 없었으나 국방력의 약화로 거란족의 요 왕조와 탕구트족의 서하에게 많은 돈을 갖다 바쳐야 했다.

사대부의 나라

한 왕조는 호족의 나라였다. 호족들은 향거리선제(鄕擧里選製)를 통해 자신의 지위를 세습하였다. 삼국 시대 이후 서진 시대, 5호 16국 시대, 남북조 시대, 수 왕조, 당 왕조 시대까지는 문벌 귀족의 나라였다. 문벌 귀족들은 9품 중정제를 통해 자신들의 지위를 세습하였다. 향거리선제와 9

품중정제 모두 지방관이 관리를 추천하는 제도이다.

반면에 송 왕조는 사대부의 나라였다. 사대부는 향거리선제나 9품중정제와는 다르게 엄격한 관리 등용 시험인 과거제를 통해 진출한 사람들이다. 물론 과거제는 수 왕조 문제 시기부터 실시되기는 하였다. 그러나 송 왕조 이전에는 황제가 합격자의 등수를 결정하는 전시가 없었다. 송 왕조의 과거제는 이러한 전시가 실시되어 황제가 합격자의 등수를 직접 결정함으로써 군사부일체, 즉 황제가 아버지와 동급인 스승이 되게 되었다. 그리고 이전의 과거제도와 달리 매우 엄격하게 실시되어 합격한 사대부들의 자부심은 대단하였다.

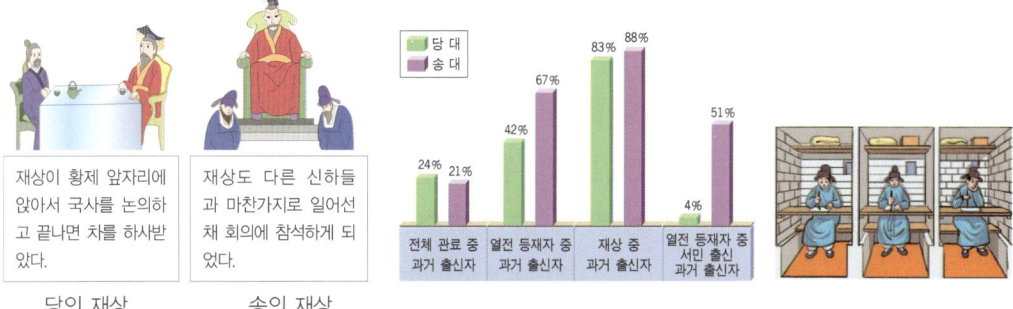

▲ 당과 송의 재상   ▲ 당과 송 시기의 과거 출신자   ▲ 송의 과거 시험

과거에 합격하면 면세의 특권, 재판상의 특권이 주어졌으며 관리로 3년만 근무하면 손자 대까지 풍족한 생활을 할 수 있을 정도였다고 한다.

그러나 이들 송 왕조 지배층인 사대부는 원 왕조 시기에 좌절을 맛보게 된다. 물론 원 왕조 때도 중국인 내부에서는 사대부가 여전히 지배층이었으며 장차 명 왕조 건국의 중심 세력이 되기도 한다.

한편 과거제가 발달하자 응시자의 수가 급증하여 대량의 참고서가 요구되었기에 출판 사업과 활판 인쇄술이 발달했다.

정강의 변

요 왕조를 정복한 여진족의 금 왕조는 이어 송 왕조를 공격했다. 금 왕조의 공격에 놀란 휘종은 아들 흠종에게 제위를 물려주고 수도를 버리고 도망갈 준비를 했다. 금 왕조가 송 왕조 수도인 개봉(카이펑)을 포위하자 송 왕조는 막대한 배상금을 금 왕조에 주는 굴욕적인 협정을 맺고 결국 포위를 풀었다. 금 왕조가 물러간 후 송 왕조의 유학자들은 배상금 지불을 철회하고 금 왕조와의 항전을 주장했다. 격분한 금 왕조는 대군을 남하시켜 수도 정복에 성공하였다. 송 왕조 황제 휘종과 흠종은 금 왕조에 포로로 끌려가 일반 평민처럼 밭을 갈며 한 많은 여생을 마쳤다. 이 사건을 후에 역사가들은 흠종의 연호가 '정강'이었기에 정강의 변(1126~1127)이라고 불렀다.

흠종의 아우는 정강의 변 때 모병을 위해 지방에 내려감으로써 난을 모면하였다. 정강의 변 소식을 들은 이 흠종의 아우는 임안(지금의 항저우)에서 건국하고 황제에 오르니

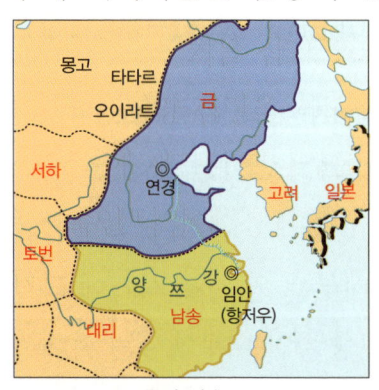

▲ 금과 남송

이가 곧 남송의 초대 황제 고종이다. 따라서 이전의 역사를 북송, 이후의 역사를 남송으로 구분한다. 정확하게는 정강의 변으로 송 왕조가 멸망한 것이 아니라 북송이 멸망한 것이다.

황허강 유역을 정복한 금 왕조는 다시 양쯔강 유역을 정복하고자 대군을 남하시켰다. 하지만 금 왕조의 10만 대군은 남송의 명장 악비가 이끄는 겨우 5백 기병에게 격파 당하였다. 이후 악비는 계속 금 왕조 군대를 물리쳐 금 왕조는 개봉(카이펑)을 버릴 준비를 했으며 금 왕조 장수들이 악비에게 항복할 기미도 보였다. 이제 악비 때문에 송 왕조는 다시 황허강 유역을 차지할 기회가 생겼다.

하지만 주화파인 진회는 악비를 모함으로 죽여 버리고 금 왕조에게 막대한 돈을 바치는 조건으로 화친을 맺었다. 그러나 금 왕조에 바치는 돈은 무역을 통해 다시 남송으로 돌아왔다.

▲ 악비 장군과 무릎 꿇은 진회 부부

매국노 진회는 악비 장군묘에 전시되어 악비 장군의 한을 풀게 하였다.

5. 중국에서 종교 개혁이 일어나다
성리학 / 송 왕조

중국에서 종교 개혁이 일어나다

성리학은 이미 북송 시대 정호, 정이, 주돈이에 의해 성립되어 남송 시대 주자에 의해 완성되었다. 이들은 모두 과거에 합격하여 관직에 오른 사대부들이었다. 그리고 이들은 남북조, 수·당 시대처럼 북방 유이민 또는 혼혈집단의 영향을 받은 계층이 아니라 순수한 중국인이었다. 그리고 수많은 전호(소작인)를 거느린 지주 계층이었다. 즉 성리학이란 과거를 통해 관직에 오른 사대부, 순수한 중국인, 지주를 위한 철학인 셈이다.

▲ 주자

한 무제 때 경학이 성립되고 이후 위, 진, 남북조 시대 이래 불교와 도교가 융성하면서 상대적으로 경학은 불교와 도교에 밀리게 되는 상황이었다. 유교는 철학적 영역을 불교와 도교에게 빼앗기고 국가의 통치 수단, 즉 정치 영역에만 머물게 되었다.

송 왕조 이전 한 왕조의 호족, 위·진·남북조, 수·당 시대의 문벌 귀족은 모두 세습으로 관직에 오른 자들이기에 모두 유교를 열심히 공부하지 않은 자들이었다. 그러니 이들은 유교를 그렇게 강조하지도 않았으며 불교와 도교가 더 융성한 것을 유교의 치욕으로 생각하지도 않았다.

아니 오히려 유교보다 불교와 도교에 더 심취했던 것이다. 하지만 송 왕조의 엄격한 과거제를 통해 관리로 선발된 사대부에게 이것은 치욕이었다. 사대부는 혈통이 아닌 능력으로, 즉 유교를 공부하여 지배층이 된 사람들이다. 사대부들은 자신들이 힘들게 공부한 유교를 위해, 종교 개혁 시기 개신교가 로마 가톨릭과 투쟁했듯이 불교, 도교와 투쟁해야만 했다. 종교 개혁은 중세의 로마 가톨릭이 아니라 원래의 기독교로 돌아가자는 운동이었다. 사대부들은 불교와 도교가 융성하기 전인 한 무제 때, 즉 유교가 중국을 지배하던 시기로 돌아갈 것을 주장하여 불교, 도교와 투쟁했다.

성리학 = 경학 + 불교 + 도교

사대부들은 유교 경전으로 시험을 봐서 관리가 되었기에 당연히 유교를 강화시키고자 하였다. 자신들이 힘들게 공부한 유교가 정치 영역에 국한되고, 철학적 영역을 불교와 도교에게 빼앗긴 것에 분개하였다. 이에 사대부들은 유교가 정치 영역뿐만 아니라 철학 영역까지 확장되기를 원했다.

하지만 원래 경학은 철학적 요소가 약했다. 그래서 어쩔 수 없이 불교와 도교를 배척히기 위해 불교와 도교를 비반석으로 베끼기 시작했다. 특히 불교 중의 선종을 많이 베꼈다. 선종의 '견성오도'는 '인간의 본성은 곧 부처이다.' 라는 뜻이다. 이에 영향을 받은 성리학은 '성즉리' 즉 '인간의 본성은 곧 우주의 이법이다.' 라고 주장한다. 이 성즉리에서 성리학이란 이름이 만들어졌다.

북방 이민족과의 투쟁

사대부들은 불교, 도교뿐만 아니라 오랑캐와도 싸워야만 했다. 5호 16국 시대 이래 중국은 북방 이민족의 지배를 받았다. 수·당의 황실도 관롱집단 출신이었다. 앞서 밝힌 바와 같이 관롱집단이란 선비족과 한족의 혼혈로 만들어진 집단이다.

순수한 중국인인 사대부는 이들과의 차별을 원했다. 송 왕조가 등장한 이후에도 북쪽에는 키타이족(중국식 표현으로 거란족)의 요 왕조가, 북서쪽에서는 탕구트족의 서하가 송 왕조를 위협했다. 급기야 정강의 변으로 화북지역을 주르첸족(중국식 표현으로 여진족)의 금 왕조에게 빼앗겼다. 이에 사대부들은 중국인과 이민족의 차별의 필요성을 더욱 강하게 느끼게 되었다.

하지만 그동안 중국인들은 모든 사람이 평등하다는 불교와 도교 사상에 젖어 있었다. 노자는 모든 인간에게는 우주의 도가 있으니 이를 '덕'이라고 하였다. 불교에서는 모든 생명체가 '불성'이 있다고 했다. 이 영향을 받아 성리학도 중국인과 이민족 모두에게 순선한 이가 있다고 말한다. 그러나 성리학은 이민족을 차별하기 위해 '이'와 '기'라는 이분법을 사용한다.

▲ 도교, 불교, 성리학

도교는 모든 생명체에 덕이 있고, 불교는 모든 생명체에 불성이 있다고 주장한다. 성리학도 도교와 불교의 영향으로 모든 생명체에 이가 있다고 본다.

| 동양 철학과 동양사(한국 철학과 한국사 포함)

성리학에서 말하는 '이'는 인간의 영혼이며 '기'는 인간의 육체이다. 불교와 도교의 영향을 받은 성리학은 모든 인간은 우주의 영향을 받아 순선무악한 이(영혼)가 있다고 했다. 하지만 모든 인간은 '이'와 함께 선과 악이 혼재한 '기(육체)'도 역시 가지고 있다. 중국인과 이민족은 불교, 도교처럼 모두 태어날 때는 순선무악한 '이'를 갖고 태어난다.

하지만 이민족은 유교를 공부하지 않았기에 기에 있는 악의 영향을 많이 받아 오랑캐인 것이다. 반면 중국인은 당연히 유교를 공부했기에 기의 선한 측면이 많아 중국인이 된다는 논리로 오랑캐를 차별했다.

▲ 이와 기

이는 순선(純善)하며 기는 가선가악(可善可惡) 즉 선악이 섞여 있어 선할 수도 악할 수도 있다.

성리학의 이분법

이	영혼	도덕	중국	사대부	남자	지주
기	육체	현실	오랑캐	농민	여자	전호(소작인)

성리학의 이 화이론(華夷論)적 세계관은 송 왕조가 북쪽을 주르첸(중국식 표현으로는 여진족)의 금에게 빼앗기고 쫓겨나 남송이 건국되자 주자에 의해 더욱 치열하게 고조되었다.

5. 중국에서 종교 개혁이 일어나다
성리학 / 송 왕조

농민들을 지배하는 이데올로기

사대부는 과거를 통해 관직에 오른 자들이며 순수한 중국인들이었다. 그리고 수많은 전호(소작인)를 거느린 지주였기에 전호를 지배할 수 있는 이데올로기가 필요했다. 성리학의 이분법적 논리는 중국인과 오랑캐를 차별하면서 동시에 사대부와 농민들을 차별시켜야 하는 것이었다.

사대부와 농민들은 태어날 때 똑같은 '이'를 갖고 태어났다. 그러나 농민은 유교를 공부하지 않았기에 악한 측면이 더 많이 남게 되었다, 반면 사대부는 유교를 공부하여 악한 측면이 제거되었으니 당연히 그들이 농민을 지배할 수 있다는 것이다. 그리고 이 논리는 자신들이 강조했던 원시 유가의 사상과도 다르지 않다.

맹자는 정신 노동을 많이 한 자가 지배자가 되고, 그렇지 못한 자는 피지배자가 된다고 하였다. 정신 노동이 가능한 능력을 통한 지배의 합리화! 이것은 그 당시 혁명적인 사상이었다. 왜냐하면 당시의 유럽은 아직도 혈통이 지배하는 봉건 사회였기 때문이다.

성리학, 청 왕조 멸망까지 중국을 지배하다

비록 명 왕조 중기에 양명학, 명 왕조 말기에 실학이 등장하였지만 송 왕조, 원 왕조, 명 왕조, 청 왕조의 황제와 지배층은 모두 성리학자였다.

우리가 흔히 송 왕조, 원 왕조 시대의 중국 지배층은 사대부층이고 명 왕조와 청 왕조 시대의 지배층은 신사(紳士)층이라고 부르는데 그러나 근본적으로는 비슷한 개념의 계층이다. 송 왕조 때 지배층인 사대부층은 관직 경력자만을 한정한 반면 신사층은 보다 더 넓은 범위이다. 즉 관직 경력자를 뜻하는 신(紳)층과 과거를 준비하는 학생들인 사(士)층이 합해진 개념이다.

조선 시대 양반의 개념과 비교하면 쉽게 이해할 수 있다. 조선 초기의 양반이란 현직 문반과 무반을 일컫는 의미였는데 중기 이후부터는 그 양반의 개념에 학생들까지 포함되었다. 그러니 조선 초기의 양반은 송 왕조의 사대부와 유사하며, 조선 중기 이후의 양반은 명 왕조와 청 왕조의 신사층과 유사한 것이다.

송 왕조의 사대부는 관직 경력자만을 의미했기에 사대부의 수는 대략 2만 5천 명 정도였다. 명 왕조와 청 왕조의 관직 경력자, 즉 신층의 수도 2만 5천 명 정도였는데 과거를 준비하는 사층의 수까지 더하면 신사층의 수는 대략 50만 명 정도가 됐다. 그리고 청 왕조 말기에는 그 인원이 거의 백만 명을 넘었다. 청 왕조는 비록 여진족(이후 만주족)이 세운 왕조였지만 지배층은 신사층이었기에 지배 철학은 계속해서 성리학이었다.

따라서 비록 명 왕조 중기에 양명학이, 이후에 실학이 등장하였지만 국가의 지배 철학으로서 성리학의 위상은 여전히 확고했다.

▲ 강희제

어려서부터 활솜씨와 체력을 자랑하던 강희제는 유학 경전은 물론 서구 학문에 걸치는 공부를 일평생 매진했다.

청 왕조의 강희제는 한평생 성리학자로 살았으며 그의 아들 옹정제도 성리학자였다. 옹정제는 《대의각미록(大義覺迷錄)》을 저술했는데, 대의로 미혹함을 깨우친 기록이라는 뜻의 이 책은 역사상 처음으로 황제와 죄인인 평민의 대화를 기록하고 있다.

중국인들은 자신들을 중화인 즉 세상의 중심으로 여겼고, 나머지 주변 민족을 오랑캐라고 하여 무시했다. 하지만 옹정제는 중화인은 혈통으로 만들어지는 것이 아니라고 보았다.

| 동양 철학과 동양사(한국 철학과 한국사 포함)

공자의 도덕을 중시하면 중화인이 되고, 중국인이라도 공자의 도덕을 모르면 오랑캐라고 주장했다. 즉 중화인과 오랑캐를 혈통이 아니라 문화로 구분한다는 내용으로 옹정제는 이 책을 전국의 유학자들에게 읽게 하여 이들을 설득, 교화하는 작업을 했다.

이처럼 청 왕조의 지배층은 신사층이었으며 그들을 지배했던 만주족 황제들도 역시 성리학자였다. 영국의 침략인 아편전쟁으로 휘청거리고 농민 반란인 태평천국 운동으로 무너져가던 청 왕조를 부흥시키고자 양무 운동과 변법자강 운동을 펼친 세력도 모두 성리학을 믿는 신사층이었다.

청 왕조가 망한 결정적 이유는 신사층이 투자했던 철도를 청 왕조가 가지려고 하여 신사층의 버림을 받았기 때문이다. 성리학적 세계가 끝나는 것은 송 왕조의 멸망이 아니라 바로 청 왕조의 멸망이었다.

사대부가 되는 방법

성리학에서 진정한 사대부가 되는 방법은 도덕적 실천인 존양성찰(存養省察)과 학문적 탐구인 격물치지(格物致知)이다.

존양성찰은 맹자의 이론을 그대로 수용했다. 인간이 선천적으로 갖고 태어나는 양심을 잘 보존하고 나쁜 마음을 제거하는 존양성찰은 곧 도덕적 실천을 의미한다.

성리학은 또한 학문적 탐구, 즉 격물치지를 강조한다. 불교와 도교처럼 성리학도 우주의 이법이 인간뿐만 아니라 풀 같은 자연에도 있다고 믿어 격물치지를 통해 사물의 이치를 공부하여 우주의 이법을 깨닫는 것이다.

도덕적 실천인 존양성찰과 학문적 탐구인 격물치지를 실천하는 자만이 진정한 사대부가 될 수 있는 것이다.

존양성찰(도덕적 실천)

격물치지(학문 탐구)

▲ 사대부가 되는 방법

양심을 보존하고 본성을 함양하는 존양성찰이라는 내적 수련과 사물의 이치를 탐구하여 앎을 늘려 나가는 격물치지라는 외적 수련을 통하여 사대부가 될 수 있다.

Ⅰ 동양 철학과 동양사
(한국 철학과 한국사 포함)

6. 조선의 플라톤 이황, 조선의 아리스토텔레스 이이
한국의 성리학 / 조선 초기와 중기

사찰에서 유교를 공부한 유학자 최치원, 불교를 비판한 유학자 정도전

우리나라는 삼국 시대에 유교가 수용되었다. 하지만 유교의 불교 비판은 고려 말에 이르러서야 시작된다. 왜냐하면 고려 말 이전의 유교는 경학(훈고학), 그 이후는 성리학이었기 때문이다. 고려 말 이전까지의 경학은 정치 영역으로만 축소된 유학이었다. 따라서 송 왕조 이전의 중국과 마찬가지로 우리나라도 유학은 단지 국가의 통치 수단, 즉 정치 영역으로서만 국한되었고 철학적 영역은 불교와 도교가 담당했다.

통일 신라 말기 최치원이라는 유학자는 정치 영역으로만 축소된 경학을 믿는 유학자였기에 철학적 영역에서는 불교와 도교를 믿었다. 그래서 최치원은 불교 사찰인 해인사에서 유교를 공부하다 죽었다. 사찰에서 공무

▲ 최치원

원 시험을 준비할 수는 있지만 사찰에서 성경 공부를 할 수는 없는 것이다. 만약 최치원이 성리학자였다면 해인사에서 유교를 공부할 수는 없었을 것이다. 이처럼 성리학이 등장하기 전 유학이었던 경학은 정치 영역으로 축소되어 불교, 도교와 융합되어 있었다.

최치원의 후손 최승로는 고려 성종에게 "치국은 유교로, 수신은 불교로", 즉 정치는 유교로, 철학은 불교로 하라고 권유하며 유교와 불교의 융합을 주장했다. 최승로가 불교 행사를 축소, 폐지하자고 했지만 이는 어디까지나 경제적 문제 때문이었다. 최승로는 성리학자가 아닌 경학을 공부한 유학자이기에 불교 탄압을 주장하지는 않았다.

▲ 최승로

▲ 정도전

하지만 고려 말 정도전이라는 유학자는 강력하게 불교와 도교를 배척했다. 특히 불교를 배척하기 위해 조선 건국 후 《불씨잡변(佛氏雜辨)》을 저술했다. 석가모니를 불씨로 비하한 것이다. 왜냐하면 정도전은 최치원, 최승로와 다르게 성리학자였다. 이처럼 우리나라에서 본격적인 불교 비판은 고려 말 성리학자들에 의해서 시작되었다.

성리학을 극복한 성리학자, 정도전

성리학은 중국을 '이', 오랑캐를 '기'로 봄으로써 중국을 숭상하는 철학이다. 원래 우리나라의 고려는 중국을 진정으로 사대하지 않았다. 형식적으로 중국을 사대하는 시늉을 했지만 자주 정신을 가지고 있었다.

하지만 조선은 그와 달랐다. 고려의 지배층은 음서로 세습하여 관직에 오른 자들이지만 조선의 지배층은 송 왕조의 사대부처럼 과거로 관직에 오른 자들로서, 중국을 숭상하는 성리학을 믿는 사대부였기 때문이다. 조선의 사대부는 진심으로 중국을 사대했다. 명 왕조가 청 왕조에 의해 멸망하자 조선의 사대부는 명 왕조 황제를 제사 지내기도 하였다.

그럼에도 성리학자 정도전은 한때 명 왕조를 공격하여 요동을 수복하려고 하였다. 그 시도는 태종 이방원에게 정도전이 제거됨으로써 실패했다.

송 왕조의 사대부는 또한 지주였기에 성리학은 지주를 '이', 소작인, 즉 전호를 '기'로 본다. 즉 성리학은 사대부를 위해 지주 전호제를 긍정적으로 보는 철학이다. 하지만 성리학자였던 정도전은 성리학의 한계성을 극복하고 가난한 농민들을 보호하기 위해 지주 전호제의 철폐를 주장하여 결국 실현되었다. 하지만 조선 중기 지주 전호제는 부활하여 이후 조선의 백성들은 힘들 때마다 정도전을 그리워했다. 조선 시대에는 이씨 왕조가 망하고 정도령이 정씨 왕조를 세운다는 《정감록》이 유행했는데, 《정감록》의 정도령은 정도전을 의미한다고 보는 학자도 있다. 하지만 정도령이 징어립을 의미한다고 보는 학자도 있다.

조선, 혈통의 나라에서 능력의 나라로 진보하다

고려는 지방 호족이 건국했다. 이 지방 호족은 6대왕 성종 때 음서제를 통해 문벌 귀족으로 성장했다. 이미 4대 왕 광종 때 과거제가 실시되었지만 아버지가 고위관리이면 자손이 시험을 보지 않고 관리가 되는 음서제가 더 중시되었다. 비록 조선 역시 음서가 있었지만 과거를 더욱 중시했다. 예를 들어 조선 세종 때 명재상이었던 황희 정승은 고려 말에 관리가 되었는데 과거 출신이 아니라 음서 출신이었다. 그 이유는 고려는 음서를 과거보다 더 중시했기 때문이다.

세조 때 재상이었던 아버지가 고위 관리였기에 음서의 자격이 있었다. 그래서 한명회는 음서로 관리가 되는데 고작 궁궐 앞에서 창을 들고 있는 사람이 되었다. 그 이유는 조선은 과거를 음서보다 더 중시했기 때문이다.

이처럼 고려는 혈통의 나라이며 조선은 능력의 나라였다. 1392년 조선이 건국된 것은 단지 지배층만의 변화가 아니었다. 조선의 건국은 시대적 진보였다. 정도전은 이성계와 손을 잡고 조선을 건국한 후 철저하게 능력 중심의 나라를 세웠다. 음서보다 과거를 중시했으며, 천민을 제외

▲ 위화도 회군으로 정권을 잡은 이성계는 정도전과 함께 1392년 조선을 건국하였다.

한 모든 백성을 평등한 양인으로 만들었고 농민도 과거를 응시할 수 있게 하였다. 비록 건국 이후 시대가 흐르면서 변질되기는 하였지만 조선은 1894년 갑오개혁이 실시되어 신분제가 철폐되기 전까지는 법제적으로는 단지 양인과 천민으로만 구성

되는 양천제의 사회였다.

이처럼 조선이 혈통의 나라가 아니라 능력의 나라로 바뀌었던 이유는 송 왕조 사대부처럼 조선의 건국 세력이 음서가 아니라 과거로 관직에 진출한 사대부였기 때문이다.

사림파의 시대

고려 시대 무신 정권기부터 등장한 신진 사대부는 고려 말 공민왕이 죽은 후 우왕 때부터 급진파 사대부와 온건파 사대부로 나뉘어졌다. 우왕 때 위화도 회군으로 이성계가 정권을 잡자, 정도전 등의 급진파 사대부는 새로운 나라를 세워서 개혁을 하자고 주장했고, 정몽주 등의 온건파 사대부는 고려를 유지한 상태에서 체제 내의 개혁을 하자고 주장하였다. 결국 정도전 등 급진파 사대부가 조선을 세워 이후 집권 계층인 관학파(이후 훈구파)가 되었다. 온건파 사대부는 사림파가 되어 지방에 은거했다.

16세기 선조 전까지 조선은 훈구파의 시대였다. 사림파는 지방에 은거했지만 서원, 향약, 유향소 등을 기반으로 힘을 키워 서서히 중앙 정계에 진출하기 시작했다. 서원은 같은 스승을 모시는 학맥으로 사림파가 단결하는 수단이었고, 향약은 사림파가 농민들을 통제하는 수단이었으며, 유향소는 향촌의 사림파가 단결하여 수령을 견제하는 수단이었다. 중앙 정계에 진출할 때는 주로 사헌부, 사간원, 홍문관이라는 3사를 통했다. 3사는 기본적으로 왕권을 견제하는 기구였지만 그러나 동시에 훈구파를 견제하는 수단이기도 하였다. 이러한 사림파의 성장에 위협을 느낀 훈구파는 그들을 공격하였는데 이것이 사화이다. 연산군 때 무오사화와 갑자사화, 중종 때 기묘사화, 명종 때 을사사화가 일어났다. 하지만 사림파는 서원, 향약, 유향소, 3사를 기반으로 결국 16세기 선조 때 집권하게 된다.

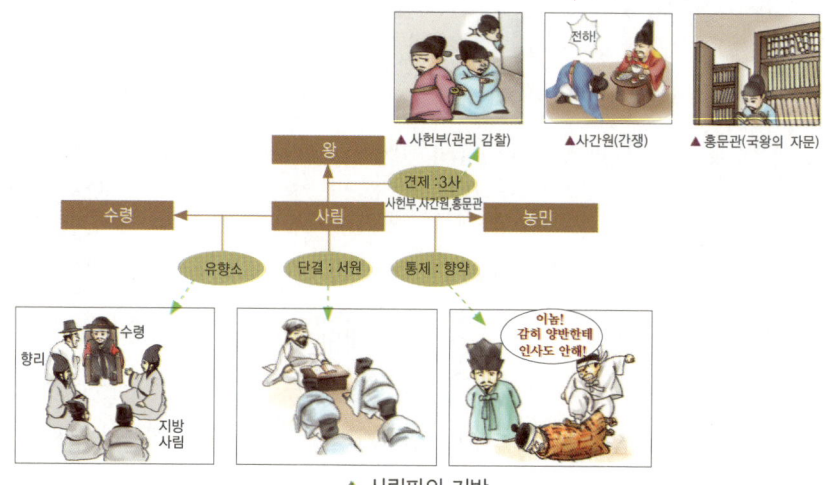

▲ 사림파의 기반

    사림파의 집권 이후 다시 그들은 동인과 서인으로 분화된다. 선조 이전부터 정계에 참여했던 자들은 서인이 되었으며 선조 때 새롭게 등장한 자들은 동인이 되었다. 서인들은 대개 나이가 있는 자들이었고 동인들은 얼굴이 동안인 젊은 자들이었다.
    이황과 이이는 모두 사림파인데 이황은 아직 사림파가 집권하기 이전의 사림파였으며 이이는 사림파가 집권한 후의 사림파였다.

1,000원과 5,000원

필자는 이황이 1,000원 화폐의 주인공이고 이이가 5,000원 화폐의 주인공인 이유를 다음 세 가지라고 본다.

첫째, 이황과 다르게 이이는 상대파와 자기파 모두를 표용한 인물이다. 즉 통합의 시대를 주장했던 인물이다.

둘째, 이이는 이황과 달리 경제 개혁을 추구했다. 이황이 주리론에 입각해 도덕적 세계만을 강조한 반면 이이는 주기론에 입각하여 경제, 군사제도의 개혁을 주장했다.

그리고 셋째, 이황은 동인학파, 이이는 서인학파였는데, 인조반정 이후 조선은 서인이 주도하였기 때문이다.

▲ 1,000원권과 5,000원권

조선의 플라톤 이황

이황은 사림파가 집권하기 이전의 인물로서, 즉 사화 속의 인불이다. 따라서 이황의 호는 퇴계인데, 퇴계란 사화를 피해 계곡에 숨어 지내겠다는 의미도 있었다. 관직 생활을 잠시 한 이황은 거듭되는 중앙의 권유에도 불구하고 사화를 피해 계곡에 은둔하여 살았다. 선조는 집권한 이후 이황에

▲ 플라톤

게 중앙 정계에 진출하여 자신에게 성리학을 가르쳐줄 것을 권유했다. 그러나 이황은 선조에게 그림으로 성리학의 개념을 쓴 《성학십도》만을 바쳤을 뿐이다. 따라서 이황은 현실을 회피하고 플라톤처럼 이상을 추구하는 주리론자였다.

성리학은 모든 것을 이와 기로 나눌 수 있다. 도덕적, 즉 원리적 세계가 '이'라면 현실적 세계는 '기'이다. 이황은 사화가 진행되던 현실(기)을 피하고 도덕(이)만을 추구한 것이다.

그리고 이황은 사림파를 존귀한 '이'로 보았으며 훈구파를 비천한 '기'로 보았다. 다시 말해 이황은 '이귀기천'이라는 이원론적 세계관을 추구했다. 이황의 사상은 플라톤이 조국 아테네가 중우정치로 변질되고 스승 소크라테스가 죽자 현실과 이데아로 세상을 나눈 후 현실을 부정하고 이데아만을 추구했던 것과 유사하다. 이황은 이른바 조선의 플라톤인 것이다.

조선의 아리스토텔레스 이이

이황과 다르게 이이는 선조 때 사림파가 집권한 후 등장한 인물이다. 이이는 9번이나 과거에서 장원을 하여 9도 장원공으로 불리었으며 그의 호는 고향인 경기도 파주 율곡촌에서 따온 것이다. 사림파가 집권한 후 등장한 이이는 이황과 달리 도덕적 세계(이)만을 추구할 수는 없었다. 현실 개혁의 중요성을 절감했던 이이는 도덕적 세계(이)와 현실적 세계(기)를 아울러 중요시하는 주기론자가 된다. 주리론자인 이황과 달리 이이가 10만 양병설, 공납의 개혁

등을 주장한 것도 이러한 사상적 맥락에 따른 것이었다.

현실을 부정하지 않고 그 속에서 이상을 추구한 이이의 사상은 아리스토텔레스가 이상을 조국 마케도니아에서 추구하였다는 점에서 유사하다. 이상은 현실 속에 있다고 주장한 사상을 견지한 이이는 이른바 조선의 아리스토텔레스이다.

▲ 아리스토텔레스

훈구파가 사림파를 공격하는 사화의 시대에 살았던 이황이 이귀기천(이기이원론)을 주장한 반면 이이는 사림파가 서인과 동인으로 나뉘었던 시대에 살았다. 서인과 동인 모두가 본질적으로는 사림파였으니 이이는 양측 모두를 긍정적으로 보는 관점을 가졌다. 선조 초기에는 동인이 강했기에 이이는 균형을 위해 스스로 서인이 되었다. 따라서 이이는 서인을 이, 동인을 기로 보았으며 서인과 동인 모두가 긍정적 존재였다. 나아가 이 두 세력이 상호 견제하는 일종의 의회 정치를 해야 한다고 보는 일원론적 이기이원론의 사상을 주장한 것이다.

말은 움직이는가, 움직이지 않는가

이황은 주리론, 이기이원론을 주장했고 이이는 주기론, 일원론적 이기이원론을 주장했다.

성리학은 모든 것을 이와 기의 상호대립적인 이분법으로 분류한다. 도덕이 '이'라면, 현실은 '기'이다. 영혼이 '이'라면 육체는 '기'이다. 가령 사람과 말로 나누어 보자. 당연히 사람이 '이'이고 말이 '기'이다. 지구가 세상의 중심이라고 생각했을 때 태양이 지구를 돈다고 생각했다. 이처럼 중요한 것은 움직이지 않고 덜 중요한 것이 움직이는 것이다. 우리가 나이 많은 어른을 만날 때 젊은 사람이 어른을 찾아가는 이치와 동일하다. 그렇다면 당연히 말이 움직이고 사람은 움직이지 않아야 하는 것이다. 즉 말이 사람을 태우는 것이다. 말이 사람을 태운다는 것은 이황과 이이 모두가 인정한다.

하지만 이황은 말이 사람을 태우지만, 역시 사람이 말을 이끈다는 주장을 한다. 사람이 말에 타려면 마구간에서 사람이 말을 끌어내야 한다. 이것이 이황과 이이의 차이점이다. 다시 정리하면 이이는 오직 말만이 움직이는 것이다. 하지만 이황은 말과 사람 모두 움직인다는 것이다. 사람이 움직인다는 것은 곧 이가 움직인다는 것이고, 이란 이황에게는 사화 속에 고통 받는 사림파였다. 이황은 그들 사림파에게 무한한 에너지를 부여하기 위하여 이러한 주장을 펼친 것이었다.

이와 기의 구분	이황과 이이의 공통점						이황과 이이의 차이점	
							이황	이이
이	도덕	영혼	중국	남자	지주	사람	사림파	사림파 (서인)
기	현실	육체	오랑캐	여자	전호 (소작인)	동물 (말)	훈구파	사림파 (동인)

이황은 사람이 말을 타기 위해서는 사람이 말을 마구간에서 끌어내야 한다고 주장했는데 필자가 일부러 과장해서 사람이 말을 들고 있는 그림을 그렸다. 이황은 사화 속에서 고통 받는 사림파(이)에게 무한한 에너지를 부여하여 그들이 슈퍼맨이 되기를 원했다. 이에 필자가 말을 든 사람에게 슈퍼맨 옷을 입혔다.

▲ 이황의 이기호발설

▲ 이이의 기발이승일도설

정여립 모반 사건

선조 때 동인은 여당, 서인은 야당이었다. 그래서 이이는 일부러 힘의 균형을 위해 야당인 서인으로 간 것이다. 여당이었던 동인은 정여립 모반 사건과 정철의 건저의 사건으로 북인과 남인으로 다시 분화된다. 실록에 의하면 1589년 동인 정여립이 모반을 일으키려 했다고 기록되어 있으나

▲ 정여립

정황상 정여립은 모반을 일으킨 흔적이 없다. 정여립은 왜구를 물리치기 위해 600여 명의 대동계를 만든 것인데, 선조는 이를 모반의 증거로 보았다.

필자가 생각하기에 정여립은 모반을 일으키지 않았다. 하지

만 정여립은 언젠가 모반을 일으켰을 가능성이 매우 크다. 평소에 정여립은 군주 세습제를 비판했던 인물이다. 아마 선조도 필자와 같은 생각으로 먼저 그 뿌리를 뽑기 위해 정여립을 쳤을 가능성이 크다.

▲ 정철

 정여립은 원래 서인이었지만 동인으로 철새 이동을 한 인물이다. 그러니 서인들에게도 그는 제거의 대상이었다. 이때 서인의 리더는 정철이었다. 선조는 정철에게 정여립의 모반 사건을 맡아서 처리할 것을 지시하였다. 정철은 정여립 모반 사건에 연루된 인물들을 제거했는데 이때 무려 천여 명이 숙청되었다.

정철의 건저의 사건

 이 사건으로 잠시 주도권이 동인에서 서인으로 넘어간 것으로 보였지만 이것은 전적으로 정철의 착각이었다. 선조는 조선 최초의 방계 출신 왕이었으며 자식들도 모두 방계였다. 후궁이 낳은 아들 중에 임해군, 광해군, 신성군 등이 있었는데, 선조는 신성군을 후계자로 염두에 두고 있었다. 하지만 정철은 광해군을 세자로 추대하는 건저의 사건을 일으켰다. 우선 임해군은 장자로서 왕위 계승의 1순위였지만 그 성격이 난폭했다. 선조가 염두에 둔 신성군은 아직 나이가 어렸다. 그래서 정철은 광해군을 세자로 추대하여 선조의 미움을 받아 실각하게 된다.

광해군은 후에 서인의 인조반정으로 쫓겨나게 되는데 광해군을 세자로 추대했던 세력이 처음에는 정철, 즉 오히려 서인이었다. 건저의 사건으로 정철이 쫓겨났을 때 동인 사이에서 그에 대한 복수가 주장되었다.

동인이 북인과 남인으로 분화되다

정여립 모반 사건 때 피해를 많이 본 세력은 정철에게 복수를 주장하여 북인이 되었으며, 피해를 덜 보았던 세력은 남인이 되었다. 서인에 대하여 북인은 강경파였으며 남인은 온건파였다.

임진왜란 이후 선조를 이어 광해군이 왕이 되었는데 이때 북인이 정권을 잡게 된다. 임진왜란 때 의병 활동의 중심 세력이었던 조식의 제자 정인홍, 홍의장군 곽재우 등이 북인이었기 때문이다. 광해군 때 북인이 정권을 독점하자 서인들은 중립 외교와 폐모살제를 명분으로 인조반정을 일으켜 북인을 제거하고 집권 정당이 되었다.

▲ 딜싱 역사 인물 동산의 곽재우

임진왜란 때 명 왕조가 조선에 대한 군사적 원조로 인해서 만주에 대한 관리가 소홀해졌다. 여진족은 그 틈을 타 후금을 세워 명 왕조를 공격했다. 조선의 사림들은 명 왕조에 대한 은혜를 갚아야 한다고 주장했지만 광해군은 전쟁을 피하기 위해 중립 외교를 했다.

후금이 명 왕조를 공격하자 명 왕조는 조선 광해군에게 군대를 요청했는데 광해군은 장군 강홍립에게 형세를 보아서 적당히 향배를 정하라고 당부하였다. 전세가 후금에 유리하게 진행되자 강홍립은 후금에게 항복하였다. 이 광해군의 중립 외교는 대의명분을 중시하는 사림들에게는 분노할 행동이었다. 마찬가지로 폐모살제도 사림들의 시각에서는 패륜이었다.

선조는 아들을 낳지 못했던 왕비가 죽자 인목대비와 재혼하여 영창대군을 낳았다. 서자인 광해군에게는 적자인 영창대군이 자신의 왕권을 위협하는 인물이었다. 마찬가지로 친형인 임해군 역시 선조의 첫째 아들이었기에 위협적인 인물이었다. 이에 광해군은 친형 임해군과 동생 영창대군을 죽였으며 계모인 인목대비를 궁에 가두는 폐륜을 저질렀다.

서인들은 중립 외교와 폐모살제를 명분으로 광해군을 몰아내었다. 그러나 이러한 인조반정은 사실 북인의 정권 독점에 대한 반발로 일어난 것이다. 인조반정으로 서인은 여당이 되었고 서인에 대해 온건파인 남인이 야당으로 자리 잡았다. 서인은 이이학파이며 남인은 이황학파였다. 원래 동인은 조식, 서경덕, 이황학파였는데 이 가운데 북인은 조식, 서경덕 학파이고 남인이 이황학파이다. 따라서 이제 조선은 이이학파 · 서인이 여당, 이황학파 · 남인이 야당으로 상호 견제하는 의회 정치를 이루어나갔다.

| 동양 철학과 동양사(한국 철학과 한국사 포함)

서인, 동인, 남인, 북인의 유래

동인의 리더였던 김효원의 집이 한양내의 동쪽에 위치한 건청동에 있었던 것에 비해 서인의 리더였던 심의겸의 집은 서쪽인 정동에 위치하였다. 이것에서 동인과 서인이란 말이 유래했다. 그리고 남인은 유성룡이 영남 출신이고, 우성전의 집이 남산 밑에 있었는데 반해 북인은 이산해의 집이 한강 북쪽에, 이발의 집이 북악산 밑에 있어서 각각 남인과 북인이란 말이 유래했다.

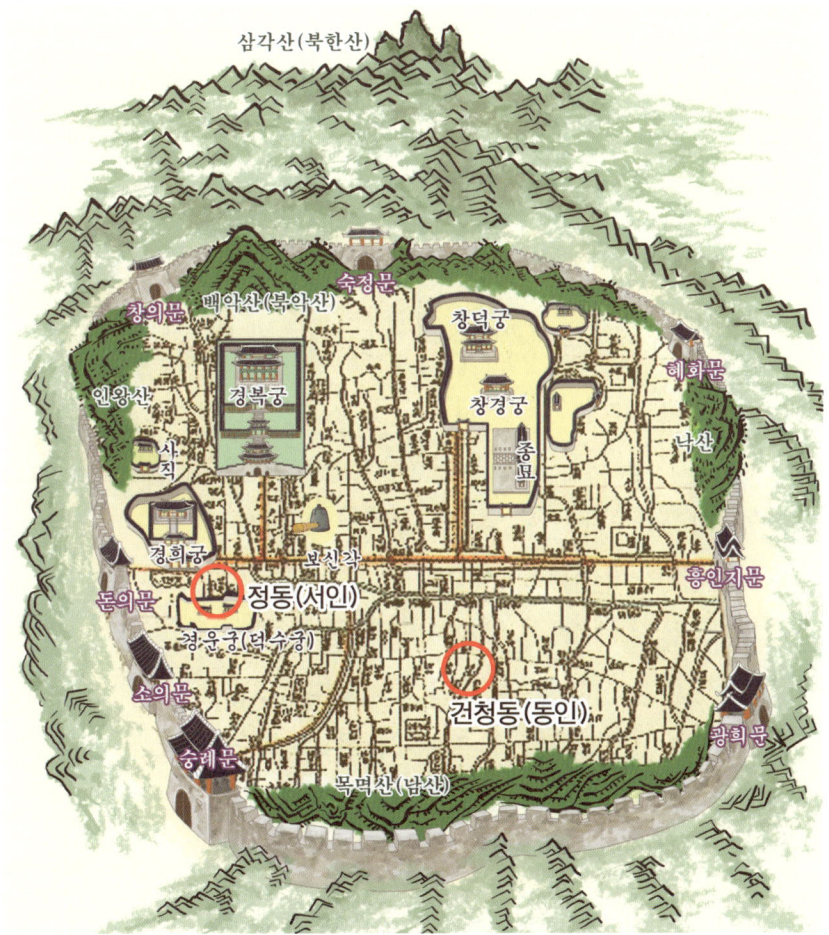

▲ 서인과 동인

6. 조선의 플라톤 이황, 조선의 아리스토텔레스 이이
한국의 성리학 / 조선 초기와 중기

서인과 남인, 의회 정치를 이루다

광해군은 명 왕조와 후금 사이에서 중립 외교를 했으나 서인은 친명배금 정책을 주장했다. 친명배금이란 명의 편에 서서 후금을 배척하자는 외교 노선이다. 서인이 집권하니 중립 외교가 친명배금 정책으로 바뀌어 1627년 후금이 조선을 침공하게 된다. 이것이 정묘호란이다.

후금은 이후 1636년 국호를 청으로 바꾸고 다시 쳐들어와서 병자호란이 발발하였다. 병자호란으로 인조의 첫째 아들 소현세자와 둘째 아들 봉림대군(이후 효종)이 인질로 끌려가게 된다. 소현세자는 청 왕조를 단순히 오랑캐의 나라로 폄하할 것이 아니라 이미 조선보다 문물이 더 발전된

▲ 남한산성

나라라는 것을 인식하게 된다. 조선에 귀국한 소현세자는 인조에게 청 왕조에서 가져온 서양 문물을 보여주며 부왕의 인식을 바꾸려는 설득을 시도한다. 그러나 그 자리에서 인조가 던진 벼루에 맞고 며칠 후 의문사 한다. 그리고 청 왕조에 적대적이던 봉림대군이 효종으로 즉위하게 된다.

효종은 청 왕조에게 복수하자는 북벌 운동을 추진하다가 사망하고 그의 외아들 현종이 이어서 왕이 된다. 인조, 효종, 현

종 시기는 줄곧 서인이 여당, 남인이 야당으로 상호 견제하며 공존하는 일종의 의회 정치를 전개해 나갔다.

▲ 청과 조선의 나선(러시아) 정벌

청은 러시아와의 국경 분쟁이 발생하자 조선의 효종에게 조총 부대 파견을 요청하여 나선 정벌이 이루어졌다.

이황과 이이의 제2 라운드 논쟁, 예송 논쟁

예송 논쟁은 현종 시기 서인과 남인 사이에서 발생한 정쟁이자 철학적 논쟁이다. 여당인 서인은 왕을 견제하기 위해 '재상권의 강화'를 주장했다. 반면 야당인 남인은 왕과 연합하여 서인을 견제하기 위해 '왕권 강화'를 주장했다.

이황은 자신의 시대에 재상이 훈구파였기에 그들을 견제하기 위한 왕권 강화를 주장하는 입장이었다. 반면 이이의 시대는 자신이 속한 사림파가 재상이었기에 재상권 강화를 주장하였다. 다시 말하자면 이황과 남인은 왕권 강화 그리고 이이와 서인은 재상권 강화라는 정치적 노선을 걷게 된다.

이와 같이 겉으로 드러난 예송 논쟁의 이면에는 왕권 강화냐 재상권 강화냐 하는 치열한 정쟁이 숨어 있었다.

효종이 죽자 인조의 계비(임금의 후처) 자의대비가 상복을 몇 년 입느냐 하는 문제로 논쟁이 일어나는데 이것이 예송 논쟁의 시발점이다. 일반 사대부 집안에서는 적장자가 죽으면 부모는 상복을 3년 입고 적장자가 아닌 자식이 죽으면 상복을 1년 입는다.

서인은 왕권을 견제하여 재상권을 강화해야 하기에 1년 상을 주장한다. 앞서 말한 바와 같이 인조의 첫째 아들이 소현세자였으며 효종은 둘째였다. 서인은 효종이 둘째 아들이니 1년 상을 주장한 것이다. 즉 왕도 사대부에 포함되니 당연히 사대부의 예법을 따라 1년 상을 주장하게 된다.

반대로 남인은 서인을 견제하여 왕권 강화를 주장하는 정당이다. 효종이 비록 둘째 아들이기는 하지만 엄연히 왕의 예법과 사대부의 예법은 다르므로 3년 상을 주장하게 된다.

예송 논쟁은 또한 이황과 이이의 이기론 논쟁이 이어지는 것이니 이황과 이이의 제2 라운드 논쟁이기도 하다. 성리학은 모든 것을 이와 기로 구분하여 인식한다. 왕을 '이'로 본다면 사대부는 '기'에 해당한다.

| 동양 철학과 동양사(한국 철학과 한국사 포함)

이이는 재상권 강화와 일원적 이기이원론을 주장했다. 따라서 이이의 제자들인 서인은 재상권 강화와 함께 일원적 이기이원론도 계승하였기에 왕(이)과 사대부(기)를 동일하게 인식했다. 이에 왕도 사대부에 포함되니 사대부의 예법을 따라야 함으로 1년 상을 주장한 것이다.

한편 이황은 왕권 강화와 이기이원론을 주장했다. 따라서 이황의 제자들인 남인은 왕권 강화와 함께 이기이원론도 계승하였기에 왕(이)과 사대부(기)를 다른 것으로 인식하여 왕의 예법과 사대부의 예법이 다르므로 3년 상을 주장한 것이다.

일제의 당파성론은 역사 왜곡이다

일제 시대의 식민사학자들은 조선이 망한 대표적인 이유 중의 하나로 예송 논쟁을 들었다. 상복을 3년 입어야 하느냐, 1년 입어야 하느냐 하는 소모적인 논쟁으로 조선이 망했다는 것이다.

하지만 예송 논쟁은 단순히 겉으로 드러난 복식에 대한 소모적인 논쟁이 아니다. 우선 첫째 그것은 왕권 강화냐 신권 강화냐 하는 나름 의미 있는 정치적 논쟁이었다. 둘째 이황의 이기이원론이 맞느냐 이이의 일원론적 이기이원론이 맞느냐로 대립한 심오한 철학적 논쟁이었다.

예송 논쟁은 두 번에 걸쳐 전개되었는데 제1차 예송 논쟁은 효종이 사망하였을 때, 그리고 제2차 예송 논쟁은 효종비가 사망하였을 때 인조의 계비 자의대비가 상복을 몇 년 입어야 하는 논쟁으로 전개되었다.

  제1차 예송 논쟁은 서인이 승리했으며 제2차 예송 논쟁은 남인이 승리했다. 논쟁의 결과에 따라 여당과 야당의 정권이 번갈아 교체되는 이러한 정치방식은 정당 간의 상호 공존을 기반으로 하는 오늘날의 의회 정치와 대단히 유사하다고 볼 수 있다.

▲ 휘릉

사적 제193호 휘릉은 조선 제16대 왕 인조의 계비 장렬왕후(자의대비)의 능이다.

▲ 파주 장릉

사적 제203호 파주 장릉은 조선 제16대 왕 인조와 인열왕후의 능이다.

Ⅰ 동양 철학과 동양사
(한국 철학과 한국사 포함)

7. 조선의 슈베르트 송시열, 조선의 후스 윤휴
성리학의 교조화 / 조선 후기

근세에서 근대의 태동으로

일반적으로 서양의 역사는 고대, 중세, 근대, 현대로 구분한다. 우리나라는 삼국 시대와 통일 신라 시대가 고대이다. 그리고 고려 시대가 중세에 해당한다.

근대로의 이행에는 여러 조건들이 필요한데 그 중 가장 중요한 두 가지는 바로 중앙 집권 국가와 자본주의이다. 고려는 지방관이 파견되었던 주현보다 그렇지 못한 속현이 많았지만 1392년 조선이 건국

▲ 이앙법
이앙법, 즉 모내기법은 벼와 보리의 이모작이 가능한 농법이다.

되면서 모든 지방에 지방관이 파견되어 진정한 중앙 집권 국가가 완성되었다. 하지만 1392년에 아직 자본주의는 발생하지 않았기에 우리의 역사는 중세 이후 근대로 이행한 것이 아니라 근세에 머무르게 된다. 1392년부터 17세기 후반 숙종 전까지가 바로 근세에 해당하는 시기이다. 17세기 후반 숙종 때가 되면 조선은 엄청난 사회적 변화를 겪게 된다. 고려 말에 들어왔던 이앙법이 전국적으로 확산되게 된 것이다. 이앙법이란 벼와 보리를 같이 생산할 수 있는 농법으로 숙종 때 전국적으로 확산되어 조선은 자본주의가 싹트게 된다. 이제 숙종 때 이앙법의 확산으로 자본주의가 싹트게 되면서 드디어 근세에서 근대

7. 조선의 슈베르트 송시열, 조선의 후스 윤휴
성리학의 교조화 / 조선 후기

의 태동으로 발전하게 된다.

조선의 슈베르트 송시열

이앙법의 확산으로 근대가 태동한 조선에서는 새로운 세력이 성장하게 된다. 그것이 이른바 부농 세력이다. 이앙법의 확산으로 경제력이 커진 부농들은 우선 돈을 주고 양반직을 사게 된다. 그리하여 숙종 이후에는 양반이 전 백성의 대략 70프로까지 이르는데, 이제 "이 양반아, 저 양반아"하는 말이 유행하게 될 정도였다.

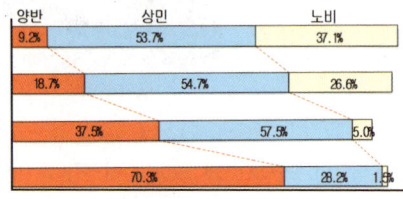
▲ 조선 후기의 신분별 인구 이동

이런 시기 속에 살았던 인물이 바로 사림파의 거두인 서인 계열 송시열이다. 송시열은 새롭게 등장하는 부농 세력으로 인해 위협받는 사

▲ 송시열

림파의 위기를 어떻게 극복해 나가야할지를 고민했다.

이 시기 서양의 상황도 조선과 매우 유사했다. 서양 중세의 지배층은 봉건 귀족이다. 십자군 운동을 전후로 해서 상인 세력인 부르주아지가 성장하자 봉건 귀족들은 위협에 처했다. 경제적으로 성장한 부르주아지 세력을 차별하기 위해 서양의 봉건 귀족들은 세련된 문화적인 방식을 시도한다. 부르주아지들은 돈만 많지 예술을 모르는 돼지에 불과하다고 폄하

했다. 반면 자신들은 예술을 아는 교양 있는 봉건 귀족이라고 생각하며 중세 문화를 복구시키려는 문화 사조에 심취한다. 특히 슈베르트의 낭만주의 음악이 대표적이었다. 몰락하는 봉건 귀족들은 슈베르트의 그 유명한 〈아베마리아〉를 들으며 돈만 많은 무식한 돼지인 부르주아지들을 경멸했다. 봉건 귀족들은 자신을 예술을 아는 진정한 교양인으로 상정하고 배부른 돼지인 부르주아지들과 차별 지었다.

▲ 슈베르트

마찬가지로 조선의 사림파와 송시열에게 있어 부농은 성리학을 모르는 무식한 돼지로 인식되었으며 자신들이야말로 진정한 교양인이었다.

송시열, 마녀 사냥을 시작하다.

성리학자인 송시열은 성리학을 통하여 부농들을 차별했다. 돈을 주고 합법적으로 양반직을 산 부농들을 법적으로 차별할 수는 없었다. 하지만 그들은 송시열에게 있어서 성리학을 잘 모르는 돼지들이었다. 원래 성리학은 종교가 아니라 학문이다. 성리학을 정립한 주자도 신이 아니라 학자였다. 하지만 이제 조선의 성리학은 송시열에 의해 종교가 되기 시작했고 주자는 신이 되어갔다. 이를 '성리학의 교조화'라고 한다. 이제 성리학과 주자를 조금이라도 비판하면 성리학의 적, 즉 사문난적이란 이름으로 숙청당했다.

서양의 경우도 부르주아지의 성장으로 봉건 귀족이 믿는 로마 가톨릭을 비판하는 사상이 퍼져 나갔다. 이에 봉건 귀족들은 자신들이 믿는 봉건 귀족이 믿는 로마 가톨릭을 수호하기 위해 마녀 사냥으로 후스와 위클리프를 죽였다. 조선도 그렇게 되어갔다. 윤휴가 성리학을 비판하다 송시열에 의해 후스와 위클리프처럼 제거되었다.

▲ 윤휴

▲ 화형당하는 후스

　윤휴는 "천하의 많은 이치를 어찌 주자만 알고 나는 모르겠는가? 이제 주자는 그만 덮어두고 오직 진리만을 연구해야 한다. 주자가 다시 살아온다면 나의 학설을 인정하지 않겠지만 공자가 살아온다면 내 학설이 승리할 것이다."라고 하며 성리학 대신에 공자로 돌아갈 것을 주장했다. 이는 종교 개혁 시기 개신교가 로마 가톨릭을 부정하고 원시 기독교로 회귀를 꿈꾸었던 것과 유사하다.

　중국에서는 성리학자들이 불교와 도교를 비판함으로써 종교 개혁을 일으켰다면 조선에서는 윤휴가 성리학을 비판함으로써 종교 개혁을 일으킨 것이다.

숙종의 등장

17세기 후반 숙종 시기가 되면 이앙법의 전국적 확산으로 상품 화폐 경제가 발달하여 부농들이 사림파에게 도전했다. 그런데 사림파에게는 또 하나의 위기가 있었다.

▲ 명릉(숙종과 인현왕후)

바로 숙종이었다. 숙종은 어린 나이인 14세에 왕이 되었으나 수렴청정(왕이 어린 나이에 즉위하였을 때 왕실의 가장 어른인 대비(大妃)가 국정 운영에 참여하는 정치 제도)을 거치지 않고 직접 국정을 통치할 정도로 영민한 군주였다.

많은 사람들이 단종이 12세의 어린 나이로 즉위하였기 때문에 왕에서 쫓겨났다고 생각한다. 그러나 실상은 그렇지 않다. 조선은 왕이 어리면 어머니나 할머니가 수렴청정을 할 수 있었다. 성종도 13세란 어린 나이로 왕이 되었지만 할머니가 수렴청정을 했다. 단종이 쫓겨난 이유는 어려서가 아니라 어머니와 할머니가 일찍 죽어 수렴청정을 할 인물이 없었기 때문이다. 단종, 성종과 비슷한 나이에 왕이 된 숙종은 비록 수렴청정을 할 어머니가 있었음에도 불구하고 수렴청정을 거치지 않을 정도로 대단히 영민한 군주였다. 어린 나이에 왕이 된 숙종은 예송 논쟁 때 왕도 사대부의 예법을 따라야 한다고 주장한 송시열을 불러 꾸짖을 정도로 카리스마가 넘치던 군주였다.

경신환국

2차 예송 논쟁에서 남인이 승리하니 숙종 초까지 남인이 여당, 서인이 야당으로 정립하게 된다.

1680년 남인의 리더 허적은 집에서 잔치를 하는데 왕의 천막을 말도 없이 빌려갔다.

▲ 허적

숙종은 이를 모르고 허적에게 천막을 빌려주라 명했는데 내시는 이미 허적이 빌려갔다는 보고를 했다. 이에 숙종은 '한명회도 못하던 짓을 허적이 하는구나.' 라고 분노하며 남인을 치기로 결심했다. 이것이 경신환국이 발생하게 되는 계기였다.

상호 공존의 시대가 일당 독재화의 시대로

기회를 잡은 서인은 남인을 뿌리째 뽑으려고 시도했다. 숙종 전까지는 한쪽 정당이 승리하면 여당이 되고, 패배한 정당은 단지 야당이 될 뿐이었다. 어느 한 정당이 전적으로 권력을 독점하지는 않았다. 왜냐하면 사림파는 원래 향촌 사회에 그들의 지배권이 튼튼했기 때문이다.

하지만 숙종 때 사림파는 새롭게 등장하는 부농 세력에게 이미 향촌 사회의 지배권을 상실해 가고 있었다. 따라서 향촌 사회의 지배권을 상실해가는 사림파는 더욱더 중앙 권력의 독점에 매달릴 수밖에 없는 상황이 되었다. 서인은 이 기회에 남인을 완전히 제거하고 권력을 독점하고자 했다. 이렇게 승리한 세력이 권력을 완전히 독점해 버리는 현상을 '환국'이라고 한다. 남인의 거두는 허적 말고도 윤휴가 있었다. 남인의 거두 윤휴를 제거해야 서인의 권력 독점이 가능했다. 이에 서인의 리더 송시열은 예전에 윤휴가 주자를 비판했던 말을 빌미로 그를 사문난적으로 몰아 죽였다.

서인, 노론과 소론으로 분화되다

송시열은 본래부터 일원론적 이기이원론을 주장한 이이학파였다. 하지만 송시열은 조화와 포용을 강조하는 이이의 철학과는 상반되게 철저한 이원론적 사고방식에 입각했다. '성리학의 교조화'를 주도하였으며 이에 역행하는 윤휴를 사문난적으로 죽게 했다.

철학이 시대를 이끄는 것이 아니라, 철학은 단지 그 시대를 반영하는 것일 수도 있다. 부농의 도전으로 위협받던 사림파는 성리학이라는 문화적 방식으로 자신들과 새롭게 등장하는 부농들을 차별 지었다. 그러한 차별 방식이 바로 성리학의 교조화였다.

이때 서인들 모두가 송시열의 입장을 지지했던 것은 아니다. 서인 중의 윤증은 송시열의 입장에 반대했다.

경신환국 때 윤휴의 죽음으로 서인은 남인에 대한 강경파인 노론과 온건파인 소론으로 분열되었다. 노론의 리더는 송시열 그리고 소론의 리더는 송시열의 제자였던 윤증이었다. 노론(老論)은 송시열이 나이가 들었기에, 소론(少論)은 윤증이 송시열보다 젊었기 때문에 붙여진 이름이다.

경신환국은 사실 알고 보면 서인 스스로 권력을 쟁취한 것이 아니라 숙종이 서인을 이용해 남인을 제거한 것에 불과했다. 인조반정 때 왕조차 제거했던 사림파는 숙종 때 와서 부농의 도전으로 몰락해 왕에게 공격받는 처지가 된 것이다.

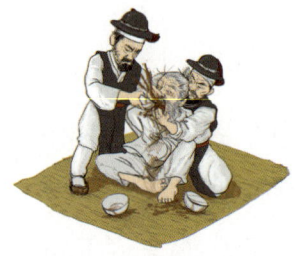

▲ 송시열의 사사
(賜死, 죽음을 명령한다는 뜻)

장희빈 아들(이후 경종)의 원자(元子, 아직 왕세자에 책봉되지 아니한 임금의 맏아들) 책봉 문제를 반대한 송시열은 기사환국 때 집권한 남인의 공격을 받아 사사된다. 전라도 정읍에서 사약을 받은 송시열은 약효가 없어 무려 두잔의 사약을 더 받아야 했다. 한편 남인의 집권은 오래가지 않고 이후 다시 노론의 시대가 열리게 된다.

Ⅰ 동양 철학과 동양사
(한국 철학과 한국사 포함)

8. 중국에서 르네상스가 일어나다
양명학 / 명 왕조와 조선 후기

성리학의 한계와 양명학의 등장

남송은 몽골의 침략으로 망했다. 이제 중국인들은 그렇게 차별화했던 오랑캐의 지배를 받게 된 것이다. 원 왕조의 지배하에 성리학은 아무것도 하지 못했다. 하지만 원 왕조를 무너뜨리고 등장한 명 왕조의 홍무제는 다시 성리학을 강조했다. 이제 진정한 성리학적 세계관이 펼쳐질 것이라고 성리학자들은 기대했다. 그러나 그들은 다시 실망을 맛봐야 했다.

명 왕조를 건국한 홍무제는 자신을 도와줬던 유학자들을 대거 숙청한 것이다. 그리고 홍무제는 첫째 아들이 일찍 죽어 첫째 아들의 아들이며 자신의 손자인 건문제에게 황제를 물려주었다. 그러나 삼촌인 영락제에 의해 건문제가 폐위되게 되는데 이것이 정난의 변이다. 영락제 이후 명 왕조는 북쪽에는 토목의 변이 일어나 황제가 오랑캐에게 납치되고, 남쪽에는 왜구가 쳐들어오는 북로남왜의 혼란이 벌어졌다.

이런 상황 속에서 성리학은 제대로 그 역할을 하지 못했다. 이에 성리학에 대한 의심을 갖기 시작한 일부 성리학자들에 의하여 새로운 철학이 성립하게 되는데 이것이 양명학이다. 다시 말해 양명학은 성리학에 대한 반발에서 시작한 학문이다.

8. 중국에서 르네상스가 일어나다
양명학 / 명 왕조와 조선 후기

남송 멸망

칭기즈 칸이 등장한 후 몽골(쿠빌라이 칸)은 거의 전 세계를 정복했다. 1234년 금 왕조를 정복한 몽골은 1274년 양쯔강을 거슬러 수도 임안을 공격하였다. 결국 1276년 남송의 6세에 불과한 황제 공종은 항복하게 된다.

남송의 수도 임안이 점령되었을 때 육수부라는 인물은 황실의 일족을 데리고 남송 부흥을 위해 지금의 애산까지 피난을 갔다. 원 왕조 군대가 애산을 포위하자 육수부는 태연히 9세의 황제에게 유교 경전을 강의했다고 전해진다. 결국 애산이 점령되자 육수부는 어린 황제를 등에 업고 바다 속에 뛰어들어 자살했다. 이때가 1279년, 태조 조광윤이 송 왕조를 건국한 이래 18대 3백 년간을 유지하던 조씨의 송 왕조는 그 끝을 맺게 된다.

▲ 광동성 심천에 있는 육수부의 석상

▲ 몽골 제국 출현 전의 세계

| 동양 철학과 동양사(한국 철학과 한국사 포함)

▲ 몽골 제국

홍건적의 난

몽골(쿠빌라이 칸)은 국호를 중국식으로 원(元)이라고 했지만 몽골 중심의 정책을 시행하고 중국인들을 핍박했다. 중국 내에서는 여전히 사대부가 지배층이었으나 과거도 제대로 실시되지 않았다.

원 왕조의 가혹한 통치로 중국 농민들은 대거 백련교에 가담하였다. 백련교는 미륵 신앙을 중심으로 한 종교 결사였다. 미륵 보살이 56억 7천만 년 후에 현세에 나타나서 중생을 제도한다는 백련교의 사상은 학정에 시달리고 경제적 빈곤에 허덕이며 혼란 속에 방황하던 일반 민중들 사이에 널리 확산되었다.

▲ 홍건적의 난

8. 중국에서 르네상스가 일어나다
양명학 / 명 왕조와 조선 후기

이 백련교도들이 송 왕조를 상징하는 붉은색 수건으로 머리를 동여매고 원 왕조에 저항했기에 이를 홍건적의 난이라고 한다. 명 왕조를 건국한 주원장도 처음 홍건적으로 출발했다. 원 왕조의 진압으로 홍건적의 수장이 죽자 홍건적의 주도권은 주원장으로 넘어오게 되었다.

 하지만 주원장은 백련교를 멀리하기 시작하였다. 바로 제2의 제갈공명이라고 불리는 유기의 조언으로 주원장은 백련교 대신에 유교를 통치 이념으로 삼았다. 이로 인해 주원장은 양쯔강 하류, 즉 강남 지방의 유학자 집단의 지지를 받을 수 있었다. 이후 주원장은 백련교를 탄압하고 홍건적을 철저히 소탕했을 뿐만 아니라 자신과 홍건적의 관계에 관한 흔적들까지 철저히 말살하려고 하였다.

명 왕조의 건국

1368년(고려 공민왕 17년) 남경(지금의 난징)에서 황제가 된 41세의 주원장은 국호를 '명(明)'으로 그

▲ 홍무제 : 원래 곰보에 주걱턱인 주원장의 용모(우측)가 좌측 어진에서는 미화되어 있다.

리고 연호를 '홍무'라고 하였다. 황제가 된 주원장, 즉 홍무제는 20만의 군대를 일으켜 원 왕조 정벌에 나섰다. 이러한 상황 속에서도 원 왕조 내부는 심각한 권력 투쟁에 빠졌으며 순제는 여전히 방중술에만 관심을 가졌다. 결국 홍무제는 원의 수도를 점령하고 순제는 북쪽으로 도망가서 사망하였다. 그렇다고 원 왕조가 완전히 망한 것은 아니다. 순제와 고려 여인인 기황후의 아들이 몽골고원에서 황제가 되어 북원으로 이어지게 된다.

피의 숙청

홍무제는 수많은 공신들과 양쯔강 하류 유역의 유학자 집단의 도움으로 황제가 되었다. 그러나 이제는 그들을 견제할 필요성을 느꼈다. 먼저 14세의 맏아들을 황태자로 정하고 나머지 여러 아들들 24명을 지방의 왕으로 임명하였다. 그중에 원 왕조의 수도였던 연경에 조선 여인과의 사이에 태어난 것으로 추정되기도 하는 아들 주체를 연왕으로 봉하였다. 이후 홍무제는 이 아들들을 기반으로 많은 공신들과 유학자들을 제거해 나갔다.

조선이 건국된 해인 1392년 홍무 25년, 39세의 젊은 황태자가 죽자 홍무제의 의심증은 더욱더 심해졌다. 혹시 공신들이 어린 황태손을 몰아내고 나라를 빼앗을 것이라는 우려에 그다지 뛰어나지 않았던 공신들도 제거하면서 수많은 유학자들이 제거되었다. 그야말로 명 왕조의 정계에는 피바람이 몰아쳤다. 결국 그 피바람의 주인공 주원장 홍무제는 72세의 나이에 죽고 손자인 황태손이 황제가 되니 바로 건문제의 즉위였다.

정난(靖難)의 변과 계유정난

갓 스무 살의 나이로 황제가 된 건문제는 삼촌들을 제거하기 시작하였다. 이러한 정적 제거의 최종 목표는 당연히 연왕 주체였다. 먼저 선수를 친 연경의 연왕은 1399년(조선 정종 1년) 반란을 일으키고 남하하기 시작하였다.

명 왕조의 수도 남경에는 상비군 50만이 있었으나 이 군대를 이끌 장군들은 거의 다 홍무제에 의해 제거된 상황이었다. 여기에 건문제는 최대의 실수를 저지르는데 자신에게 삼촌을 죽였다는 오명을 듣지 않게 하라는 지시였다. 다시 말해 연왕 군대와 싸우되 연왕을 죽이지 말라는 것인데 이 말을 들은 군대는 사기가 땅에 떨어졌다. 만일 연왕이 다치게 되면 전투에서 승리하더라도 처벌을 받을 수 있기 때문이다. 반대로 연왕의 부대는 1만 명이었지만 그중의 1/3은 몽골인이었고 정예병이었다.

▲ 영락제

연왕의 부대는 성난 물결처럼 빠르게 남경을 점령하였다. 이때 건문제의 시체는 발견되지 않았다. 이후 영락제가 정화의 대함대를 아프리카까지 파견한 이유 중의 하나가 건문제가 정난의 변때 죽지 않고 해외로 망명한 것으로 보고 그를 찾기 위함이었다는 설이 있다.

정난의 변에서 정난(靖難)이란 다스릴 정, 재앙 란이다. 즉 영락제는 '황제를 에워싸고 있는 간신들인 재앙을 처단하여 나라를 바로 잡는다'는 명분으로 군대를 일으켰다. 후일 조선의 수양대군은 단종을 에워싸고 있는 간신들인 김종서 등을 처단하여 나라를 바로잡는다고 했기에 계유년에 일어난 이 난을 계유정란이라고 했다.

방효유와 사육신

영락제는 정변에 성공한 후 당대 최고의 유학자인 방효유에게 조서 작성을 명령했다. 하지만 건문제의 신하였던 방효유는 당연히 이를 거부하였다. 이에 황제인 영락제는 직접 신하인 방효유에게 머리까지 숙여가며 부탁할 정도로 영웅이었다. 그러나 계속 조서 작성을 단호하게 거절하는 방효유에게 이제는 삼족을 멸하겠다는 협박도 하였다. 그러자 방효유는 구족, 아니 십족을 멸해도 쓸 수 없다고 거부하며 영락제가 조시를 써달라고 건넨 종이에 '연적찬위(燕賊簒位), 즉 연나라 적이 황제 자리를 빼앗다.' 라는 글을 썼다.

▲ 방효유

이에 인내심을 잃은 영락제는 방효유가 보는 앞에서 삼족, 즉 친족, 처족, 외족을 모두 죽였다. 십족이란 말은 없기에 방효유의 친구 등 방효유와 관계된 모든 자들을 끌고 와 방효유가 보는 앞에서 처형했다. 이때 죽은 자가 873명이었다. 이런 상황에서도 방효유의 눈빛은 전혀 동요가 없었다고 한다. 이에 영락제는 방효유의 사지, 즉 두 팔, 두 다리를 찢어 죽였다. 방효유의 나이 46세였다.

성리학을 신봉하여 절개를 지킨 방효유에게 그러나 성리학은 실제적으로 아무런 도움을 주지 못했다. 후에 조선의 숙종은 세조의 왕위 찬탈을 비판하며 죽은 사육신의 묘에 제사를 지내 주었다. "사육신은 방효유와 무엇이 다르겠는가?"라고 할 정도로 방효유는 조선 양반의 정신적 지주가 되었다. 조선 세조 때 역적이 된 사육신은 숙종 때 복원되었다.

성종 영락제는 방효유를 죽인 이후 수도를 자신의 근거지인 지금의 베이징으로 옮기고 자금성을 만들었다.

▲ 명 왕조

| 동양 철학과 동양사(한국 철학과 한국사 포함)

▲ 정화의 대함대(위)와 콜럼버스의 산타마리아호(아래)

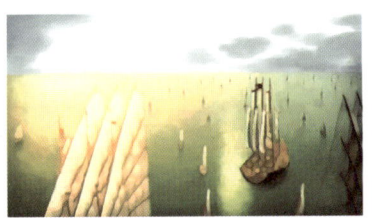
▲ 정화의 대함대

토목의 변

▲ 정통제

1427년 겨우 9세의 나이로 영종 정통제가 6대 황제로 즉위하였다. 이에 영종 정통제의 황태자 시절 교육을 담당했던 환관 왕진의 권력이 강해졌다. 자진해서 환관이 되었던 왕진은 학식이 뛰어났던 이색적인 환관이었다. 어린 황제는 환관 왕진에게 의지하여 그의 권세는 날로 강성해졌다.

▲ 왕진

한편 명 왕조에 의해 북쪽으로 도망간 북원은 이후 동쪽의 타타르와 서쪽의 오이라트로 분화되었다. 영락제가 몽골 동쪽을 정복하여 타타르가 약해지자 몽골 서쪽 오이라트가 타타르를 통합하고 명 왕조를 공격했다. 정통 14년 1449년(조선 세종 31년)의 일이었다.

명 왕조의 군대가 오이라트 군대에 연전연패하자 왕진은

모든 신하들의 만류에도 불구하고 구체적인 작전 계획도 없이 친정(親征)을 단행한다. 황제 영종 정통제와 함께 50만 대군을 이끌고 베이징을 떠나 몽골로 향했다. 가는 도중에도 많은 신하들이 무릎을 꿇고 반대했지만 왕진은 모두 꾸짖고 물리쳤다. 몽골로 향하던 중 오이라트 부대에 패전하여 시체가 된 명 왕조의 군사들을 보자 두려움이 생긴 왕진은 갑자기 베이징으로 회군을 결정했다. 문제는 회군 도중에 지나치는 자신의 고향이 피해를 볼까 두려워 멀리 우회하여 회군할 것을 지시한 것이다. 정말로 어처구니없는 결정이었다. 이 기회를 놓칠 리 없는 오이라트 군대였

▲ 토목의 변

다. 결국 포위당한 군사들은 이틀 동안 물 한 모금 마시지 못하여 지치게 되었다. 드디어 본격적인 오이라트 군대의 총 공격에 왕진 이하 대다수의 관리, 군인들이 몰살을 당했다. 황제는 길바닥에 앉아 있다가 포로가 되었다. 이것이 정통제 14년 1449년, 토목에서 일어난 토목의 변이다.

　이 소식을 들은 대신들에게서 한때 수도를 남경으로 천도하자는 주장도 나왔지만 일부 충신들의 반대로 수도 사수가 결정되고 영종 정통제의 동생이 황제로 추대되었다. 오이라트

는 명 황제를 포로로 잡았으나 명 왕조에서 새로운 황제가 즉위하자 아무런 소용이 없었다. 계속되는 명 왕조 수비군의 완강한 저항에 직면한 오이라트는 할 수 없이 포위를 풀고 이용 가치가 없는 영종 정통제를 되돌려 주었다.

북로남왜

이후 몽골은 다시 오이라트와 타타르로 분화되었다. 15세기 후반 타타르에서 다얀 칸이라는 인물이 나타나 오이라트를 정복하여 몽골은 다시 통일이 되었다. 다얀 칸에서 다얀은 대원(大元)이니 대원의 칸이라는 뜻이다. 쿠빌라이 칸의 원 왕조가 다시 부활한 것이다. 다얀 칸은 황금씨족(칭기즈 칸의 일족)이면서도 할머니가 오이라트 출신이었으므로 타타르와 오이라트 양쪽 모두의 혈통을 이어 받은 셈이다. 다얀 칸 시대에는 명 왕조와의 대외관계가 비교적 평화스러웠으나 1532년 그의 사후 타타르는 명 왕조를 자주 침공하였다.

북로남왜(北虜南倭)에서 북로란 북쪽 오이라트와 타타르의 침공을 말하며 남왜란 왜구의 침입을 뜻한다.

왜구는 고려 후기부터 우리나라에도 침입해 왔는데 우왕 때 최영의 홍산 대첩, 최무선

▲ 북로남왜

의 진포 대첩, 이성계의 황산 대첩, 창왕 때 박위의 대마도 정벌 등이 단행되었다. 이렇게 일시적으로 왜구를 물리치기도 하였지만 계속되는 침입은 결국 고려가 멸망하고 조선이 건국되는 한 원인을 제공하였다.

서민 경제의 발달

양명 왕수인(1472~1529)이 정립한 양명학은 성리학을 극복하고자 하는 철학이었다. 홍무제, 영락제 시대의 유학자에 대한 숙청, 그리고 북로남왜를 제대로 해결하지 못하고 있는 명 왕조의 내부에서 민중이 서서히 체제의 변혁을 꿈꾸고 있었다. 이와 같이 역사는 지배층이 아니라 민중이 이끌어 나가는 것이다.

▲ 왕수인

명 왕조 중기는 정치적으로는 대혼돈의 시대였으나 명 왕조의 경제는 엄청난 성장을 하고 있었다. 평민들의 경제적 지위가 상승하자 그들은 평등을 꿈꾸기 시작한다. 이와 같이 명 왕조는 중기인 16세기에 먼저 서민 경제가 발달했고, 조선은 17세기 후반 숙종 대에 이르러 이앙법의 확산으로 서민 경제가 발달했다.

양명학, 서민들을 위해 등장하다

철학은 그 시대의 산물인가? 당연히 성리학에 실망하여 등장한 양명학은 평등을 꿈꾼 부유한 서민들의 요구에 부응했다. 양명학은 이 서민들을 위하여 평등을 지향하는 학문이었다. 원래 성리학자들은 학문적 탐구인 격물치지를 통해 자신들의 지배를 합리화했다. 왕수인(왕양명)이 정리한 양명학은 평등을 지향하기 때문에 그러한 학문적 탐구가 그리 중요하지 않다고 주장한다.

맹자가 말하기를 모든 사람은 태어날 때 양심, 즉 양지를 갖고 태어난다. 양지란 선천적으로 갖고 태어나는 도덕적 판단 능력을 말한다. 사람이 물에 빠지면 학문적 탐구를 많이 한 성리학자나, 그렇지 못한 농민이나 저 사람을 구해 줘야지 하는 마음이 생겨난다. 그러니 학문적 탐구를 많이 한 성리학자와 그렇지 못한 농민은 평등한 것이다. 바로 학문적 탐구(격물치지)를 통한 지배의 합리화를 배격하고 평등을 추구하는 것이 왕수인(왕양명)이 정립한 양명학이다.

조선은 16세기 중종 때 서경덕에 의해 양명학이 수용되었으나 아직은 시기상조였다. 조선은 17세 후반 숙종 시기에 이르러 명 왕조처럼 서민 경제가 발달하게 되는데 이때 비로소 정제두가 양명학파인 강화학파를 형성하게 된다.

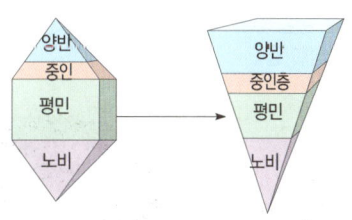
▲ 조선 후기 신분 구조의 변화

중국에서 르네상스가 일어나다

성리학은 학문적 탐구(격물치지)를 많이 한 사대부가 그렇지 못한 농민들을 지배하기 위해 만들어진 철학이다. 하지만 양명학은 서민 경제의 발달 속에 만들어져 평등을 강조하는 철학이다. 분명히 양명학은 성리학보다 더 인간적인 철학이다.

성리학이 중국의 종교 개혁이었다면 양명학은 중국의 르네상스이다. 서유럽의 르네상스란, 14세기 이후 중세의 신 중심에서 인간 중심으로 전환된 문화 운동이다.

성리학이 도교와 불교를 배척했지만 도교와 불교의 영향을 받아 인간뿐만 아니라 다른 생명체에도 '이'가 있다고 보았다. 하지만 인간적인 학문인 양명학은 인간의 마음속에만 '이'가 있다고 보아서 서유럽의 르네상스처럼 다시 인간 중심의 철학으로 환원시키려고 한 운동이었으니 필자는 이를 중국의 르네상스라고 말하고 싶다.

▲ 다비드 상

르네상스 시대 이탈리아의 대표적인 예술가 미켈란젤로의 조각상이다. 이스라엘 왕 다윗의 청년기 모습을 나타내고 있다.

▲ 아담의 창조

프레스코 시스티나 예배당 천장에 그려진 미켈란젤로의 벽화이다. 하나님이 아담에게 생명을 불어넣는 《성경》〈창세기〉의 이야기를 보여주고 있다.

| 동양 철학과 동양사(한국 철학과 한국사 포함)

왕수인 성리학자였던 왕수인은 주자처럼 우주 자연의 이법을 깨닫기 위해 학문적 탐구인 격물치지를 실천한다. 앞서 말했듯이 성리학은 도교와 불교의 영향을 받았기에 인간뿐만 아니라 모든 세상에 '이'가 있다고 주장한다. 도교도 모든 사물에 '도'가 있으며 불교 역시 모든 사물에 '불성'이 있다고 주장한다.

모든 사물에 '이'가 있다는 성리학의 논리로 젊은 시절 성리학자였던 왕수인은 며칠 동안 대나무 앞에 앉아 대나무의 '이'를 공부했다. 하지만 얻은 것은 질병뿐이었다. 이때 왕수인은 '이'는 대나무에 있는 것이 아니라 인간인 내 마음에만 있다는 것을 깨닫는다. 그리고 그 '이'는 학문적 탐구를 통해 얻어지는 것이 아니라 선천적으로 갖고 태어나는 것이라는 사실을 알게 된다.

사람이 물이 빠지면 구해주고자 하는 마음인 양지, 이미 선천적으로 갖고 태어나는 이 양지가 바로 내 마음속의 '이'라는 것이다. 그러니 인간은 구태여 학문적 탐구를 할 필요 없이 단지 내 마음속의 양지를 잘 보존하고 발휘하면 되는 것이다. 그러면 결국 학문적 탐구를 한 성리학자들과 그렇지 못한 농민층이 서로 평등하게 되는 논리에 도달한다.

8. 중국에서 르네상스가 일어나다
양명학 / 명 왕조와 조선 후기

▲ 1. 성리학의 격물치지에 빠진 왕수인

▲ 2. 주자의 책을 찢는 왕수인

▲ 3. 양명학의 심즉리

▲ 4. 지행합일

1. 왕수인이 사물, 즉 대나무에 깃든 '이'를 탐구하고 있다.
2. 그러나 오직 인간의 마음속에만 '이'가 있음을 깨닫고 주자의 성리학을 부정한다.
3. 심즉리란 인간의 마음이 곧 우주의 이법이라는 뜻이다. 인간의 마음속에 양지가 있기 때문이다.
4. 성리학은 선지후행, 즉 앎이 우선하고 행동이 뒤따르지만 양명학은 앎과 행함이 동시에 출발하는 지행합일을 주장한다.

선지후행과 지행합일

성리학은 학문적 탐구(격물치지)를 많이 한 사대부를 위한 철학이니 먼저 공부를 하고 깨달은 후 행동해야 한다. 즉 선지후행(先知後行)을 강조한다. 이런 논리에 따르면 학문적 탐구를 못한 농민은 깨닫지 못했으니 학문적 탐구를 많이 한 사대부의 지시를 받아야 한다.

하지만 양명학은 사람이 물에 빠지는 걸 본 순간, 저 사람을 구해주고자 하는 양지가 떠오르고 동시에 내 몸이 던져지니 지(양지)와 행(몸이 던져짐)이 동시에 출발하는 것이다. 따라서 학문적 탐구가 필요 없고 농민이 사대부의 지시를 받을 필요도 없다.

양명학의 지행합일은 소크라테스의 지행합일과는 다르다. 소크라테스는 올바른 것을 아는 사람은 반드시 그것을 행한다는 의미의 지행합일이다. 반면 양명학의 지행합일은 지와 행이 동시에 출발한다는 의미이다.

지배층을 위해 한글이 창제되다!

성리학은 학문적 탐구를 많이 한 사대부가 그렇지 못한 농민을 가르쳐서 새롭게 업그레이드 시켜줘야 한다는 신민설을 주장한다. 그런데 수많은 농민에게 일일이 말로 가르치기 힘드니 한글이 나왔다는 것이 7차 국정 교과서의 주장이다. 7차 국정 교과서는 이렇게 사대부가 농민들에게 자신들의 성리학적 세계를 교육시키기 위해 한글이 나온 것이라고 한다. 즉 한글은 지배층을 위하여 창제되었다고 한다.

그러나 학문적 탐구를 할 필요가 없는 양명학의 입장에서 양반과 농민은 교화의 주체와 객체가 아니라 단지 친하게 지낼 뿐이라는 친민설을 주장한다.

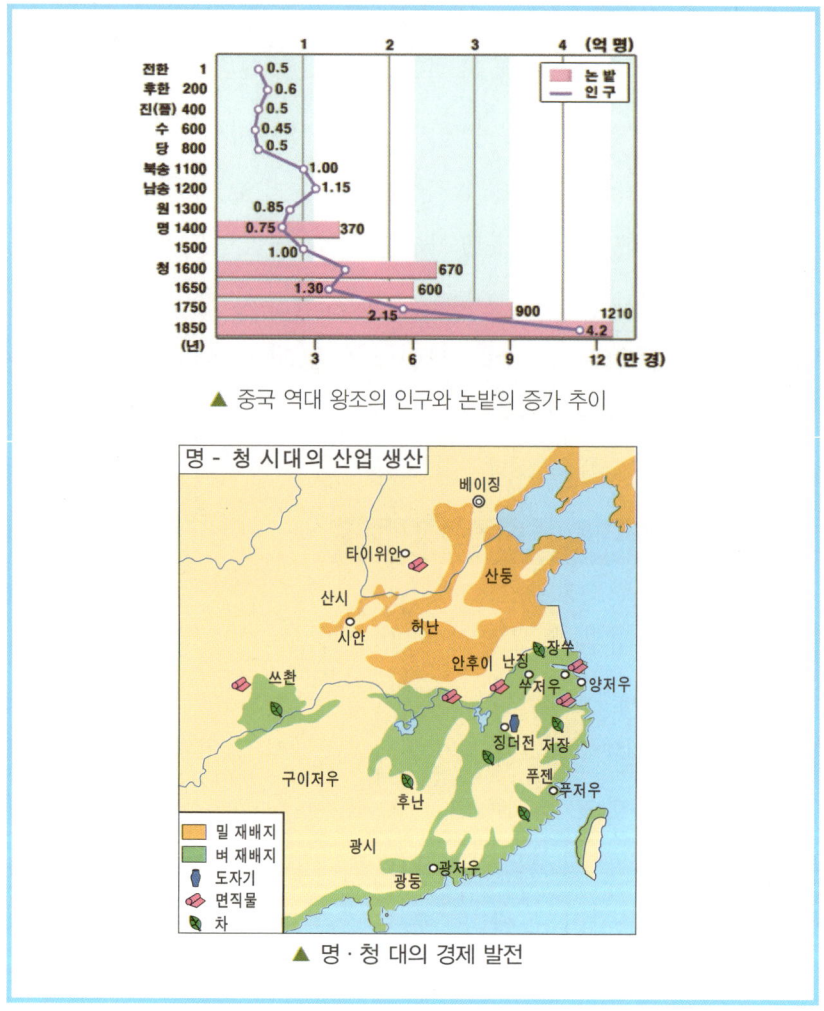

▲ 중국 역대 왕조의 인구와 논밭의 증가 추이

▲ 명·청 대의 경제 발전

Ⅰ 동양 철학과 동양사
(한국 철학과 한국사 포함)

9. 유교의 최후와 부활
실학과 공양학 /
청 왕조, 중화 인민 공화국 그리고 조선 후기

청 왕조의 등장

명 왕조는 초기부터 여진족에 대한 경계를 강화하여 그들을 분열시키는 정책을 실시하였다. 하지만 1592년 임진왜란으로 만주에 대한 관리가 소홀해지자 누르하치가 여진족을 통일하고 1616년(조선 광해군 8년) '아이신 구룬'을 세웠다. 아이신은 금, 구룬은 나라를 뜻하므로 '금나라'나 '아이신 구룬'이나 그 뜻은 같다.

1234년 아구타도 나라 이름을 '아이신 구룬', 즉 금나라로 했기에 서로 구별하기 위해 후금이라고 부른다. 이후 누르하치는 영원성에서 원숭환의 포르투갈제 대포 공격을 받고 1626년 68세의 나이로 사망하였다.

▲ 청 왕조

누루하치의 대를 이어 아들 홍타이지가 황제가 되니 태종이다. 1632년 홍타이지는 1635년 내몽골을 정복하면서 몽골 제국 시대에 사용되던 옥새를 얻게 되었다. 홍타이지 태종은 1636년 국호를 '아이신 구룬', 즉 금나라(역사상 후금)에서 '다이칭 구룬', 즉 청(淸)나라로 바꾸었다. 다이칭은 청이라는 뜻이다. 그리고 여진족 자신들은 스스로를 주르첸이라 불렀는데 그 명칭을 만주족으로 바꾸었다.

국호를 청, 민족의 명칭을 만주족으로 바꾼 배경에 대해 다음과 같은 설이 있다. 원래 몽골과 여진족은 모두 티베트 불교를 믿었다. 티베트 불교에서는 산시성 청량산의 문수 보살(만주 쉬리)을 수호신으로 모셔왔다. 문수 보살은 고대 인도어인 산스크리트어로 '만주 쉬리'라고 한다. 만주는 아름다움을 의미하며, 쉬리는 행복을 의미한다. 태종 홍타이지는 청량산의 청(淸, 맑을 청)을 따 청 왕조, 만주 쉬리의 만주를 따 만주족으로 개명하여 여진족과 몽골족의 통합을 추구했다는 것이다.

▲ 팔기병

후금을 건국한 투르하치는 수렵 생활의 몰이 사냥을 응용하여 팔기병을 편성했다. 이 팔기군은 평야의 초원 지대 뿐 아니라 특히 산악 지대에서도 날랜 군대였다.

1616년 명 왕조 최후의 황제인 숭정제가 17세의 나이로 황제가 되었다. 숭정제는 의심이 아주 많은 황제였다. 따라서 수많은 충신들이 모함으로 사형당했고, 청 왕조를 잘 막아내고 있던 원숭환 등의 장군들도 살해되었다.
　이 당시 청 왕조를 막기 위한 군비로 조달한 세금 징수액이 1천 7백만 냥에 달하니 이는 평상시의 5배에 이르렀다.
　특히 흉년까지 발생하여 각처에서 농민 봉기가 일어났다. 그 가운데 역졸 출신 이자성이 대표적인 농민 반란군 지도자였다. 이들은 탐관오리를 죽이고 식량을 농민들에게 나누어 주어 날로 세력이 확대되었다.

▲ 이자성 동상

명 왕조의 멸망

▲ 숭정제

　이자성은 60만 대군을 이끌고 베이징으로 진군했다. 충격에 빠진 숭정제는 산해관에서 청 왕조를 막고 있던 오삼계에게 베이징으로 군대를 이동시킬 것을 명령한다. 당시 오삼계에게는 50만의 정예 부대가 있었다. 천하의 홍타이지도 이 오삼계의 50만의 정예 부대 때문에 여태껏 베이징을 점령할 수 없었던 것이다. 숭정제 입장에서는 오삼계의 부대를 믿고 남경(난징)으로 천도하자는 주장을 물리쳤다. 숭정제는 오삼계가 너무 빨리 오면 빈틈을 노린 청 왕조가 공격할 수 있으니 이자성의 진군 속도에 맞춰 오도록 지시했다. 하지만 도중에 베이징을 방어하는 명 왕조 장수들이 싸우지도 않고 항복하니 예정보다 상황이 긴박하게 돌아갔다. 급기야 베이징 내부에 이자성의 첩자가 있어 성문이 저절로 열리는 일이 발생하여 초저녁에 외성이, 한밤중에 내성이 정복되었다.

숭정제는 황태자를 황후의 친정에 피난시키고 황후를 자결케 하였다. 그리고 사랑하는 두 딸을 직접 칼로 죽이려 했다. 이미 혼례 날짜까지 정해진 15세의 딸인 태평공주는 이때 울면서 살려달라고 애원했다고 한다. "네가 왜 하필이면 이런 황제의 집에 태어났는가!"라고 하며 숭정제가 끝내 칼로 찔렀지만 다행히도 태평공주는 5일 후에 소생했다. 그러나 겨우 6살 난 소인공주는 숭정제의 칼로 즉사했다.

마지막으로 남은 숭정제는 황제의 만수무강을 비는 만수산에서 자신의 옷을 찢고 목을 매며 다음과 같은 유서를 남겼다. "짐은 선황제들을 볼 면목이 없기에 머리털로 얼굴을 가리고 죽는다. 짐의 유해를 도적의 손이 갈가리 찢어발긴다 해도 상관없지만, 선황제의 릉은 허물지 말며 백성들은 한 사람도 다치게 하지 마라" 이로 인해 1368년 건국된 명 왕조는 280년의 역사를 마치고 멸망하였다.

이자성은 죽은 황제와 황후의 시신을 성 밖에 버렸다. 궁중에서 키우던 코끼리가 슬프게 포효하며 눈물을 흘렸다고 한다. 하지만 절개를 지키기 위해 자결한 신하는 40명뿐이었다. 심지어 황후의 친정 아버지 등 대다수 관리들은 이자성 앞에 무릎을 꿇고 자비를 청했다. 이자성의 부하들이 이들을 발길질했으나 이들은 옛 주인인 숭정제를 욕하며 목숨만 살려달라고 구걸하였다. 하급 관리는 그대로 채용되었지만 고급 관리 800명은 고문을 당하고 알거지가 될 때까지 뇌물을 바친 후 차례차례 죽어갔다.

　명 왕조가 망하자 오삼계는 청 왕조에 투항했다. 청 왕조는 오삼계의 군대와 합세하여 이자성의 군대를 격파했다. 이자성을 격파한 청 왕조는 베이징을 점령했다. 1644년 5월 2일로서 불과 40여 일 동안 자금성의 주인이 세 번 바뀐 것이다. 청 왕조 군대가 베이징에 들어오자 이자성의 학살에 살아남은 나머지 관리들이 길가에 향을 사르고, 병에다 꽃을 꽂아놓고 환영하였다.

　'천하를 말 위에서 얻을 수는 있어도, 말 위에서 천하를 다스릴 수는 없다.' 라는 말이 있다. 이를 잘 알고 있던 청 왕조는 천하를 수습하기 위해 베이징의 관리와 백성들에게 3일간 숭정제의 장례를 치룰 것을 명하였다. 그리고 명 왕조의 역대 황릉을 일체 약탈하지 않고 오히려 보호해주었다. 결국 명 왕조는 청 왕조에 의

▲ 변발

해서가 아니라 이자성에게 멸망한 것이다. 청 왕조는 오히려 이자성군을 몰아내고 명 왕조의 원수를 갚아준 나라가 되었다. 그리고 청 왕조는 변발을 강요하기는 했으나 명 왕조 지배층인 신사층의 특권을 인정했다. 만한병용제(滿漢竝用制)를 실시하여 중국인과 만주족을 동등한 수로 관리에 임용한 것이다. 그리고 강희제와 옹정제는 스스로 성리학자를 자처했다. 이로 인해 청 왕조는 이민족으로서 중국의 지배가 가능하게 된 것이다.

사람 돼지와 고염무

▲ 고염무

동아시아 실학의 기초를 만든 인물은 명 왕조 말기에서 청 왕조 초기에 걸친 인물인 고염무(1613~1682)이다. 이 고염무는 양어머니인 양씨의 영향을 크게 받고 성장했다.

양씨는 약혼했던 남자가 결혼 전에 죽자 죽은 남자와 결혼하고 그 남자의 친척을 데려와 양자로 키웠다. 이 양자가 바로 고염무였다. 이 양씨는 어린 고염무를 친자식처럼 키웠으며 철저한 유학 교육을 시켰다. 고염무는 6세부터 유학의 기초를 공부하게 되었다.

명 왕조가 망하자 양씨는 고염무에게 명 왕조 부흥을 위해 목숨을 바치라는 명령을 하게 된다. 이에 고염무는 명 왕조가 멸망한 시기인 청 순치 원년(1644)부터 약 12년간 두 차례 무장 투쟁과 비밀 결사 운동을 했다.

청 왕조는 고염무를 회유하기 위해 고염무의 양어머니인 양 씨를 체포하여 그녀에게 청 왕조에 투항할 것을 권유했다. 그러나 양씨는 끝까지 거부하고 사람 돼지가 당하는 형벌을 당한다. 우선 양씨의 팔과 다리를 다 잘라내고 고막을 손상시키고 눈을 뽑고 혀까지 잘라내어 돼지처럼 만든 후 돼지우리에 살게 했다. 양씨는 팔과 다리도 없고 몸통과 얼굴만이 남게 되었으며 고막, 눈, 혀가 없으니 들을 수도, 볼 수도, 말할 수도 없었다. 목 관절은 사용할 수 있으니 목 관절을 이용해 돼지우리 속에 기어 다니며 돼지 먹이로 들어오는 인분을 먹으며 살아가게 되었다. 청 왕조는 양씨가 죽을 것 같으면 간단한 치료를 해서 죽지 않게 하여 고통을 지속적으로 느끼게 하였다.

명 왕조 부흥 운동에 실패하고 어머니를 찾아온 고염무는 돼지우리 속에서 사람 돼지가 된 어머니를 목격하게 되고 큰 충격에 빠졌다.

고염무의 일기장에 의하면 들을 수도 볼 수도 없는 어머니가 자신이 찾아온 것을 알게 되어 눈물을 흘렸다고 기록하고 있다. 고염무는 처음에는 어머니를 죽여주는 게 효도라고 생각하여 칼을 뽑았으나 어찌된 영문인지 고막이 없는 어머니는 두려움 속에 몸을 떨었다고 한다. 차마 죽이지 못하고 꺼낸 칼로 자신의 몸에 상처를 내어 그 상처로 생긴 피로 어머니 몸에 달라붙은 구더기를 씻어주고 절을 하고 돌아왔다고 한다.

 집에 돌아와 며칠을 통곡한 고염무는 명 왕조가 멸망하고 어머니가 저렇게 된 모든 원인이 기존의 성리학과 양명학이라고 보았다. 성리학과 양명학이 너무 현실에서 멀어진 철학을 했기에 그렇게 된 것이라고 판단한 것이다. 그리하여 고염무는 경세치용과 실사구시를 강조하는 실학을 만들게 된다.

 경세치용(經世致用)은 학문이 세상을 다스리는 데에 실질적인 이익을 줄 수 있어야 한다는 것이며, 실사구시(實事求是)는 사실에 바탕을 두어 진리를 탐구해야 한다는 것이다.

문자의 옥

 '문자의 옥'은 청 왕조가 '문자의 그물'을 짜서 유학자들을 탄압하고 그들의 사상을 통제한 사건이다. 유학자들이 쓴 문장이 조금이라도 청 왕조에 반항하는 글이라고 생각되면 그 유학자를 탄압하는 것이다. 청 왕조 입장에선 유학자들이 세상을 다스리는데 관심을 가지면 이민족인 청 왕조의 지배에 반기를 들 것이라고 판단했기 때문이었다. 청 왕조는 여러 차례 문자의 옥을 일으켜 유학자들을 통제했다.

 이에 문자의 옥으로 실학은 경세치용의 성격이 약화되고, 실사구시의 성격만이 남게 된다. 청 왕조 시대 문자의 옥은 강희제, 옹정제, 건륭제 연간에 집중적으로 일어났다.

 사사정이라는 유학자가 과거시험에서 '유민소지(維民所止)'를 출제했다. 유민소지의 원래 뜻은 '백성이 멈추어 사는 곳'

이라는 뜻이었으나, 유(維)자와 지(止)자가 '옹정(雍正)'이라는 두 글자의 머리를 자른 것이라는 고발이 들어와 이때 수많은 유학자들이 참수를 당하고 가족들은 노비가 되었다.

이처럼 문자의 그물을 이용해 청 왕조는 철저하게 유학자들의 사상을 통제하였다. 이제 유학이 경세치용의 성격을 잃어가고 실사구시만을 강조하는 경향으로 흐르는 것은 당연한 귀결이었다. 세상의 돌아가는 상황과는 별개로 비석을 통해 옛 문헌이나 연구하는 실사구시의 경향으로 흐르는 고증학에서 고염무의 진취적 사상은 사라졌다. 조선에서 경세치용을 강조한 인물이 다산 정약용(1762~1836)이라면 비석 연구에 치중한 인물이 추사 김정희(1786~1856)이다.

▲ 옹정제

옹정제(雍正帝)가 유(維)와 지(止)의 문자가 자신의 목을 자른 것이라는 구실로 수많은 유학자의 목을 자른 것을 풍자하기 위해서 중국의 고궁박물관은 이와 같이 목을 받히고 있게 그렸다.

▲ 정약용

▲ 김정희

벽파와 시파의 분화

숙종 이후, 경종이 왕이 되었으나 그가 갑자기 죽고 이후 영조가 왕이 된다. 영조가 아들 사도세자를 죽이는 임오화변이 발생하자 조선의 붕당은 벽파와 시파로 나누어지 게 된다. 벽파는 사도세자 의 죽음을 당연시하는 세력으로 노론으로 이루 어졌다. 시파는 사도세 자의 죽음이 지나치다는 입장으로 일부 노론, 소론, 그리고 남인으로 이루어졌다. 정조 는 당연히 아버지의 죽음이 지나치다고 본 시파와 손을 잡았 다.

▲ 임오화변과 정조

'시파(時派)'란 '정조라는 시류에 편승한 세력'이라는 뜻이 고 '벽파(僻派)'란 '정조라는 시류보다 당론을 우선시하여 궁 벽한 처지에 놓여있는 세력'이라는 뜻이다.

다산 정약용은 경기도 남양주에 살던 남인으로 시파 계열에 해당한다. 정약용 자체가 워낙 뛰어난 인물이었고, 또 시파였 으니 정조는 그를 절대적으로 신임했다.

성리학자 정조

정조는 천주교 신자가 아니었다. 하지 만 천주교를 이용하여 서구 문물을 수용하고자 했고, 또 시 파 중의 남인 일부가 천주교 신자였기에 대체적으로 관대한 입장을 취했다. 하지만 정조는 어디까지나 진정한 성리학자 였다. 정조는 성리학적 세계가 제대로 이루어지면 천주교 신 자들이 자발적으로 성리학으로 넘어올 것으로 생각하여 일종의 '햇볕 정책'을 폈다. 그래서 정조 때는 천주교 박해가 심하게 일어나지 않았다.

1791년(조선 정조 15년) 정약용의 친척 윤지충이 어머니 제사를 지내는데 신주를 불태우는 사건이 일어났다. 정조는 윤지충과 관련자만을 처형했고, 이를 천주교 탄압으로 확산시키지도 않았다.

하지만 정조의 반대파인 벽파는 정조와 시파를 견제하기 위해 천주교에 대하여 비판적이었다. 정조가 천주교에 관대한 점을 이유로 벽파가 공격하자 이에 대한 정조의 반격이 문체반정이다. 박지원이 《열하일기》를 이 당시 중국에서 새롭게 유행하고 있던 자유분방한 문체(패관소품체)로 쓰자 정조가 복고적 문체를 표방하며 노론 벽파를 공격한 것이다. 이처럼 성소는 서구 문물에 우호적이었으나 아울러서 복고적인 성리학자였다.

▲ 이와 기

성리학의 이기론에 따르면 달은 보편적인 '이'이고 달이 비치는 냇물은 특수한 '기'이다. 정조는 자신의 호를 '만천명월주인옹(萬川明月主人翁)'이라 정했다. 그 뜻은 냇물이 만 개여도 강물에 비치는 달은 하나라는 의미이다. 성리학자 정조는 임금인 자신을 '이'에 해당하는 달 그리고 백성을 '기'에 해당하는 냇물로써 비유했다. 즉 본인이 만백성의 수인임을 이기론에 따라 비유할 성도로 정조는 성리학자였다.

정조의 노론 공격은 또 한번 있었다. 이 당시 국가로부터 허가를 받고 활동하는 관허 상인의 일종인 시전 상인들은 그렇지 못한 자유 상인의 난전을 금지할 수 있는 권한이 있었다.

시전 상인들이 노론 벽파에게 비자금을 대주자 정조는 시전 상인들의 금난전권을 철폐하여 시전 상인과 노론 벽파에게 큰 타격을 입혔다.

문체반정

금난전권 철폐

정조 표준 어진

《선원보략》에 실린 정조 어진

▲ 정조

시파, 정약용

▲ 순조와 정순왕후

1800년 정조가 갑자기 죽어 어린 순조가 왕이 되자 영조의 계비 정순왕후가 수렴청정을 하게 된다. 정순왕후는 벽파였다. 이때 벽파는 시파를 제거하기 위해 1801년 신유박해를 일으킨다. 시파 안에 천주교를 믿는 남인이 있었기에 천주교를 빌미로 시파를 공격한 것이다. 정약용의 형 정약종은 천주교 신자였다. 하지만 정약용은 천주교를 서학으로서 받아들였을 뿐 천주교 신자는 아니었다. 따라서 신유박해 때 정약종은 참수되고 정약용은 강진에 유배되어 이때부터 조선 실학을 집대성하게 되었다.

정약용은 경기도에 근거지를 둔 남인 계열로서 중농학파이지만, 중상학파의 이론까지 포용하여 실학을 집대성한 인물로 평가된다. 강진에 유배된 정약용은 지방 행정 개혁을 위해《목민심서》를 저술했다.

후일 베트남 독립의 아버지인 호치민은 이《목민심서》를 읽고 큰 감명을 받아 평생 통치의 표본으로 삼아 머리맡에 놓고 수시로 가까이 했다고 한다.

정약용은 또 중앙 행정 개혁을 위해《경세유표》를, 토지분배를 위해 정전제를 주장했다. 무엇보다 정약용의 혁명적인 사상은《탕론》과《원목》에 있다. 다산은 이 책을 통해 '민본적 왕도 정치'를 주장한다. 맹자가 말한 '왕도 정치'는 왕은 하늘이 내리되 왕이 도덕으로 통치하는 왕도 정치를 행하지 않으면 백성들이 왕을 제거하고 다른 사람을 왕으로 바꿀 수 있다는 역성혁명을 내포한다. 하지만 다산은 한 단계 더 나아간다. 다산은 왕을 하늘이 내리는 것이 아니라 백성들이 추대하는 것이라고 보았다. 바로 서양의 사회 계약설과 유사하다. 하지만 다산의 사상은 세도 정치 시기 현실에 적용될 수 없었다.

화성

거중기

배다리

▲ 거중기, 화성, 배다리

정약용은 정조가 화성을 건축할 때 거중기를 만들어 화성 건축 기간을 단축시켰으며 정조의 화성 행차를 위해 배다리를 만들었다.

다산의 훌륭한 사상에도 불구하고 조선은 세도 정치의 부정부패로 1862년 임술민란이 일어났다.

▲ 백건당의 난

임술민란은 진주에서 시작되어 전국적으로 확산되었다. 진주민란은 농민들이 흰 수건을 머리에 둘렀기에 백건당의 난이라고도 한다.

조선 실학의 분화 : 조선의 실학은 크게 토지 분배를 주장하는 중농학파, 청 왕조의 상업 발달을 배워 상업을 발달시키자는 중상학파(청이 조선 북쪽에 있기에 북학파라고도 함), 비석 연구를 중시하는 실사구시학파로 나누어진다.

▲ 중농학파

▲ 중상학파

▲ 실사구시학파

벽파 가문의 김정희

다산 정약용이 시파 계열이라면 추사 김정희의 집안은 벽파 계열이었다. 그러나 김정희는 벽파에 들지 않고 당파에 초연했다.

1800년 정조가 죽어 벽파인 영조의 계비 정순왕후가 잠시 집권했지만 1803년 순조의 장인인 안동 김씨 김조순이 권력을 잡았다. 김조순은 정조 때 정약용과 함께 정조의 신임을 받던 시파 계열이었다.

당연히 안동 김씨 시기에는 천주교 탄압이 심하게 발생하지 않았다. 오히려 안동 김씨 집권 시기에 천주교의 '조선 교구'가 만들어졌다.

안동 김씨의 시파 집권기에 집안이 벽파 계열이었기 때문에 추사 김정희는 제주도로 유배되어 '세한도'를 그렸다. 추사 김정희는 세한도를 통해 16세기 선비 정신을 강조했다. 이미 근대가 태동하고 있는 조선의 상황과는 약간 거리를 두고 있다.

▲ 세한도

▲ 진흥왕 순수비

이 시기 청 왕조는 문자의 옥으로 실사구시만을 강조하여 비석 연구를 중시하는 고증학으로 실학이 변질된 시기였다.

추사 김정희는 19세기 실사구시학파의 대표자이다. 그동안 북한산비는 이성계의 스승 무학대사가 쓴 것으로 알려져 왔지만, 김정희는 이것이 6세기 진흥왕 순수비임을 고증했다.

강건성세의 종말

'강건성세'라는 말이 있다. 청 왕조의 전성기인 강희제, 옹정제, 건륭제 시기를 일컫는 말이다.

건륭제는 90년을 살았으며 60년 동안 황제의 자리에 있었

▲ 화신

다. 너무 오랫동안 황제 자리에 있다보니 그의 말년부터 정치가 변질되기 시작했다. 청 왕조는 건륭제 말기부터 관리들의 부정부패가 심해져 멸망의 모습이 드러났다.

대표적으로 건륭제 시기 부정부패의 주역은 화신이였는데 그의 재산이 8억 냥이었다. 당시 청 왕조의 세금 수입이 7천만 냥이었는데 무려 열 배가 넘는 재산이었던 것이다.

서구의 제국주의는 인도를 넘어 중국까지 밀려오게 되었다. 그 여파가 바로 아편 전쟁이다. 영국은 청 왕조의 차를 수입하느라 무역

▲ 아편 전쟁

적자가 심해지자 이를 해소하고자 인도의 아편을 팔기 시작했다. 당연히 청 왕조의 금지령이 내려지자 아편 전쟁이 발발한 것이다. 두 차례의 아편 전쟁에서 청 왕조가 모두 패전했다.

▲ 태평천국 운동

그리고 조선에서 일어난 동학 농민 운동과 유사한 태평천국 운동이 일어났다. 태평천국 운동은 기독교를 표방하고 농민들에게 토지분배를 약속했다. 이는 유학자이자 지주인 신사층의 이해와 충돌하는 것이었다.

그리고 아편 전쟁에서 승리한 영국 입장에서는 이미 굴복시킨 청 왕조가 멸망하는 것을 구태여 원치 않았다. 이로 인해 태

| 동양 철학과 동양사(한국 철학과 한국사 포함)

평천국 운동은 신사층과 외국 군대에 의해 진압되었다.

▲ 아편 전쟁

▲ 태평천국 운동 전개

양무 운동

외국 군대와 함께 태평천국 운동을 진압했던 신사층은 그들의 신무기에 영향을 받아 양무 운동(1861~1894)을 시작한다. 양무 운동은 중체서용 정신에 입각한 운동이다. 중국의 사상(중체, 中體)은 그대로 유지하고 서양의 무기기술(서용, 西用)만을 수용하자는 것이다.

▲ 양무 운동

양무 운동으로 청 왕조의 군대는 상대적으로 서구화되었지만, 서양의 제도와 사상까지 수용하여 메이지 유신을 일으킨 일본의 상대가 되지 못했다. 1894년 청일 전쟁에서 청 왕조가 일본에게 패배했다. 인구 3억, 상비병력 70여 만을 자랑하는 청 왕조가 겨우 인구 4천만 명의 일본에게 패배한 것이다. 지금껏 서양 세력은 청 왕조를 '잠자는 사자'로 생각했는데 청일 전쟁의 패배로 '잠자는 돼지'라는 것이 알려지게 되었다. 이에 서양 세력은 이 돼지에게 달려들어 이권 침탈을 노렸다.

▲ 중국의 분할과 열강의 이권 쟁탈

변법자강 운동과 공양학

이런 상황 속에서 양무 운동의 중심 세력과 동일한 신사층인 캉유웨이가 변법자강 운동을 주장한다. 무너진 청 왕조를 되살리려면 서양의 기술만을

▲ 캉유웨이

수용하는 양무 운동에 그치는 것이 아니라, 일본의 메이지 유신을 본받아 서양의 입헌 군주제 등 제도까지 수용하자는 운동이었다. 즉 법을 고쳐 스스로 강해지자는 운동이 이른바 변법자강 운동(1898)이다.

캉유웨이는 변법자강 운동을 위해 공양학을 정립한다. 공양학이란 캉유웨이 자신이 수용하려는 입헌 군주제를 토대로 한 민주주의는 서구의 사상이 아니라 이미 공자의 대동 사상속에 있다고 주장하는 사상이다. 따라서 일본처럼 서구의 입헌 군주제를 수용한다고 해서 공자의 사상과 충돌되는 것이 아니라는 것이다. 캉유웨이 자신이 유교를 신봉하는 신사층이었으며 청 왕조는 아직도 신사층이 큰 세력으로 남아있었기 때문에 이런 공양학을 정립한 것이다.

이때 청 왕조의 젊은 황제인 11대 광서제는 캉유웨이를 등용하여 일본의 메이지 유신을 본받아 변법자강 운동을 단행했다. 과거 제도의 개혁, 상공업의 근대화, 철도의 개발 등을 조급하게 추진했고 또한 의회의 설립과 입헌 군주제를 지향하였다. 하지만 이 개혁운동은 보수파인 서태후의 반발을 얻게 되어 신정부는 백일정부에 그쳤다.

▲ 서태후

조선의 근대화 운동 : 조선의 경우도 1876년 강화도 조약 이후 청 왕조가 시작한 양무 운동의 영향을 받은 온건 개화파가 집권하여 중체서용과 같은 뜻인 동도서기의 정책을 펼쳤다. 이에 일본의 메이지 유신에 영향을 받은 김옥균 중심의 급진 개화파가 청의 양무 운동을 본받으려는 온건 개화파를 제거하고 개혁을 단행하기 위해 갑신정변을 시도하였다. 그러나 1884년 갑신정변은 청 왕조에게 진압되어 실패하였다. 물론 개화를 반대하는 유생들의 위정척사 운동도 같이 전개되었다. 대표적인 유생으로는 최익현이 있었다. 최익현은 도끼를 들고 강화도 조약을 반대하는 상소문을 썼다. 강화도 조약을 반대하는 자신의 상소를 들어주던지 아니면 이 도끼로 자신의 목을 쳐달라는 것이다.

▲ 온건 개화파와 급진 개화파　　　　　▲ 최익현의 도끼상소

의화단 운동과 광서신정

1899년 다시 위화단 운동이라는 농민봉기가 일어났다. 태평천국 운동은 멸만흥한(滅滿興漢)을 내세우며 만주족의 나라 청 왕조 타도를 외쳤다. 그러나 의화단은 청 왕조를 도와 서양 세력을 물리친다는 '부청멸양(扶淸滅洋)'을 내세우며 봉기했기에 서태후는 이들을 이용해 서구 세력을 몰아내려 했다. 하지만 이들은 서구 세력에 의해 진압당했다. 이때부터

▲ 의화단 운동

서태후는 공양학에 입각한 변법자강 운동을 시도한다. 이를 '광서신정'이라고 한다. 캉유웨이가 시도했던 입헌 군주제를 시도한 것이다. 중앙에는 중앙 의회인 자정원을 설치하고 지방의 각 성에는 지방 의회인 자의국을 설치한다는 내용이었다. 그러나 이 개혁의 진짜 목적은 어떻게든 무너져 가는 청 왕조를 되살려 자신들의 기득권을 유지하기 위함이었기에 실패할 수밖에 없었다.

신사층에게 버림받은 청 왕조

청 왕조의 신사층은 광서신정이 제대로 이루어지기를 기다렸다. 왜냐하면 그들은 부유한 지배 계층이었는데 쑨원(손문)이 주장하는 공화정은 너무나 과격하여 자신들의 기득권과 충돌한다고 판단했기 때문이다.

그런데 이 신사층이 청 왕조와 격돌하게 되는 사건이 발생하였다. 그것은 청 왕조의 철도 국유화령이었다. 청 왕조는 재정 문제로 민간 철도를 국유화하려했던 것인데 이 철도의 주주가 신사층이었다.

▲ 쑨원

이제 신사층마저 청 왕조에 등을 돌리니 1911년 10월 10일 우창 지역에서 신해혁명이 일어났다. 쑨원(손문)을 임시 대총통으로 선출하고 1912년 1월 1일 난징에 중화민국 임시 정부를 세웠다. 청 왕조 정부는 당황해 하며 위안스카이(원세개)를 불러 진압을 요청하였다. 위안스카이는 충분히 혁명군을 진압할 수 있었으나 쑨원과 타협하였다. 즉 위안스카이가 청 왕조를 타도하고 임시 대총통은 위안스카이의 몫이 된다는 내용이었다.

▲ 위안 스카이

위안스카이는 1912년 마지막 황제인 선통제에게 연금을 주어 자금성에 살게 해준다는 조건으로 퇴위시켰다. 이리하여 청 왕조는 건국한지 12대 297년으로 끝을 맺게 된다.

유교를 공격한 신문화 운동

1911년 신해 혁명으로 청 왕조가 멸망한 후 서구 문명에 눈을 뜬 지식인들 중심으로 중국 문제의 근본적인 해결을 위한 개혁인 신문화 운동을 일으켰다. 이들은 중국의 가장 중요한 근본 문제가 유교라고 보아, 유교를 비판하는 신문화 운동을 일으킨 것이다.

신문화 운동은 천두슈의 《청년잡지》 발간을 그 시작으로 학생, 청년층에게 널리 확산되어 1919년 반제국주의와 반봉건주의를 주장하는 5·4 운동으로 발전했다. 이때 문학가 루쉰은 《광인일기(狂人日記)》에서 유교를 신랄하게 공격하여 공자는 '공씨네 둘째 녀석(孔老二)'으로 몰락했다. 5·4 운동 이후 중국은 제2의 춘추

▲ 루쉰

전국 시대를 맞이한다. 쑨원·장제스의 국민당, 마오쩌둥의 공산당, 그리고 수많은 군벌(위안스카이가 죽은 후 그의 군대가 수많은 군벌로 나뉨)들 간의 통일 전쟁이 시작되었다. 이때 가장 힘이 강했던 세력이 국민당이었으며 가장 힘이 약했던 세력이 공산당이었다. 하지만 가장 힘이 약했던 마오쩌둥의 공산당이 중국을 통일하게 되었다.

▲ 장제스

중국의 유교는 신문화 운동으로 상당한 타격을 받았는데 이제 마오쩌둥이 일으킨 문화 대혁명으로 또 한 번의 상당한 타격을 받는다.

유교의 숨통을 끊은 문화 대혁명

1949년 마오쩌둥은 중화 인민 공화국을 건국하고 1958년부터 1962년 초까지 대약진 운동을 실시했다. 마오쩌둥이 실시한 대약진 운동이란 근대적인 공산주의 사회를 만드는 것을 목적으로 실시했던 농공업의 대증산 정책이다. 운동의 중심 조직인 인민공사가 농민들의 재산을 공유하였다. 이 정책은 농촌의 현실을 무시하며 무리한 집단 농장화나 농촌에서의 철강 생산 등을 진행시켰고 급기야 3년 동안의 기근이 일어나 3,000만 명에 이르는 사상 최악의 아사자를 내고

▲ 마오쩌둥

▲ 대약진 운동

큰 실패로 끝이 났다.

대약진 운동이 실패하자 덩샤오핑(등소평)등 실용주의자들의 힘이 강해졌다. 그리하여 대약진 운동 이후 폐지되었던 개인 경영이 부활하였으며 노동 의욕을 자극케 하는 임금제가 부활하였다. 이는 사회주의 혁명의 방향에 역행하는 정책들이었다.

마오쩌둥은 자신이 한 평생 추구하고 달성했던 사회주의 혁명이 변질되는 것이 두려웠다. 그는 덩샤오핑 등 실용주의자들을 제거하기 위해 문화 대혁명(1966~1976)을 일으켰다. 2천만 명이 넘는 10대의 소년과 소녀들을 홍위병으로 만들어 실용주의자들은 물론 조금이라도 사회주의를 변질케 하려는 자들을 공격하게 하였다.

이때 유교도 실용주의자들과 함께 큰 피해를 보게 된다. 중국 전 지역에서 공자를 모시는 사당이 파괴되고 유교는 '반동의 근원'으로 공격받았다. 이 문화 대혁명 시기 희생자 숫자는 실종자까지 합쳐 7000만 명에 달했다고 한다. 물론 비공식 집계이지만 이는 제2차 세계대전 때 총 사망자 숫자보다 더 많은 수치이다. 이 운동이 절정에 달했을 때 모든 공장이 멈추고, 통신이 두절되기도 하였다. 문화 대혁명으로 나라가 한때 무정부 상태까지 되었으나 결국 마오쩌둥은 덩샤오핑을 제거하고 권력을 장악했다.

▲ 문화 대혁명 포스터

▲ 훼손되는 공자의 상

유교의 부활

마오쩌둥의 죽음으로 문화 대혁명이 끝나고 이후 정권을 잡은 덩샤오핑은 적극적 실용주의 정책을 폈다. 그는 집권 직후 정통 공산주의 이론을 포기하고 중국 경제에 자유 기업의 요소를 혼합시키고자 했다. "검은 고양이

▲ 덩샤오핑

든 흰 고양이든 쥐만 잘 잡으면 된다"는 흑묘백묘론(黑猫白猫論)을 주장하며 실용주의를 표방했다. 그의 집권 이후 중국은 경제적으로 현재 전 세계 2위의 국가가 되었다.

하지만 중국은 자본주의 체제를 수용한 경제 측면과 달리 정치에서 여전히 공산당이 모든 권력을 일당 지배하는 시스템이다. 이는 자본주의와 사회주의 어느 이론과도 잘 맞지 않는 시스템이다. 이에 중국은 독자적인 사상을 필요로 하게 된다. 그 독자적 사상이 바로 공자이다. 중국은 공자를 강조하기 위해 '공자'라는 영화를 야심차게 제작했지만 3D영화 '아바타'에

눌려 흥행에 실패했다. 아바타의 흥행으로 영화 '공자'가 관람객들의 외면을 받자 중국 정부는 아바타를 강제 종영시켰지만 영화 '공자'의 흥행은 결국 실패했다. 하지만 공자를 통해 중국만의 자본주의와 사회주의 체제를 이룩하려는 중국 정부의 노력은 지속적이다.

2004년 출범한 공자학원은 전 세계에 엄청나게 빠른 속도로 확산되고 있다. 그러나 공자는 중국만의 사상이 아니라 동아시아 전체의 사상적 기반임을 중국 정부는 알아야 할 것이다.

▲ 영화 '공자' 포스터

▲ 영화 '아바타'(2009년 개봉)의 한 장면

'아바타'란 분신을 뜻하는 산스크리트어 '아바타라(avataara)'에서 유래했다.

우리나라의 초코파이의 상자에는 정(情)이 쓰여 있다. 하지만 중국의 초코파이 상자는 공자의 인(仁)이 쓰여 있다. 이는 중국인 영혼의 중심 속에는 아직도 공자의 '인' 사상이 강하게 남아있기 때문이다. 이 광고로 한국의 초코파이는 중국에서 많은 판매에 성공했다.

Ⅱ 서양 철학과 서양사

1. 세상의 중심에 인간을 놓다
그리스 철학 / 오리엔트 문명과 그리스 역사

제우스가 에우로페를 납치한 까닭은?

그리스 문명은 메소포타미아 문명의 영향을 받았다. 그리스 신들을 보면 모두 인간적인 모습을 하고 있다. 그리고 인간처럼 사랑과 질투를 한다. 그리스인들은 자신들의 신이 인간적인 모습을 취한 것을 자랑으로 여겼다. 아시아의 미개한 민족들이 태양과 불을 숭상할 때 자신들은 인간적인 신들을 섬겼다고 과시했다.

실제로 페르시아인들은 불을 숭상했으며 이집트인들은 태양을 숭배했다. 그러나 이러한 그리스 신들의 원형은 메소포타미아의 신에게서 유래했을 가능성이 크다.

메소포타미아신의 특성을 살펴보기 위해 우선 이집트와의 그 차이점을 알아보자. 지도를 보면 이집트는 폐쇄적 지형 탓에 외세의 침입이 적었다. 그리고 나일강이 주기적이고 안정적으로 범람했기 때문에 강한 왕

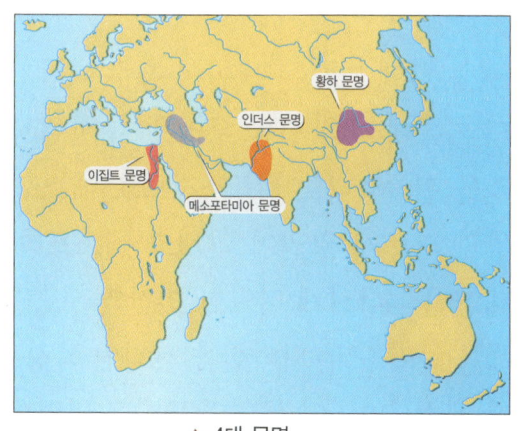

▲ 4대 문명

1. 세상의 중심에 인간을 놓다
그리스 철학 / 오리엔트 문명과 그리스 역사

권이 등장했다. 강력한 전제 군주인 이집트의 왕은 피라미드를 세웠으며 태양신의 아들임을 자처했다. 하지만 메소포타미아는 외세의 침입이 잦을 수밖에 없는 개방적 지형이다. 그리고 유프라테스강과 티그리스강은 나일강과 다르게 불규칙적으로 홍수를 일으켰다. 따라서 절대적인 왕이 나올 수가 없었다. 따라서 메소포타미아는 피라미드 같은 왕의 무덤이 아니라 단지 신에게 제사 지내는 지구라트만을 만들었을 뿐이다.

▲ 지구라트

▲ 바벨탑

《성경》에는 이 지구라트가 바벨탑이란 이름으로 나온다. 히브리어(이스라엘어)인 '바벨'은 아카드어인 '바빌림'이 잘못 전해진 것이다. '바빌림'은 신의 문이란 뜻인데, 이를 히브리어로는 바벨, 즉 '혼돈, 혼잡'으로 잘못 전해진 것이다. 그리스어로 '바빌림'을 '바뷸론'이라고 한다. 또한 이 지역을 그리스어로 바뷸로니아, 영어로는 바빌로니아라고 부른다.

《성경》에 나오는 노아의 홍수 이야기는 이미 메소포타미아인의 기록에 나올 만큼 두려운 자연 현상이었으며 사람들의 모든 것을 휩쓸었다. 이런 조건으로 메소포타미아의 왕은 이집트의 왕과 다르게 왕권이 약했고 메소포타미아의 신들도 이집트의 태양신과 다르게 나약한 인간의 모습을 갖춘 신들이었다. 그리스 신들이 모두 나약한 인간적인 특징을 지니고 있는 것은 이러한 메소포타미아 문명의 영향을 받았을 가능성이 크다.

그리스의 신인 제우스는 인간처럼 바람기가 많은 신이었다. 제우스는 어느 날 페니키아 왕의 딸 에우로페를 사랑하게 되어 흰 수소로 변신해 기회를 엿보고 있었다. 그리고 에우로페가 수소의 등에 타자 납치하였다. 그녀는 나중에 크레타 왕이 되는 미노스를 낳았다.

▲ 에우로페를 납치하는 제우스

이때 에우로페가 수소의 등을 타고 돌아다닌 지역인 에레브에서 유럽이란 말이 나왔다. 아시리아어 '에레브(그리스어로 에우로페)'는 '해가 지는 땅'을 의미하고 아시리아어 '아수'는 '해가 뜨는 땅'을 의미한다. '에레브(에우로페)'에서 현재 유럽이라는 말이 나왔고 '아수'에서 현재 아시아라는 말이 나왔다.

메소포타미아신들은 홍수가 일어나면 두려워 떨며 개처럼 웅크리고 있었다고 기록되어 있다. 그러나 홍수가 빠진 뒤에 제물인 동물이 바쳐지자 신들은 그 냄새를 맡고 파리처럼 모여들었다고 한다. 이렇게 메소포타미아인들은 신도 인간과 동일한 감정과 욕망을 가지고 있다고 생각했는데 마찬가지로 인간적인 특징을 가진 그리스의 신들인 제우스, 아테나 등에게 그 영향을 주었을 가능성이 크다. 신이면서 인간적인 모습을 취하고 있는 기독교의 예수도 메소포타미아의 신에 대한 관념과 유사하다고 볼 수 있다.

왕권이 강한 이집트의 왕이 자신을 태양의 아들로 표현한 데 비해 왕권이 약한 메소포타미아의 왕은 자신을 백성의 목자로 표현했다. 즉 메소포타미아의 왕은 단지 양을 이끄는 목동에 불과한 것이다. 이 표현은 성경에도 나온다. "유대 땅, 베들레헴아. 네게서 한 다스리는 자가 나와서, 내 백성 이스라엘의 목자가 되리라(마태복음 제2장 6절)"

중장 보병 제도로 민주주의가 발달하다

오리엔트 문명은 크레타 문명을 거쳐 미케네 문명에 전파되었다. 미케네 문명은 '트로이의 목마'를 이용해 트로이 문명을 정복했다. 이후 철기를 가진 도리아인이 남하하여 미케네 문명을 정복했다. 정복자 도리아인이 세운 나라가 스파르타이며 원주민이 세운 나라가 아테네이다.

그리스의 도시 국가들은 수많은 산과 계곡으로 이루어져 하나의 통일 제국으로 발전하지

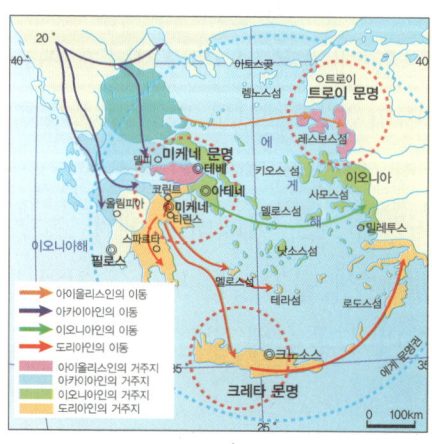

▲ 영화 '트로이'의 목마가 나오는 장면

▲ 그리스

못하고 도시 국가 각각이 독자적으로 발전하게 된다.

아테네의 역사는 왕이 통치하는 왕정에서 시작된다. 하지만 이 왕은 아시아의 강력한 왕이 아니라 여러 귀족들의 반장 정도에 불과했다. 따라서 이 왕정은 자연스럽게 귀족들이 통치하는 귀족정으로 변화했다. 이러한 귀족들은 바로 군대의 기병으로서 전쟁의 중요한 역할을 담당하고 있었다. 미케네 문명 시기에는 전차가 전쟁에서 중요한 역할을 했지만 이 시대에는 전차 대신에 기병이 중요한 역할을 했다. 기병이 되려면 말을 구입해야 하는데 말은 중앙아시아가 원산지이며 그리스의 평지는 풀이 무성한 목

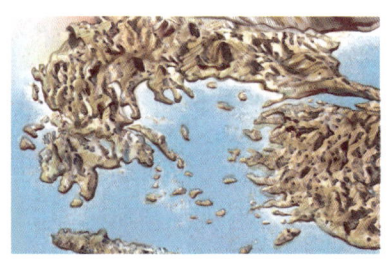

▲ 수많은 산과 계곡으로 이루어진 그리스

장이 없기에 말을 키우기 힘든 자연 조건이었다. 따라서 부유한 귀족만이 말을 소유할 수 있었던 것으로 귀족정이 전개된 이유가 된 것이다.

하지만 기원전 7세기부터 그리스에서 중장 보병 제도가 발달하기 시작하면서 아테네는 귀족정에서 민주정으로 변화하기 시작했다.

중장 보병 제도는 이 당시 그리스에서 나타난 새로운 전술이다. 그리스에서 상공업이 발달하자 평민들이 방패와 창을 쉽게 구입할 수 있게 되었다. 이 중장 보병 제도는 방패를 방어 무기로 삼고 장창을 공격 무기로 삼으며 대오가 밀집한 상태

에서 질서정연하게 행동하여 집단의 압력으로 적을 격파하는 전술이다. 제1 진의 누가 쓰러지면 제2 진에 있던 병사가 빈 곳을 메우고 계속해서 적을 밀고 나가는 집단적인 박력 있는 전술이었다. 그리고 종래의 기병과 달리 방패와 창을 살 수 있으면 누구나 참여할 수 있었다.

동양처럼 전사가 되기 위해 산속에 들어가서 무술 훈련을 하는 것이 아니었다. 개인의 무술이 승리를 결정하는 것이 아니라 개개인이 자기 위치를 지키는 것이 중요한 전술이다. 흥분해서 무모하게 대오를 이탈하여 앞서 나가지 않고, 적이 무서워 비겁하게 뒤로 물러서지만 않으면 승리하게 되는 것이다. 따라서 그리스에서는 '중용'이 중시되었다.

- 창 – 길이는 약 2.4m정도
- 방패 – 나무에 청동을 합금
- 투구, 흉갑, 정강이 받이의 무게는 약 27Kg정도
- 열십자의 가운데 부분은 방어에 취약한 약점

▲ 중장 보병

물론 중장 보병 제도도 단점은 있었다. 중장 보병은 왼쪽에 방패를 오른쪽에는 창을 들었기에 오른쪽이 약점이었다. 따라서 다른 오른쪽 병사의 왼쪽 방패가 이 약점을 가려주었다. 이에 보병들은 자신의 오른쪽을 옆 병사의 방패로 보호받기 위해 이동하다 보니 전체 열이 옆의 그림처럼 오른쪽으로 이동

했고, 상대편도 마찬가지였다. 결국 서로 오른쪽으로 이동하다가 상대의 좌익을 포위해서 공격하는 형태로 전투가 전개되었다.

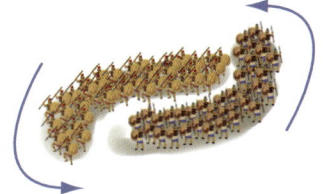
▲ 중장 보병의 진법

▲ 영화 '300'(2007 개봉)의 한 장면

미국 영화 '300'을 보면 그리스 병사들이 빨간 팬티만을 입은 것으로 나오는데 이는 사실과 다르다. 관객들이 그리스 병사를 보면서 미국의 슈퍼맨이 연상되게 하려고 의도적으로 슈퍼맨의 팬티를 입힌 것이다.

   이러한 중장 보병 제도 대오의 약점은 또 하나 있었다. 그것은 방패와 방패 사이의 공간이었다. 적들이 이 약점을 이용해 방패와 방패 사이를 주로 공격하니 성기가 다치는 부상자들이 늘기 시작했다. 내가 사랑하는 애인이 여자라면 그 누구도 자신의 성기를 포기하면서 싸울 수는 없을 것이다. 하지만 내가 사랑하는 사람이 바로 옆의 남자라면 기꺼이 성기를 포기할 수 있다. 이에 그리스는 자연스럽게 동성애가 발달하게 된다.
  방패와 창을 살 수 있는, 그리고 중용의 덕을 갖춘 평민이라면 이러한 중장 보병에 가담할 수 있었다. 이 당시 천하무적인 중장 보병의 밀집 대형 전술에 말에 올라탄 귀족으로 이루어진 기병대는 손을 들 수밖에 없었다. 이제 귀족의 독점적 정치

권력은 약화되기 시작했다. 이것이 그리스가 귀족정에서 민주정으로 발전하게 되는 계기가 된 것이다.

이후 아테네는 방패와 창을 살 수 없는 남자들까지도 참전시켜 시민의 영역을 확대해 나갔다. 바로 해군의 편성이다. 페르시아의 침공을 아테네는 이러한 해군으로 살라미스 해전에서 물리치게 된다. 해군은 갑판 위에서 싸우는 보병도 필요하지만 배안에서 노를 젓는 노잡이가 필요

▲ 아테네의 해군

했다. 방패와 창을 살 수 없는 가난한 평민이 이런 노잡이로 참전하여 시민권을 얻으니 아테네의 민주주의는 더욱 확산되게 되었다.

▲ 페리클레스

아테네는 페르시아 전쟁 당시 델로스 동맹을 만들었다. 아테네를 중심으로 주변의 폴리스들을 하나의 조직으로 만들고 돈을 내게 하여 강력한 해군을 양성했던 것이다. 아테네의 페리클레스는 이 델로스 동맹의 돈으로 아테네의 민주 정치를 더 강력하게 만들었다. 페리클레스는 우선 관직을 추첨으로 뽑았다. 그런데 노예가 없는 가난한 평민은 추첨으로 관직에 뽑힌다 하더라도 농사를 지어야 했기에 관직을 맡을 수 없었다. 이에 페리클레스는 델로스 동맹에서 나오는 돈으로 이들에게 수당을 지급했다. 페리클레스의 수당 제도로 그리스는

가난한 평민까지도 적극적으로 참여할 수 있는 민주 정치를 완성했다.

민주주의로 소피스트가 등장하다

하지만 문제는 추첨으로 관직을 뽑는다는 것이다. 이러한 제도하에서는 지식이 모자란 자도 운이 좋으면 관직을 맡을 수가 있게 된다.

아테네에는 도편 추방제라는 것이 있다. 독재자가 될 가능성이 있는 자의 이름을 써서 6천 개 이상의 도자기 파편이 모이면 결국 이 위험 인물을 10년간 국외로 추방하는 제도이다. 아리스티데스라는 정치가가 이러한 도편 추방제에 걸렸다. 문자를 모르는 한 시민이 아리스티데스 본인에게 1개의 도편을 건네며 아리스티데스라는 이름을 대신 적어

▲ 도편 추방제의 도자기 파편

도편 추방제는 정치적으로 악용되어 펠레폰네소스 전쟁 중인 기원전 416년 혹은 417년에 사라진 것으로 추정된다.

주길 부탁했다. 물론 그 시민은 상대가 아리스티데스 본인인 줄 모르고 이와 같은 부탁을 한 것이다. 아리스티데스가 이에 이유를 물으니 그 시민은 '이 자가 이상하다는 이야기를 다른 사람에게 들었습니다.' 라는 말뿐이었다. 결국 아리스티데스는 이 부탁을 들어주었고 도편이 6천 개 이상이 모여 추방되었다.

살라미스 해전의 영웅 테미스토클레스도 페르시아 왕과 내

통한다는 소문이 돌아 결국 도편 추방제로 추방되었다. 추방당한 테미스토클레스는 적국 페르시아로 망명하여 3년간 후한 대접을 받다가 사망했다.

이처럼 아테네는 페리클레스 사후 다수의 어리석은 민중이 정치를 이끄는 '중우 정치'의 시대를 맞게 된다. 민주주의의 필수적인 전제조건은 바로 교육을 받은 시민의 존재 유무이다. 19세기 영국에서 선거권을 확대할 때 동시에 영국은 국가에 의한 시민들의 교육을 확대시켜 나갔다. 아테네의 민주 정치는 이런 시민들의 교육이라는 전제 조건 없이 선거권을 확대했기 때문에 결국 중우 정치로 변질되게 된 것이다.

그리고 이러한 중우 정치에 편승하여 등장한 것이 소피스트였다. 교육을 받지 않은 유권자를 상대로 선거에 출마하는 정치가는 진리보다는 화려한 말기술을 필요로 했

▲ 소피스트

다. 이에 출마하는 정치가들에게 화술을 가르치는 것이, 그리고 재판에서 어떻게든 이길 수 있게 도와주는 것이 소피스트의 역할이었다.

한 마디로 소피스트는 정치가의 화술을 가르쳐 주는 웅변 학원의 강사들이다. 예를 들어 한 동네는 세금을 늘려 복지를 원하고 다른 동네는 세금을 줄여 경제 성장을 원한다고 가정하자, 그럼 선거에 나온 정치가는 전자의 동네에 가서는 화려한 언변으로 증세와 복지 강화를 주장하는 연설을 한다. 반면 후

자의 동네에서는 감세와 경제 성장을 추진하겠다고 장담한다. 이들 정치인에게는 절대적이고 객관적인 논리가 아니라 교육을 받지 못한 시민들을 현혹시키는 화법의 기술이 필요했다. 결국 소피스트의 철학이란 상대적이고 주관적인 철학이 될 수밖에 없었다.

소피스트의 철학자 중 대표적인 자는 프로타고라스이다. 소피스트 중에 최초로 돈을 받고 화술을 가르친 프로타고라스는 "인간은 만물의 척도이다."라는 말을 하며 인간의 경험을 강조했다. 예를 들어 내게는 짜장면이 가장 맛있는 음식이라도 다른 이는 짬뽕이 가장 맛있는 음식이 될 수 있다. 이와 같이 모든 진리를 결정하는 기준은 바로 나 자신 바로 인간이라는 것이다. 모든 진리는 상대적이고 주관적인 것이다.

▲ 프로타고라스

트라시마코스는 '정의란 강자의 이익'이라고 말했다. 아테네의 재판을 담당하는 재판관들은 교육을 받지 못한 시민들로 구성되었다. 재판의 당사자들은 어떻게든 화려한 언변으로 승소하기만을 추구했다. 재판에서 이기게 되면 그때 그 결정이 정의가 되는 것이다.

고르기아스는 '진리란 존재하지 않는다.'고 말했다. 어제의 재판에서 이기고 얻은 진리가 다음날 재판에서 지면 진리가 아닌 것이 된다. 결국 진리란 존재하지 않는 것이다. 이들 소피스트들의 말은 당시 아테네의 민주 정치의 세태를 확연하게 보여주고 있다.

프로타고라스의 제자 중에 에우틀루스라는 인물이 있었다. 이 인물은 프로타고라스에게 웅변술을 배우고 싶었지만 돈이 없었다. 그래서 "제가 지금은 돈이 없습니다. 일단 수업료의 반을 내고 첫 재판의 변론에서 이기면 나머지 반을 내겠습니다."라고 제안했다. 프로타고라스는 어쩔 수 없이 에우틀루스를 제자로 받았고 열심히 가르쳤다. 하지만 에우틀루스는 어떤 재판도 치르지 않고 놀기만 했다. 이에 프로타고라스는 수업료를 받기 위해 에우틀루스를 고소했다. 그는 에우틀루스에게 "만약에 네가 이 재판에서 진다면 나머지 수업료를 내게 주어야 할 것이고, 만약에 네가 이긴다고 해도 그것은 내가 너를 제대로 가르쳤다는 것을 증명하는 것이기 때문에 나머지 수업료를 지불해야 한다."라고 했다. 그러나 에우틀루스는 오히려 스승에게 "선생님 제가 재판에서 진다면 아직 충분히 배운 것이 아니기 때문에 나머지 수업료를 낼 수 없으며, 재판에서 이긴다면 굳이 수업료를 낼 필요가 없는 것이지요."라고 대답했다.

소피스트를 공격하는 소크라테스

아테나는 그리스어로 지혜의 여신이다. 아테나를 로마어인 라틴어로는 '미네르바'라고 한다. 부엉이는 미네르바를 상징하는 새인데, 낮에는 맥을 추지 못하다가 황혼이 깃들면 점차 명민

▲ 미네르바의 올빼미

해진다. 독일의 철학자 헤겔은 "미네르바의 부엉이는 황혼이 깃들 무렵에야 비로소 날기 시작한다."라는 유명한 말을 남겼다. 이 말은 여러 의미를 갖고 있는데 그 중 하나는 철학은 전성기가 아니라 쇠퇴기에 발전한다는 뜻이다. 소크라테스(기원전 470?~기원전 399)는 그리스가 페르시아 전쟁으로 전성기에 접어들 때가 아닌 펠로폰네소스 전쟁으로 쇠락하는 시기에 등장했다.

페르시아가 그리스를 쳐들어왔을 때 이를 막기 위해 아테네와 스파르타가 연합했다. 하지만 페르시아 전쟁이 끝나고 나자 이 두 국가는 그리스의 패권을 놓고 펠로폰네소스 전쟁을 벌인다. 아테네는 이 전쟁에서 패배하여 쇠퇴기로 접어들었다. 펠로폰네소스 전쟁 당시 아테네의 해군은 스파르타를 격파했지만 갑자기 일어난 폭풍 때문에 많은 함선과 병사를 잃었다. 그러자 이성을 잃은 아테네 시민들은 지휘관들을 모두 사형에 처하는 판결을 내렸다. 이때 사형을 반대한 자는 소크라테스 단 한 명 뿐이었다. 이미 중우 정치로 완전히 변질된 아테네 민주 정치의 결과였다. 그리고 그러한 변질에는 소피스트들의 영향이 지대했다.

이런 상황 속에서 분연히 들고 일어난 자가 소크라테스였다.

소크라테스는 아테네의 중우 정치와 소피스트의 상대적이며 주관적인 철학 때문에 조국이 위태로워졌다고 보았다. 소크라테스는 아테네의 선거 제도와 소피스트의 개인주의적이며 상대적, 주관적인 철학을 아울러 비판했다. 소크라테스는 소피스트의 개인주의 철학에 대항하여 어떻게든 아테네라는 공동체를 지키고 싶었다. 그래서 공동체 구성원 모두에게 보편적으로 적용될 수 있고, 구성원 모두가 절대적으로 따를 수 있는 윤리를 정립하고자 소망했다.

소크라테스는 아마 마음속으로 '돼지가 만물의 척도이다'라고 하며 소피스트를 증오했을 것이다. 프로타고라스가 말한 '인간이 만물의 척도이다.'라는 말은 인간의 경험으로 진리를 상대적이고 주관적으로 결정하는 것이다. 하지만 돼지도 짜장면과 짬뽕을 먹고 어느 것이 맛있는지 결정할 수 있다.

▲ 소크라테스와 프로타고라스

소크라테스와 소피스트는 공통적으로 인간을 중시하였다. 그러나 소크라테스는 인간의 이성을 중시한 반면 소피스트는 인간의 경험을 중시했다.

돼지와 인간의 다른 점은 이성이다. 소크라테스는 아테네 시민들이 이성을 갖고 절대적이고 객관적인 진리를 추구할 것을 강조했다.

소크라테스는 현재의 아테네가 절대적이고 객관적인 이성을 알지 못해 타락하고 있다고 생각했다. 소크라테스는 '너 자신을 알라'라고 했는데 이는 아테네 시민들이 스스로 절대적이고 객관적인 이성에 대해 얼마나 무지한가를 자각시키려고 한 말이다.

소크라테스는 절대적이고 객관적인 이성을 깨닫고 이를 행동으로 옮길 것, 즉 지행합일을 주장했다. 알면서도 악을 행한다는 것은 있을 수 없다. 무엇이 옳고 그른지를 제대로 모르기 때문에 악한 행동을 한다고 그는 생각했다. 즉 아테네 시민은 이성 중심의 절대적이고 객관적인 지식이 얼마나 중요한지를 모르기 때문에 소피스트의 상대적이고 주관적인 철학에 빠져 있다고 본 것이다.

소크라테스는 자신의 주장을 주로 산파술을 이용해 전달했다. 산파란 아기를 낳아주는 존재가 아니라 스스로 아기를 낳을 수 있도록 도와주는 존재이다. 결국 산파술이란 상대방이 대화를 통해 스스로 무지를 자각하고 참된 지식에 도달할 수 있도록 하는 방법이었다. 참고로 소크라테스의 어머니의 직업이 산파였다.

▲ 산파술

소크라테스를 죽게 한 알키비아데스

알키비아데스(기원전 450~404?)는 페리클레스의 조카이며 소크라테스의 제자였다. 그는 아버지가 일찍 죽어 페리클레스 밑에서 지냈다. 상속받은 재산도 많았으며 페리클레스의 영향으로 웅변술도 뛰어났다. 철학자 소크라테스는 페리클레스와 마찬가지로 제자인 이 알키비아데스를 좋아했다.

알키비아데스는 페리클레스와 다른 점이 있었다. 바로 극단적인 자기 중심주의자였다는 점이다. 페리클레스는 조국 아테네를 위해 지도자가 되었지만 알키비아데스는 자신의 출세를 위해 지도자가 되길 원했다. 알키비아데스는 화려한 웅변술로 민중을 선동하여 정적들을 도편추방제로 제거했다. 페리클레스처럼 가난한 평민층의 지지를

▲ 〈쾌락의 팔안에서 알키비아데스를 끌어내는 소크라테스〉
18세기 경 르뇨의 작품이다

받아 권력을 잡기 위해 겉으로는 민주주의를 표방했지만 알키비아데스의 속내는 1인 지배의 중심인물이 되고 싶었다.

 알키비아데스가 반대파와의 권력 다툼에 밀려 궁지에 몰리자 그는 조국을 버렸다. 적국 스파르타로 망명한 알키비아데스는 조국 아테네를 정복하는데 도움을 주는 조언까지 하기에 이른다. 이후 스파르타 아기스 왕의 왕비를 유혹해 임신을 시켜 쫓겨난 알키비아데스는 다시 페르시아로 망명한다. 그리고 페르시아 왕에게 세력 균형을 위해 스파르타에 대한 원조를 중단하라고 조언했다. 이후 알키비아데스는 기원전 407년 아테네 장군을 도와 스파르타군을 격파하여 다시 아테네로 돌아올 수 있었다. 귀국하는 그를 보고자 온 아테네 시민들이 항구에 몰려들었고 알키비아데스는 장군직을 부여받았다. 그 후 알키비아데스는 스파르타군에게 패배했으며 패전의 책임을 피하기 위해 페르시아로 망명하려 했지만 누군지 모르는 암살자에게 살해되었다.

소크라테스의 죽음

27년간의 펠로폰네소스 전쟁(기원전 431~기원전 404)은 결국 스파르타의 최종적인 승리로 끝을 맺었다. 승전국 스파르타는 정복한 아테네의 완전 파괴를 주장하는 주변 도시 국가들의 제안을 받아들이지 않고 복종만을 약속받고 철군했다.

▲ 소크라테스

아테네는 잠시 30인의 참주(독재자) 정치가 실시되었는데 중심 인물은 알키비아데스처럼 소크라테스의 제자였던 크리티아스였다. 크리티아스는 민주 정치를 지향하는 자들을 학살했지만 아테네는 다시 곧 민주 정치로 되돌아갔다.

민주 정치를 되찾은 아테네 시민들은 이러한 민주주의를 다시 잃을까 걱정되었다. 이런 시민들에게 고민거리는 바로 소크라테스였다. 소크라테스는 많은 청년들에게 인기가 있었으며 소피스트처럼 수업료를 받지도 않아 제자의 수가 많았다. 이런 소크라테스가 아테네 민주 정치의 핵심인 공직자를 추천으로 뽑는 제도를 비판했다. 소크라테스의 위협적인 비판에 민주 정치제도를 지지하는 자들은 기원전 399년 그를 고소했다. 죄명은 폴리스의 신을 믿지 않고 다른 새로운 신성을 도입해서 청년들을 타락시킨다는 명목이었다. 너무나 애매한 죄명이었다.

그러한 이유는 참주 정치가 끝나고 민주정이 부활했을 때 과거의 일에 대해서는 일체 묻지 않겠다고 선포를 했기 때문이었다. 소크라테스가 추첨 제도를 비판한 것과 알키비아데스, 크리티아스와 친했다는 것을 가지고 그를 재판할 수는 없었다.

소크라테스는 변호인의 도움 없이 스스로를 변호했다. 자신이 폴리스의 신들을 믿지 않는다는 것은 중상모략이며 청년들을 타락시키지도 않았다고 변호했다. 결국 280대 220으로 유죄가 선고됐다. 이때 소크라테스가 받은 선고는 사형이 아니라 벌금형이었다. 그러나 소크라테스는 판결을 비난하며 벌금형을 거부했다. 다시 재판이 속개되어 이때 비로소 사형이 선고되었다. 소크라테스의 야유에 재판관인 시민들이 화가 났기 때문이다.

▲ 소크라테스의 죽음

소크라테스가 독배를 마실 때 실제로 '악법도 법이다'라고 말한 적은 없다. 악법도 법이라는 논리는 자칫 권위주의적 법집행에 정당성을 부여하는 방식으로 악용될 수 있다.

그러나 이 당시 재판에서 사형을 선고받았다고 형이 집행되는 것은 아니었다. 아테네를 떠나면 사형이 집행되지 않았기에 사형선고는 사실 소크라테스를 국외로 추방하는 선고였다. 하지만 소크라테스는 외국으로 가지 않았다. 기원전 399년 소크라테스는 70세의 나이로 사형당했다.

그렇다면 왜 소크라테스는 조국 아테네를 떠나지 않았을까? 철학에는 국경이 없지만 철학자에게는 국적이 있다. 그는 평생 애국자로 살았다. 펠로폰네소스 전쟁 때에는 3번이나 출전했다. 소크라테스가 재판에 서게 된 것은 그가 추첨 제도를 비판했고 참주 정치의 중심인물인 크리티아스가 제자였기 때문이었다.

소크라테스가 아테네를 떠나지 못한 이유를 필자는 알키비아데스가 그의 제자였기 때문이라고 생각한다. 조국 아테네를 사랑한 소크라테스는 비록 알키비아데스의 수차례에 걸친 국적 이동을 비판한 기록은 없지만 부정적으로 생각했을 가능성이 농후하다. 아마도 그러한 제자에 대하여 자신이 모범을 보이고 싶었던 것이 아니었을까 여겨진다.

플라톤의 이상 국가 스파르타

아테네의 중우 정치로 스승 소크라테스가 죽자 플라톤은 아테네의 민주 정치를 비판하며 대안으로 스파르타를 제시했다. 스파르타는 도리아인이 세운 나라이다. 소수의 도리아인들(2천여 명)은 지배자로서 피지배계층인 2만여 명의 농민인 페리오이코이, 5만여 명의 노예인 헬로드의 노동력을 착취하며 체제를 유지했다.

기원전 6세기 스파르타는 계속되는 전쟁으로 지배계층인 도리아인들 사이에 빈부 갈등이 심해지기 시작했다. 아울러 주변 도시 국가의 반격과 막대한 노예들의 반란에 대한 우려로 사회불안이 심화되었다.

▲ 플라톤

이러한 상황을 인식한 스파르타는 내부의 개혁을 추진하기 시작하였다.

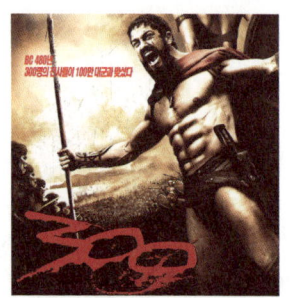
▲ 영화 '300'의 포스터

 아테네와 달리 스파르타는 2명의 왕을 선출하였는데 이는 서로를 견제하기 위함이다. 그리고 이 왕은 아시아의 왕과는 성격이 달랐다. 왕들은 소수의 도리아인으로 이루어진 일종의 행정부에 스파르타의 법을 존중한다는 서약을 해야 했고 군대의 통수권만을 소유하고 나머지 권한은 행정부가 소유했다. 전쟁에 나갈 때도 이 행정부의 감시를 받아야 했다. 이 행정부의 관리들마저도 일정한 임기가 있었으며 임기가 끝날 때는 도리아인 시민에게 집무 보고를 해야 했고 때에 따라 탄핵도 당했다.

 스파르타의 지배층은 말 그대로 도리아 시민들이 장악했고 이들은 평등한 시민이었으니 스파르타의 정상부 자체는 민주주의 사회였다.

 그리고 또한 스파르타는 군국주의 사회였다. 스파르타에서는 만 7세가 되면 어머니의 손을 떠나 30세까지 병영 생활을 해야 했다. 이러한 병영에서 지적 교육은 일체 실시되지 않았고 오로지 군사 교육만이 이루어졌다. 만 20세가 되면 시민의 자격을 얻어 민회에 참가할 수 있고 결혼도 할 수 있었지만 30세까지는 병영에 살아야 했다. 그들은 전투 시 기본 전투 단위인, 즉 중장 보병 제도의 1열인 15명이 함께 식사를 하고 잠을 자야 했다.

 자식을 낳아야 하니 가끔씩은 신부를 만나기 위해 집에 갈 수 있었다. 아이가 태어났을 때 훌륭하게 자라날 것 같지 않으면 산속에 유기하였다. 중장 보병 제도는 단 한 명의 실수로 방진이 무너질 수 있기 때문이었다. 그리고 여성도 훌륭한 아기를 낳을 수 있도록 벌거벗은 채 체육 훈련을 해야 했다.

 이러한 스파르타는 민주주의와 군국주의 사회에서 더 나아가 사회주의도 실시했다. 스파르타의 사회주의는 재산만을 공유한 것이 아니라 심지어 부인까지도 공유했다. 우수한 아기를 낳을 수 있도록 자신의 부인을 빌려주기도 했는데 이것은 단지 생물학적으로 우수한 아기를 낳으려고 했던 것만은 아니다. 항상 사회의 부정부패는 가족의 이익을 챙기다가 일어난다. 지금도 명망 있는 정치가들이 자식을 위해 부정부패를 자행하는 것을 흔히 볼 수 있다. 하지만 부인을 공유하면 누가 내 자식인지 알 수 없다. 스파르타의 아기는 바로 도리아인 전체의 아기인 것이다.

 이처럼 소수의 도리아인으로 이루어진 스파르타의 상층부는 민주주의, 군국주의, 사회주의 체제를 이루었다. 한편 스파르타의 하층부에는 페리오이코이 층과 헬로트 층이 있었다. '변두리에 사는 사람'이란 뜻인 페리오이코이는 참정권이 없었으며 납세의 의무만이 있었다. 주로 이들은 농민과 수공업자 층이었다.

 다시 이 페리오이코이 층 밑에는 다수의 노예인 헬로트 층이 있었다. 스파르타는 외부 도시 국가의 공격도 방비해야 했지만 내부에 있는 이 헬로트 층의 반란도 염두에 두어야 했다. 실제로 헬로트 층은 자주 대규모 반란을 일으켜 스파르타를 위험에 빠뜨렸다. 스파르타는 헬로트 층에 뛰어난 인물이 태어나면 항상 아무런 이유 없이 단지 훌륭한 인물이란 이유로 처형했다. 이 헬로트 층은 트로이 문명을 정복했던 미케네 문명의 주역들이 다수로 구성되었다. 이런 헬로트 층이 두텁게 존재하고 있었기에 스파르타는 시민들 모두가 생산에 참여하지 않고 오직 군사 훈련을 받을 수 있었다.

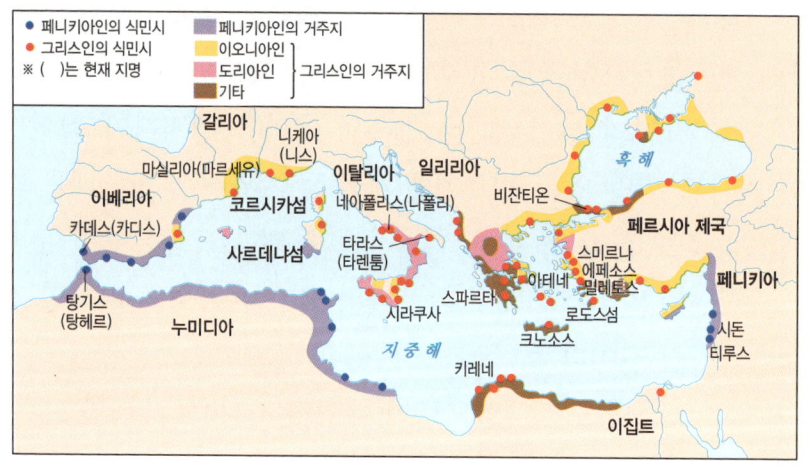

▲ 그리스와 페니키아의 식민도시

쇄국주의 풍조가 만연했던 스파르타는 아테네와 달리 해외의 식민 도시 건설에 별로 관심을 기울이지 않았다.

▲ 영화 '300'에 등장하는 스파르트군

▲ 폐허가 된 스파르타의 원형극장

이상주의자 플라톤

플라톤의 이상 국가는 스파르타였다. 플라톤은 아테네가 쇠락해지고 자신의 스승 소크라테스가 죽은 이유는 교육도 제대로 받지 못한 자들이 투표권을 갖는 민주 정치 때문이라고 생각했다. 이에 플라톤은 스파르타를 모델로 한 철인 정치를 주장했다. 플라톤의 철인 정치는 스파르타의 지도부처럼 '지혜'를 가진 자만이 정치를 담당하는 것이다. 그리고 스파르타가 제대로 군사 교육을 받은 도리아인들만이 중장 보병에 참여하듯이 '용기'를 가진 자만이 전쟁을 해야 한다고 주장했다. 또한 페리오이코이 층과 헬로트 층이 생산 활동에 전념하듯이 '절제'를 가진 자만이 생산을 담당하자고 했다. 이렇게 스파르타처럼 각자 맡은 바 역할을 다하면 비로소 이상 국가('정의')가 이루어진다고 역설했다.

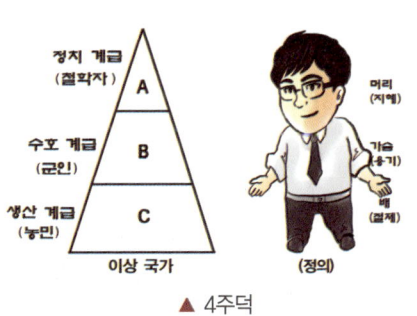
▲ 4주덕

바로 지혜·용기·절제가 조화를 이루면 정의가 이루어진다는 플라톤의 사주덕은 철인 정치를 실현하기 위해 내놓은 이론이다. 그리고 플라톤은 스파르타처럼 부인과 자식을 공유하자고도 주장했다.

플라톤 철학의 또 다른 특징은 그 사상이 아주 이상주의적이라는 것이다. 중우 정치로 타락하고 있는 조국 아테네의 현실을 부정하고 이상을 추구하는 플라톤은 철저한 이원론자이면서도 이상주의자였다. 소크라테스의 제자로서 그는 소피스트와 대립하여 그들이 주장하는 경험의 세계, 즉 지금의 현실 세계가 결코 참된 세계가 아니라고 했다. 그리고 저 너머의 경험, 감각의 세계를 초월한 곳에 이성으로 가득 찬 이데아의 참된 세계가 있다고 주장했다.

현실을 철저히 부정한 플라톤은 바로 동굴의 비유를 통해 이러한 이데아의 세계를 설명했다.

"입구가 커다란 바위로 막힌 컴컴하고 아주 긴 동굴이 있다. 동굴 속에서 사람들은 죄수처럼 몸이 쇠사슬에 묶인 채 벽을 마주 보고 앉아 있다. 이 사람들은 어둠이 세상의 전부라고 생각한다. 이때 동굴 입구의 바위틈으로 햇빛이 들어오고 그 햇빛에 따라서 동굴 벽에 사람들의 그림자가 어른거리기 시작한다. 갑자기 한 사람의 묶인 사슬이 풀려서 기개와 정욕의 두 바퀴가 달린 마차를 타고 동굴 입구 쪽으로 나온다. 동굴 입구로 나온 그는 햇살이 가득한 진정한 세상을 보게 된다. 그

▲ 동굴의 비유

▲ 선의 이데아

현상의 세계는 끊임없이 변하는데 비해 이데아의 세계는 변하지 않는다. 이 세상의 모든 사물에는 이데아가 있고, 그 가운데 최고의 이데아를 선(善)의 이데아라고 한다.

는 동굴 입구에서 나서자마자 햇살에 눈이 부셔서 아무 것도 보지 못한다. 그러나 곧 그는 햇살 아래 똑똑한 사물들의 모습을 인식하게 된다. 그는 다시 돌아가서 동굴 속의 믿지 않는 사람들에게 동굴 밖의 참된 세계를 알려주어야 한다. 설령 그 자신이 죽음에 이른다 할지라도, 사람들을 가상의 세계와 비유의 세계에서 해방시켜, 참된 존재로 인도해 주는 것이 철학자의 과제이다. 그런데 이 참된 존재란, 물론 이 지상의 태양 밑에 있는 소위 실제적이고 시간, 공간적인 세계는 아니다. 이러한 세계는 일종의 모사에 지나지 않는다. 진짜로 존재하고 있는 세계는 이데아의 세계뿐이다.

— 플라톤, 《국가론》 제7권 —

플라톤과 소크라테스의 공통점은 이성을 강조한다는 점이다. 그러나 현실을 부정하고 이상을 추구하는 그의 이원론적 사고방식은 오로지 플라톤만의 철학이다. 소크라테스는 끝까지 조국을 떠나지 않았듯이 현실에 참여하는 철학자였으나 플라톤은 그것을 포기하고 이상을 추구하는 철학자였다.

마케도니아와 아리스토텔레스

펠로폰네소스 전쟁의 최후 승리자는 스파르타였지만 여러 문제가 산적해 있었다. 우선 전쟁 때 페르시아에게 지원받은 돈을 갚아야 했으며 인구도 부족했다. 기원전 404년 스파르타에서 중장 보병에 참여할 인원은 2천명에 불과했다. 그리스 전체 인구가 3백만 이상이었으니 스파르타가 전쟁에서 승리했다고 해서 그리스 전체를 지배할 수는 없었다.

펠로폰네소스 전쟁에서 승리한 스파르타를 격파하고 주도권을 잡은 국가는 테베였다. 테베는 다시 마케도니아에게 패배하여 그리스의 주도권은 마케도니아로 넘어간다. 마케도니아인은 당시의 그리스인들에게는 오랑캐로 간주되었지만 그러나 이들도 그리스인의 일파였다.

마케도니아의 필리포스 2세는 그리스의 중장 보병 제도에 테베의 사선진, 독자적인 밀집 장창 보병대, 유동적인 전술의 변화 그리고 망치와 모루 전법으로 그리스 최강의 부대를 양성했다.

필자는 필리포스 2세의 이런 정책이 아리스토텔레스의 철학에 영향을 끼쳤다고 생각한다. 이러한 필리포스 2세의 사선진, 밀집 장창 보병대, 유동적 전술, 망치와 모루 전법에 대하여 하나하나 자세히 살펴보도록 하자.

사선진

사선진이란 병력을 사선(斜線, 비스듬할 사, 줄 선)으로 비스듬하게 배치하는 진법이다. 왼쪽 부대를 강력하게 한 다음 상대적으로 약한 다른 부대는 조금씩 뒤로 물리게 한 후 강한 왼쪽 부대로 우선 적의 오른쪽 부대를 격퇴하면서 그 전부를 포위하는 전법인 것이다.

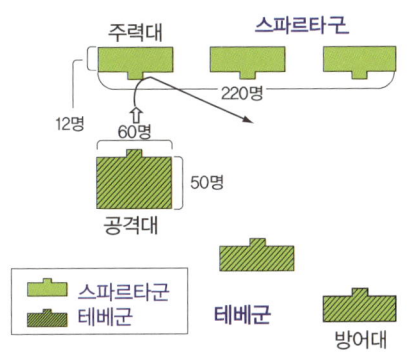
▲ 테베의 사선진과 스파르타와의 레우크트라 전투

원래 그리스 중장 보병 제도의 진법은 가장 강한 부대를 오른편에 두고 이로써 적의 왼편을 공격하여 적을 포위하는 전술이다. 하지만 양쪽 다 왼쪽이 패배하지 않아 승패가 나지 않는 경우가 종종 있었다.

이에 테베군의 사선진은 왼쪽 부대를 강화시켜 전진시키고 상대적으로 약한 오른쪽 부대는 적의 공격을 피해 뒤로 빼서 적의 왼쪽 부대가 공격하지 못하게 하는 전법을 구사했다.

밀집 장창 보병대

필리포스 2세는 그리스의 중장 보병 부대에 장창을 도입하여 밀집 장창 보병대를 만들었다. 그리스 부대의 긴 창보다 훨씬 더 긴 장창으로 적과 처음 마주쳤을 때 이 장창을 위에서 아래로 떨어뜨리면 큰 충격이 가해

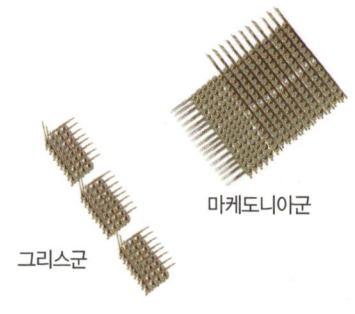

▲ 그리스군과 마케도니아군의 비교

졌다. 일반적인 그리스군의 장창은 2.4 미터인데 비해 마케도니아군의 장창은 4미터가 넘었다. 따라서 그리스군이 3열까지만 창을 내뻗을 수 있었던 반면 마케도니아군은 5열까지 창을 내뻗을 수가 있었다.

유동적인 전술의 변화

필리포스 2세의 밀집 장창 보병대가 단지 긴 창만이 중요한 특징은 아니었다. 마케도니아의 장창 보병대는 가로 세로 16×16의 대형을 이루었는데 앞열은 어린 신병이 그리고 뒷열은 고참 병사들이 위치했다. 원래 밀집 장창 보병대(팔랑크스)는 대대나 연대의 개념이 존재하지 않고 오로지 병사와 장교가 모두 직사각형의 한 덩어리를 이루는 것이었다. 거기에 필리포스 2세와 알렉산드로스의 팔랑크스는 기병대 및 경보병과 면밀히 연계되어 운용되었다.

다시 말해 그리스의 중장 보병은 중장 보병 제도에 대한 이해만이 필요했지만, 마케도니아의 밀집 장창 보병 부대는 상황에 따라 유동적으로 변하는 전술에 맞추어야 했다. 이것은 엄청난 반복적 실천, 즉 습관화가 필요했다. 이에 필자는 아리스토텔레스가 반복적 실천을 통한 습관화를 강조했다고 생각한다.

그리고 그리스의 중장 보병 제도는 흥분해서 앞서지 않거나 두려워서 물러서지 않고 자기의 자리만 잘 지키면 되었지만 마케도니아의 밀집 장창 보병대는 상황에 따라 진이 자주 바뀌므로 기존의 중용의 개념으로는 부족했다. 이에 필자는 아리스토텔레스가 새로운 개념의 중용을 강조했다고 생각한다. 그의 중용은 단지 1과 3의 중간은 2라는 산술적 개념의 중용이 아니다. 아리스토텔레스의 중용은 그 상황에서 가장 적절한 판단을 내리는 것이다. 즉 마땅히 분노할 땐 분노하고, 마땅히 두려워할 때는 두려워하는 것이다.

아리스토텔레스에게 영향을 끼친 망치와 모루 전법

필자는 필리포스 2세의 전술 모두가 아리스토텔레스의 철학에 영향을 끼쳤지만 그 중에서도 가장 큰 영향을 끼친 것은 단연코 망치와 모루 전법이라고 생각한다.

필리포스 2세는 강력한 기마 부대를 양성했다. 원래 등자라는 것이 없으면 말을 타고 싸우기가 힘들다. 등자는 몸을 말에서 떨어지지 않게 하는 도구로서 이 등자가 있어야 말 위에서 격렬하게 칼과 칼끼리 부딪힐 수 있는 것이다.

아시아에서는 등자가 일찍부터 등장했는데 유럽에서는 중세에 이르러서야 등장한다. 필리포스 2세 이전의 그리스 기병들은 단지 말을 타고 이동만 했지 마상에서 싸우지는 못했다. 그래서 필리포스 2세의 기병이 등장하기 이전에는 기동성이 취약한 전차가 등자가 없는 기병을 대체하는 것이었다. 하지만 필리포스 2세는 등자 없이도, 3.5미터나 되는 장창을 움켜잡고 잘 싸울 수 있는 강력한 기마 부대를 양성했다.

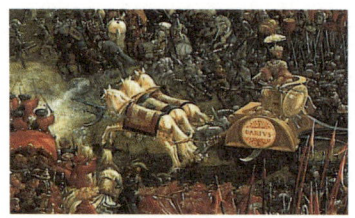
▲ 이수스 전투

▲ 등자 없이 말을 타는 알렉산드로스 대왕

오른쪽 그림은 이수스 전투 때 다리우스 3세의 군대 배후를 공격하는 알렉산드로스 대왕의 그림이다. 이때 알렉산드로스 군대는 등자가 없는 상태였다. 중세부터 등자가 등장하여 중무장 기사가 등장하였다. 하지만 한국은 삼국 시대부터 등자가 있었다. 광개토 대왕은 등자를 이용한 철갑 기병으로 만주를 정복하였다.

▲ 중세의 튜튼 기사단

▲ 광개토 대왕

그리고 이를 적절히 활용한 전법이 바로 망치와 모루 전법이다. 우선 가운데의 밀집 장창 보병대가 적의 공격을 막고 '모루' 역할을 한다. 그동안 마케도니아의 기병은 적의 뒤를 공격하여 모루 위에 놓인 적의 부대를 '망치'처럼 강하게 때리는 전법이다. 모루 역할을 하고 있는 가운데의 밀집 장창 보병대와 적의 배후를 공격하는 망치 역할을 하는 기병대

▲ 망치와 모루 전법

의 조화가 이루어지려면 엄청난 반복적인 훈련과 상황에 적절한 중용이 필요했다.

이에 필자는 아리스토텔레스가 반복적 실천을 통한 습관화와 상황에 적절하게 대응하는 중용을 아울러 강조한 것이라고 생각한다.

현실주의자 아리스토텔레스

플라톤은 조국 아테네의 현실을 비관하여 현실을 부정하고 이상을 추구했다고 언급하였다. 반면 아리스토텔레스는 필리포스 2세의 학자였으며 그의 아들 알렉산드로스의 스승이었기에 매우 현실적이었다. 다시 말해 아리스토텔레스는 플라톤과 달리 철저하게 현실 속에서 참다운 존재를 찾고자 하는 일원론적 세계관을 가졌다.

플라톤에게 있어 현실은 참된 세계인 이데아의 그림자에 불과했다. 하지만 아리스토텔레스는 현실 속에 참된 세계가 존재한다고 주장한다. 플라톤에 의하면 꽃이 없어졌다고 해서 꽃이란 말이 없어지는 것은 아니다. 꽃이라는 이데아가 따로 있고 현재 우리 눈에 보이는 꽃은 그 이데아의 그림자에 불과한 것이다. 하지만 아리스토텔레스는 꽃 안에 꽃의 이데아가 포함되어 있다고 본 것이다.

▲ 아리스토텔레스

▲ 플라톤과 아리스토텔레스

라파엘로의 아테네 학당에 그려진 플라톤과 아리스토텔레스의 그림이다. 플라톤은 이상주의자이기에 손가락을 위로, 아리스토텔레스는 현실주의자이기에 손바닥을 아래로 향하고 있다.

반복적 실천을 통한 중용

아리스토텔레스는 소크라테스와 플라톤처럼 소피스트의 경험주의 세계관을 비판하고 이성 중심의 철학을 주장했다. 이성 중심의 철학을 주지주의라고 한다. 소크라테스와 플라톤, 아리스토텔레스 모두 주지주의 철학자였다.

그런데 아리스토텔레스는 이 주지주의 철학에 주의주의 철학을 가미했다. 주의주의란 '반복적 실천을 하는 의지'이다. 소크라테스는 인간이 악한 행동을 하는 원인을 무지라고 했다. 하지만 아리스토텔레스가 보기에 인간은 선악을 알면서도 일시적 충동으로 부도덕한 행위를 저지를 수 있는 것이다.

▲ 아리스토텔레스의 반복적 실천

예를 들어 자신의 방은 스스로 청소해야 한다는 것을 사람들은 잘 안다. 하지만 어느 날 몸이 피곤하거나 술 한 잔 했을 때는 가족이 대신 해주기를 바란다. 이처럼 그는 소크라테스가 무지의 자각만을 강조했으며 충동이 이를 방해한다는 것을 간과하고 있다고 비판했다. 바로 무지의 자각과 함께 반복적인 실천을 강조한 것이다. "한 마리의 제비가 온다고 봄이 오는가?" 이 말은 좋은 행동이 몸에 배이도록 끊임없이 습관화하여 중용을 이루는 것을 강조하는 것이다.

II 서양 철학과 서양사

2. 여호와, 예수를 위해 스토아학파와
로마 제국을 준비하시다
헬레니즘 철학 /
알렉산드로스 제국과 로마 제국

스토아학파의 유행

알렉산드로스 제국과 로마 제국 시기에 유행한 철학 사조는 스토아학파였다. 스토아학파 이론의 핵심은 고통과 죽음을 두려워하지 않고 '운명에 순응하는 극단적인 금욕주의'를 추구하는 것이었다. 그리고 아울러 '세계 시민주의'를 추구하는 철학이다. 이 철학은 알렉산드로스 제국과 로마 제국에 의해 당시 유럽의 지배적인 철학으로 발전하게 된다.

▲ 제논

스토아학파의 체계적 창시자

필자는 스토아학파의 세계 시민주의와 로마 제국이 크리스트교가 유럽에 확산 될 수 있는 기반이 되었기에 중요한 의미를 갖는다고 생각한다. 그 이유에 대해서는 다음 단원(같은 여호와를 모시는 종교들)에서 언급하겠다.

알렉산드로스 대왕의 등장

기원전 339년 필리포스 2세(재위 기원전 359~기원전 336)는 카이로네이아 전투에서 아테네와 테베 연합군을 격

▲ 알렉산드로스

2. 여호와, 예수를 위해 스토아학파와 로마 제국을 준비하시다
헬레니즘 철학 / 알렉산드로스 제국과 로마 제국

파하고 그리스 연맹의 맹주가 되었다. 이 전투를 이끈 이는 18세의 알렉산드로스(알렉산더)였다. 알렉산드로스(재위 기원전 336~기원전 323)는 아버지 필리포스 2세가 정복에 성공할 때마다 자신이 정복할 영토가 줄어들까 고민했을 정도로 야망이 큰 인물이었다. 필리포스 2세는 알렉산드로스의 교육을 아리스토텔레스에게 부탁했다. 알렉산드로스는 스승 아리스토텔레스의 영향으로 매사에 중용을 유지하게 된다.

그가 아리스토텔레스를 만난 것은 아리스토텔레스가 41세, 알렉산드로스가 13세 때의 일이며 이후 교육은 3년간 이루어졌다. 알렉산드로스가 아리스토텔레스의 지대한 영향을 받은 사실은 자명하다. 그가 페르시아를 원정할 때 항상 역사가와 철학자 등 많은 학자들을 대동하여 정복한 지역의 지리, 동식물, 인종을 연구하게 하였던 것도 스승의 영향이다.

하지만 알렉산드로스가 자신의 스승인 아리스토텔레스를 넘어선 측면도 있다. 아리스토텔레스는 오직 그리스인만이 우수한 민족이고 다른 민족을 모두 노예로서 대우하라고 가르쳤다. 그러나 알렉산드로스는 이에 따르지 않았다.

그런 그도 가끔씩은 스승이 알려준 중용을 잃은 적이 있다. 페르시아의 수도를 점령하고 술에 취해 도시를 불태우라는 명령을 내렸다. 술이 깬 알렉산드로스는 곧바로 자신의 명령을 취소했지만 그때는 너무 늦은 상황이 되고 만 것이었다.

'운명에 순응하는 극단적 금욕주의를 추구하라'

필리포스 2세의 사후 그리스 도시 국가들이 마케도니아에 저항하기 시작했다. 알렉산드로스는 단숨에 이 반란을 진압하고 저항한 도시들의 시민을 노예로 팔아버렸다. 이러한 상황 속에서 아테네는 알렉산드로스에게 충성의 맹세를 해야 했다.

원래 아테네의 중요한 국가 정책은 민주주의를 통하여 시민들 스스로 결정하는 시스템이었다. 하지만 이제 아테네의 시민들, 그리고 그리스 전체 도시 국가의 시민들은 알렉산드로스의 명령을 '운명으로 받아들이고 순응' 해야 하는 상황이 되었다.

기원전 334년 봄 알렉산드로스 대왕은 3만의 중장 보병 부대, 5천의 기병대를 이끌고 페르시아 침공에 나섰다. 군대뿐만 아니라 많은 학자들 그리고 심지어 군인들의 부인들까지 대동하고 원정길에 나섰다. 알렉산드로스의 원정 중에 대략 만여 명의 신생아가 태어났다. 당시 식량은 거의 한 달 정도의 분량만 가져갔는데 그만큼 알렉산드로스는 자신감이 넘쳐 있었다. 기원전 333년 알렉산드로스는 이수스 전투에서 다리우스 3세가 직접 이끄는 60만 대군을 격파했다. 이수스 전투 이후 이어서 페니키아를 공격했는데 끝까지 저항하는 이 도시를 철저히 파괴하고 시민들을 모두 노예로 팔았다.

페니키아와 티레 전투에서의 승리는 그 극적인 기록이 오늘날까지 전

▲ 티레 전투

해져 내려오고 있다. 티레는 해안에서 800미터나 떨어진 섬에 위치한 천혜의 요새였다.

알렉산드로스는 이 섬까지 무려 800미터나 되는 둑을 쌓아서 요새를 공격하여 점령했다.

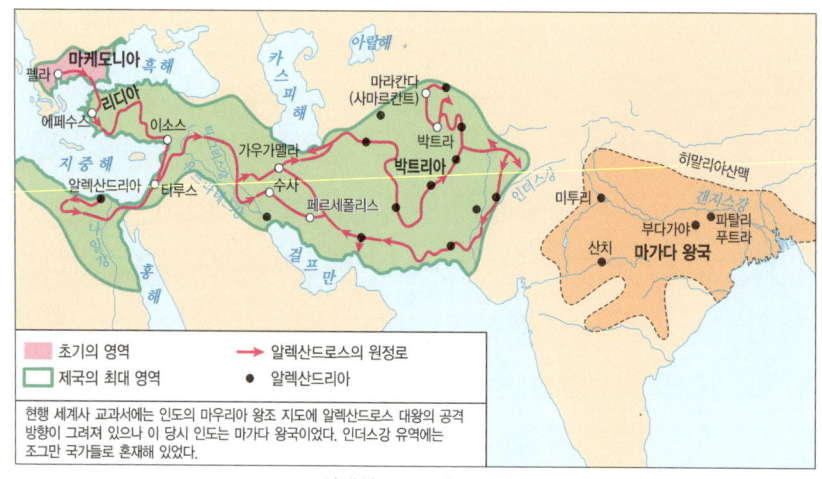

▲ 알렉산드로스의 인도 침략

그리고 가우가멜라 전투에서 또 다시 페르시아를 격파한 알렉산드로스는 마침내 페르시아의 수도를 정복했다.

기원전 327년 알렉산드로스는 인도 공격을 개시했다. 이때 인도의 동쪽에는 마가다 왕국이 있었지만 인더스강 유역에는 통일 왕국이 없어 여러 개의 나라로 분열되어 있었다.

인도 공격 다음 해 알렉산드로스는 인도의 코끼리 부대 200마리와 전투를 벌였는데 교묘한 전술로 승리했다. 그리고 이제 갠지스강 유역에 대한 공격을 시도하려 했다.

알렉산드로스는 동쪽의 끝이 어디까지인가 평소에 궁금해

했다고 한다. 알렉산드로스의 갠지스강 유역에 대한 진격 명령은 긴 장마를 만나며 난관에 봉착했다. 장병들이 알렉산드로스의 명령에 반항하기 시작했다. 그의 군대는 이미 페르시아를 정복했지만 그러나 그 과정이 결코 쉬웠던 것은 아니었다. 계속되는 전쟁으로 병사들은 지쳐 갔으며 죽음의 공포에 휩싸여 알렉산드로스의 진격 명령을 거부하기에 이르렀다.

하지만 지칠 줄 모르는 알렉산드로스는 병사들에게 '운명에 순응하는 극단적 금욕주의'를 요구했다. 자신의 명령에 순응하여 배고픔, 거듭되는 전투에 따른 피로, 고향에 대한 그리움, 그리스와는 다른 자연 환경으로부터 생기는 고통을 이겨낼 금욕주의를 요구했다.

▲ 알렉산드로스 대왕의 인도 침략

계속해서 병사들이 열병으로 죽어가자 결국 알렉산드로스는 동진을 포기하고 돌연 함선 건조를 명령했다. 그렇게 창설된 함대가 인더스강을 남하하고 군대는 그 옆을 나란히 진군했다. 도합 12만 군대의 이 행렬에 열렬히 환영하는 부족도 있었으나 저항하는 세력도 있었다. 그런 가운데 알렉산드로스는 돌연 한 전투에서 화살을 맞고 쓰러졌다. 이때 그가 사망한 것으로 병영에 소문이 퍼졌는데 알렉산드로스는 곧 의식을 회복했다.

상황이 여의치 않자 인더스강 하류까지 진출했던 알렉산드로스의 함대는 페르시아만으로 회군하게 되었다. 이때 알렉산드로스 본인은 쉬운 길을 버리고, 적도 없는 사막을 횡단하여 기원전 324년 수사로 돌아왔다. 사막을 횡단할 때 무려 두 달의 시간이 소요되었고 전투에서 사망한 병사보다도 더 많은 병사들이 갈증으로 죽어갔다. 인도를 출발할 때에 비하여 겨우 1/4만의 병력만이 살아서 돌아왔다. 사막을 횡단한 것은 군사 전략상 아무 의미도 없는 전술이었다. 이미 자신이 점령한 영토를, 적도 없는 영토를 힘들게 통과한다는 것은 무의미한 진군에 다름없었다. 어쩌면 알렉산드로스는 이 사막 횡단을 통해 자신의 군대가 '운명에 순응하는 극단적 금욕주의'에 길들여지길 원했을 수도 있다.

세계 시민주의

알렉산드로스가 박트리아와 인도를 정복하고 다시 수사로 돌아온 기간은 8년에 달했다. 그리고 이 기간 동안 그의 군대는 내부적인 변화가 생겨났다. 알렉산드로스의 군대가 동진을 거듭할수록 병사들의 숫자는 갈수록 줄어만 갔다. 이에 페르시아인을 군대에 편입시킬 수밖에 없었다. 그전까지 알렉산드로스는 단지 마케도니아의 왕이었으며 그리스 연합군의 대표자였다. 이제 알렉산드로스는 자신이 페르시아의 왕이 되어야 했다. 그렇기 위해서는 그리스인과 페르시아인이 모두 동등한 '세계 시민주의'라는 이데올로기가 필요했다. 알렉산드로스는 그리스 남자와 페르시아 여인 사이의 합동 결혼식을 강행했으며 자신도 직접 다리우스 3세의 딸과 결혼했다.

　이처럼 알렉산드로스의 병사들은 그의 세계정복이라는 야망을 달성하기 위해 죽음과 고통을 두려워하지 않는 '운명에 순응하는 극단적 금욕주의'를 받아들이는 병사가 되어야 했으며 그리스인과 페르시아인이 동등한 시민이라는 '세계 시민주의'까지 강요당했다.

　이후 알렉산드로스는 아라비아반도와 카르타고 원정을 계획했다. 일단 아라비아반도를 정복해야 홍해와 페르시아만이 제대로 연결될 수 있었다. 그리고 더 나아가 지중해 무역을 장악하기 위해서는 카르타고를 정복해야만 했다.

　그런데 이때 돌연 알렉산드로스가 열병에 걸렸다. 자신의 정책에 반대하는 그리스 동지들을 죽인 것에 대한 정신적 중압감으로 당시 알렉산드로스는 자주 술을 먹었다. 필자의 개인적인 추측으로는 알렉산드로스의 주량이 정상인에 비해 약했던 것 같다. 10일 정도 지속된 열병으로 알렉산드로스는 스스로 일어설 수 없는 상태에까지 이르렀다. 마케도니아 장군들이 알렉산드로스의 측근인 페르시아인의 제지를 무릅쓰고 병실로 들어갔다. 알렉산드로스는 장군들에게 고개를 끄덕이더니 바로 사망했다. 기원전 323년의 일이며 그의 나이 32세였다.

▲ 알렉산드로스의 죽음

2. 여호와, 예수를 위해 스토아학파와 로마 제국을 준비하시다
헬레니즘 철학 / 알렉산드로스 제국과 로마 제국

로마 제국의 등장

기원전 8세기에서 6세기 사이에 라틴인이 지금의 로마 근처에 정착하여 로마가 탄생했다. 로마는 처음에는 그리스처럼 학급의 반장 정도의 힘을 가진 왕정이었다.

기원전 510년경 로마는 왕정에서 공화정으로 바뀌게 된다. 이 공화정은 귀족들의 원로원이 통치하였다. 다시 말해 로마는 귀족들의 모임인 원로원의 나라였다. 외국인이 로마의 원로원을 보고 '왕들의 모임'이라고 기록했다. 이것은 귀족들의 지배 시스템이라는 로마 공화정의 성격을 잘 보여주는 표현이다. 다행스럽게도 이 귀족들은 충분히 현명한 자들이었다. 이처럼 로마의 정치체제는 그리스의 민주주의와는 아주 달랐다. 스파르타의 과두 정치 또는 플라톤이 말하는 철인 정치를 실시했기에 로마는 그리스와 달리 전 유럽을 통일할 수 있었다.

로마도 그리스처럼 중장 보병 제도가 군대의 핵심이었다. 이러한 중장 보병의 갑옷, 방패, 장창은 평민들이 자비로 구입하도록 되어 있었다. 이것은 그리스나 로마의 공통점이었다. 이 중장 보병 제도는 알렉산드로스 대왕의 망치와 모루 전법으로 한층 진화되었다.

이제 유럽의 전투는 중앙에 자비로 무기와 갑옷을 구입한 평민들로 이루어진 중장 보병(모루), 그 좌우는 귀족들로 이루어진 기병(망치)으로 진을 쳤다. 가운데 중장 보병이 적의 공격을 막아내는 동안 좌우의 기병은 적의 뒤를 공격하는 전술이 대세였다. 이러한 전술에서 중앙의 중장 보병이 버텨주지 못하면 양쪽의 기병들은 적들의 뒤를 공격할 수 없었다. 따라서 기병, 즉 귀족들은 많은 특권을 중장 보병, 즉 평민들에게 양보할 수밖에 없었다. 그리하여 로마의 공화정은 귀족적 공화정에서 민주적 공화정으로 변화하기 시작한다.

원로원(기병을 담당하는 귀족)   중장 보병(보병을 담당하는 평민)
▲ 로마 귀족과 평민

로마 - 카르타고 전쟁 (포에니 전쟁)

▲ 로마 제국의 영토

2. 여호와, 예수를 위해 스토아학파와 로마 제국을 준비하시다
헬레니즘 철학 / 알렉산드로스 제국과 로마 제국

▲ 알프스 산맥을 넘는 한니발

로마는 지중해의 패권을 놓고 카르타고와 전쟁을 벌이게 된다. 카르타고는 페니키아인들이 세운 식민 도시였다. 제1차 로마-카르타고 전쟁을 손쉽게 승리한 로마는 제2차 로마-카르타고 전쟁에서 카르타고의 명장 한니발을 만나 고전하게 된다.

 기원전 218년 한니발이 선제적으로 로마 공격에 나섰다. 코끼리 37마리를 포함한 기병 1만 2천, 보병 7만으로 이루어진 군대였다. 한니발은 험준한 피레네산맥과 알프스산맥을 넘고 이탈리아에 도착했다.

 그리고 칸나에 전투에서 로마 군대 8만 명과 격돌했다. 한니발의 군대는 초승달 모양으로 정예부대를 양쪽 끝에 배치하여 중앙으로 돌격하는 로마군을 포위하고 좌익의 기병이 배후를 공격하여 섬멸했다.

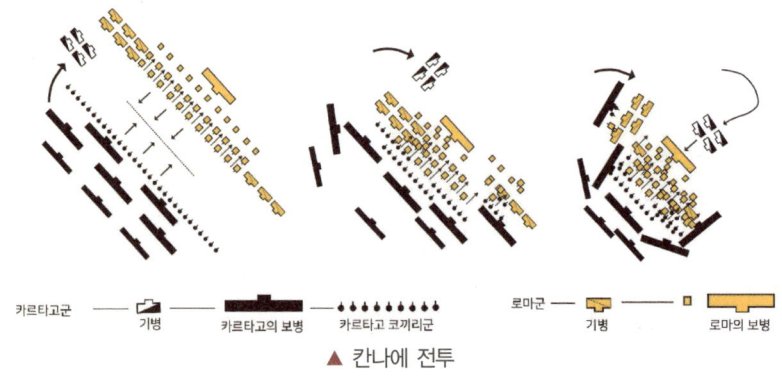
▲ 칸나에 전투

이때 로마군은 겨우 1만 4천 만이 살아남게 된다. 반면 한니발의 군대는 보병 5천과 기병200명 만이 전사한 대승을 거뒀다.

하지만 로마의 원로원은 대패한 장군들을 국가를 위해 싸우고 돌아온 영웅으로 환대했다. 이것이 바로 로마의 힘이었다. 그리스는 이런 경우 장군들에게 모든 책임을 돌려 사형에 처했었다.

한니발은 항상 부하들과 같이 어울렸으며 같이 자고 같이 먹어 단결력이 강했다. 하지만 로마의 국민들도 이처럼 단결했으며 더욱더 중요한 것은 로마의 동맹 국가들도 로마와 같이 단결했다. 한니발의 전략은 이탈리아에서 로마의 대군을 격파하면 그리스의 경우처럼 로마의 동맹 국가들이 동맹을 이탈할 것으로 예상했지만 이탈한 동맹 국가는 극히 적었다. 거의 모든 동맹 국가들이 로마를 배신하지 않고 단결했다.

이때 로마는 로마와 동맹 국가의 단결이 매우 중요함을 깨달았다. 이에 로마는 그리스와 다르게 외국인에게도 시민권을 주는 '세계 시민주의' 정신을 추구하게 되었다. 바로 이점도 그리스와 로마의 중요한 차이였다. 그리스는 외국인을 배척했기에 거대한 제국으로 발전하지 못했지만 로마는 외국인에게도 시민권을 주어 세계 제국으로 성장할 수 있었다.

한니발은 칸나에 전투에서는 승리했지만 로마 동맹 도시들이 동맹에서 이탈하지 않아 로마를 정복할 수 없었다. 전쟁이 장기화되어 식량이 떨어져 가고 로마의 역습으로 그는 카르타고로 귀환할 수밖에 없었다. 한니발이 피레네산맥과 알프스산맥을 넘어 기습 공격했듯이 이번에는 반대로 로마가 카르타고 본토를 기습 공격했다. 로마의 스키피오는 이탈리아에 있는 한니발을 직접 상대하는 것이 아니라 카르타고 방어를 위해 본토로 귀환하게 만드는 전략을 쓴 것이다.

 기원전 202년 두 군대는 격전을 벌였다. 자마 전투 당시 두 군대의 전력은 비슷했다. 한니발은 80마리의 코끼리 부대를 앞에 내세우고, 보병들은 가로로 늘어서게 했다. 그리고 양쪽에는 기병대를 배치했다. 이후 전투가 시작되자 로마의 기병대가 한니발의 기병대를 격파하고 배후를 공격했다. 한니발의 부대는 앞에는 로마의 중장 보병, 뒤에는 로마의 기병에 포위되어 전멸했다. 칸나에 전투 때 한니발이 썼던 전법을 그대로 스키피오가 쓴 것이다. 한니발의 부대는 1만 명이 전사하고 나머지는 포로가 되었다.

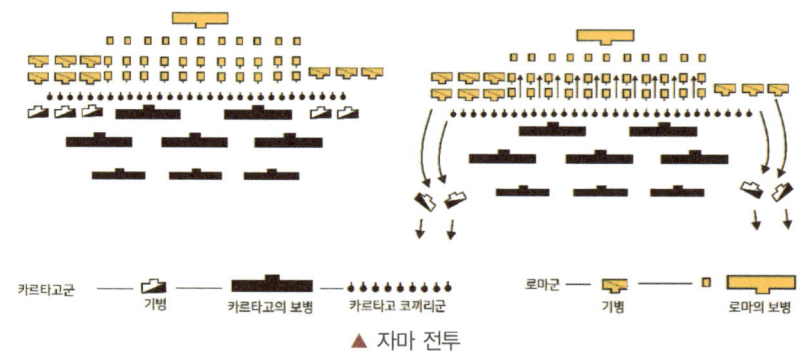

▲ 자마 전투

▲ 로마-카르타고 전쟁

　제2차 로마-카르타고 전쟁은 로마의 승리로 돌아갔고 이후 제3차 로마-카르타고 전쟁도 승리하여 로마는 지중해를 로마의 호수로 만들었다.

　하지만 이때부터 로마는 내부적으로 심각한 문제가 발생했다. 로마-카르타고 전쟁 이후 로마는 외적으로 팽창했지만 내적으로는 무너지고 있었다. 로마-카르타고 전쟁까지는 적진을 정복하면 전리품이 많았다. 평민 입장에서는 농사를 짓는 것보다 이 전리품의 수익이 더 큰 경우도 많았다.

　하지만 로마-카르타고 전쟁을 기점으로 이후의 정복지는 부유한 지역이 아니었다. 이로 인해 로마-카르타고 전쟁 이후에 전쟁이 발생하면 큰 전리품이 없었기에 평민들은 몰락했다.

　그들의 농지는 소유주가 전쟁에 참여해서 제대로 돌보지 못해 황폐화되었다. 그리고 속주(이탈리아반도 이외의 로마 영토)에서 값싼 농산품이 수입되었기에 전쟁이 끝나고 열심히 경작해도 잘 팔리지가 않았다. 하지만 원로원을 구성하고 있는 지주(귀족)들은 수많은 노예가 있었다. 그들이 전쟁에 나가도 노예들이 농사를 지었다. 오히려 원로원의 지주들은 평민들이 몰락하자 그들의 토지를 사들여 소유권을 확대시켜 나갔다. 바로 이들의 그런 대농장을 라티푼디움이라고 한다.

이때 로마 귀족들은 다이어트를 했는데 목에 깃털을 넣어 먹은 것을 토해내고 또 먹을 정도로 엄청난 사치를 누렸다. 역설적인 것은 다이어트의 원조가 살을 빼기 위해서 나온 것이 아니라 더 많은 음식을 먹기 위해 나왔다는 것이다.

로마는 중장 보병 제도를 토대로 한 망치와 모루 전법으로 귀족과 평민이 법률적으로 평등해져서 귀족적 공화정이 민주적 공화정으로 발전했다. 하지만 로마-카르타고 전쟁을 기준점으로 해서 경제적 빈부격차가 심해져 중요한 사회적 문제가 되었다. 로마의 중요한 전술은 자비로 무장한 평민들의 중장 보병이 가운데를 버텨주고 양쪽의 기병, 즉 원로원을 구성하는 귀족들이 말을 타고 적의 후방을 공격, 포위하는 전술이다. 하지만 빈부 갈등이 심해지자 평민들은 자비로 무장을 할 수가 없게 되어 로마의 중장 보병 제도가 무너지기 시작하는 것이다. 이에 로마 귀족들은 '운명에 순응하는 극단적 금욕주의'를 가난한 평민들에게 요구하기 시작했다. 그리고 한니발 전쟁 때 동맹 도시와의 단결이 매우 중요함을 깨달았기 때문에 정복한 지역의 시민에게도 시민권을 주는 '세계 시민주의'를 추구했다.

빵과 서커스

　로마-카르타고 전쟁 이후 극심한 빈부 격차의 발생으로 이제 평민들은 방패와 창을 구입할 수 없게 되었다. 당연히 시민군 원리의 중장 보병 제도 역시 더 이상 유지할 수 없었다. 따라서 로마는 몰락한 농민이라는 뜻을 갖는 프롤레타리아를 중심으로 지원병을 채용하였다. 이러한 지원병에 대한 무장과 훈련은 이제 국가의 부담이 되었다. 그리고 퇴역 군인들에게 토지를 분배해 주어야 했다.

　이제 로마의 군제는 과거 시민권을 얻는 대가로 국가를 방어하기 위해 싸우던 시민들의 의무제에서, 돈을 벌기 위한 직업 군인제로 변화했다. 그리고 이 직업 군인들은 평소 자신들을 채용하여 훈련시켜주고 더 나아가 퇴역 후에는 토지를 분배해주도록 원로원을 설득시키는 장군에게 충성을 다하게 된다. 이로서 로마의 권력은 이러한 장군들에게 이전되었다. 이 장군들을 군벌이라고 한다.

▲ 카이사르

　대표적인 군벌인 카이사르, 폼페이우스, 크라수스 이 세 명이 로마를 통치하니 이를 제1차 삼두 정치라고 한다. 제1차 삼두 정치는 최종적으로 카이사르(기원전 100~기원전44)가 승리자가 되었다. 물론 군대의 규모로 보았을 때 폼페이우스의 군벌이 더 우세했다. 그러나 카이사르의 군대는 오랫동안 지금의 프랑스인 갈리아 지역을 정복하는

▲ 폼페이우스

과정에서 '운명에 순응하는 극단적 금욕주의'에 길들여졌다. 바로 이것이 카이사르의 군대가 폼페이우스의 군대를 격파할 수 있었던 가장 중요한 이유였다.

카이사르가 브루투스에게 암살되자 옥타비아누스, 안토니우스, 레피두스에 의한 제2차 삼두 정치가 시작되었다.

▲ 옥타비아누스

▲ 안토니우스의 죽음 : 안토니우스와 클레오파트라

▲ 악티움 해전

안토니우스는 우세한 육상 전력에도 불구하고 클레오파트라의 조언으로 해전을 벌여 패전한다.

옥타비아누스는 카이사르 누이의 손자였으며 카이사르가 지명한 공식 후계자였다. 그리고 안토니우스와 레피두스는 카이사르의 부하였다. 안토니우스의 군대가 가장 강력했으나 클레오파트라와 사랑에 빠진 그의 실책으로 결국 옥타비아누스가 최종 승리자가 되었다.

이제 옥타비아누스는 9백만 평방킬로미터, 총 인구 7천만 명, 30만의 상비군을 장악한 로마의 제 1인자가 되었다. 무엇보다도 그는 풍부한 곡창지대인 클레오파트라의 이집트를 개인적으로 소유하게 되어 로마 최대의 부자가 되었다.

로마에 도착한 옥타비아누스는 원로원에게 존엄한 자라는

뜻을 가진 '아우구스투스'란 호칭을 부여받았다. 그리고 제1의 시민을 뜻하는 '프린켑스'라는 호칭을 받았다. 또한 개선장군을 뜻하는 '임페라토르'로 불리기도 했다. 유럽에는 카이사르가 등장하기 전까지만 해도 황제라는 말이 없었기에 카이사르가 황제라는 용어로 대신 쓰이게 된다. 비록 로마의 공식적인 첫 번째 황제는 옥타비아누스였지만 그 기초를 카이사르가 만들었다.

옥타비아누스의 이름에도 카이사르라는 단어가 있다. 이후 유럽에서는 임페리얼보다 카이사르가 황제라는 말로 더 많이 쓰이게 된다. 라틴어인 카이사르를 독일에서는 카이저, 러시아에서는 짜르, 영국에서는 시저라고 부른다. 이 모두는 카이사르라는 뜻이며 황제를 뜻하게 된다.

옥타비아누스(재위 기원전 27~서기 14)는 아우구스투스로서, 프린켑스로서 로마의 첫 번째 황제가 되었다. 아시아의 전제 군주제와 다르게 옥타비아누스는 형식적으로 원로원을 존중했다. 그래서 전제정과 구별하여 이 때의 시스템을 원수정이라고 한다.

옥타비아누스는 이집트에서 나오는 자신의 사비로 빈민들에게 빵과 서커스를 제공했다. 서커스란 로마의 모든 시

▲ 콜로세움

민들을 콜로세움에 불러 무료로 검투사 경기를 보여준 것을 말한다. 무료로 제공되는 빵과 서커스가 모두 옥타비아누스의 사비로 충당되었으니, 그동안 로마를 병들게 한 귀족과 평민

층의 경제적 갈등은 잠시나마 완화된 것이다.

  페리클레스의 민주주의가 델로스 동맹의 기금과 노예제로 유지되었듯이, 로마의 제정도 제국주의와 노예제로 유지된 것이다. 로마는 로마 내부의 빈부 갈등을 해결하기 위해 '빵과 서커스'를 제공했으며 그리고 사상적으로 스토아학파의 '운명에 순응하는 극단적 금욕주의'를 요구했다. 그리고 수많은 이민족들로 이루어진 로마를 유지하기 위해 '세계 시민주의'를 강조했다. 옥타비아누스 사후 네로 같은 폭군이 등장한 시기도 있었지만 스토아학파였던 마르쿠스 아우렐리우스를 포함한 5현제와 같은 훌륭한 황제가 등장했다.

스토아학파와 에피쿠로스학파

스토아학파는 모든 인간에게 이성(LOGOS)이 있다고 보았고 이에 따라 모든 세계 시민은 평등하다고 주장했다. 이 세계 시민주의는 알렉산드로스의 동서 융합 정책에 적합한 이론이었으며 이후 그보다 더 큰 영토를 차지한 로마 제국에게는 너무나도 필요한 사상이었다.

▲ 스토아와 제논

주랑(柱廊)이라는 뜻의 스토아는 전방을 기둥으로, 후방을 벽으로 둘러싼 고대 그리스 공공 건축물이다. 그리스 민주정치의 중심지 '아고라'에 위치했다.

스토아학파의 사상은 운명에 순응하는 극단적 금욕주의를 통해 아파테이아, 즉 '어떠한 상황 앞에서도 동요하지 않는 정신 상태'를 추구한다.

어느 날 노예에게 몹시 화가 난 주인이 그의 팔을 비틀기 시작했다. 그러자 노예는 "주인님, 마음의 평정을 찾으십시오. 계속 그렇게 하신다면 저의 팔이 부러질 것입니다."라고 말하였다. 더 화가 난 주인이 결국 그의 팔을 부러뜨렸다. 이 순간에도 그는 평온함을 잃지 않고 "제가 그렇게 될 것이라고 말씀드리지 않았습니까?"라고 말하였다. 그는 시종일관 아무런 감정의 동요 없이 평온한 정신의 태도(아파테이아)를 보였다.

이 당시 또 다른 철학적 사조로 에피쿠로스라는 학파가 있었다. 이 학파는 검소와 절제를 통한 정신적 쾌락주의를 통해 아타락시아, 즉 '마음에 불안이 없고 몸에 고통이 없는 평온한 상태'를 추구한다. 스토아학파는 운명에 순응하는 철학이기에 죽음 앞에서도 동요하지 않을 것을 강조했던 반면 에피쿠로스학파는 죽음에 대하여 다른 관점을 제시한다. 즉 인간은 원자로 이루어졌는데 죽음이란 단지 원자가 해체될 뿐이라는 것이다. "죽음은 나와 상관없다. 죽었을 때부터 나는 없다. 우리가 살았을 때 죽음은 우리에게 아직 오지 않았으며 죽음이 왔을 때는 우리는 이미 존재하지 않는다."

알렉산드로스 제국과 로마 제국의 병사들은 스토아학파의 철학에 길들여져 죽어간 병사들도 있었지만 에피쿠로스학파의 철학에 길들여져 죽음을 맞이한 병사들도 있었다.

▲ 스토아학파의 죽음　　▲ 에피쿠로스학파의 죽음

2. 여호와, 예수를 위해 스토아학파와 로마 제국을 준비하시다
헬레니즘 철학 / 알렉산드로스 제국과 로마 제국

죽은 시인의 사회

스토아학파와 에피쿠로스학파의 또 다른 점을 살펴보자. 전술한 바와 같이 스토아학파가 극단적 금욕주의라면 에피쿠로스학파는 쾌락주의였다. 하지만 이러한 쾌락주의가 육체적 쾌락을 의미하는 것은 아니었다. 육체적 쾌락주의를 추구한 사조는 이 시대 또 하나의 철학인 키레네학파였다.

쉽게 예를 들어보자. 스토아학파가 빵을 하나도 먹지 않고 운명에 순응하며 극단적 금욕을 추구하는 것이라면 에피쿠로스학파는 빵은 하나 먹으면서 정신적 쾌락을 추구하는 것이다. 필자가 다이어트를 한 적이 있었는데 무조건 먹는 걸 줄이면서 하루를 보내니 너무나 고통스러웠다. 그래서 먹는 걸 줄이면서 동시에 컴퓨터 게임에 집중한 적이 있다. 컴퓨터 게임을 하기 전에는 한 시간 한 시간이 그렇게도 안 가더니 게임을 할 때는 시간이 엄청나게 빠르게 지나갔다. 먹고 싶다는 생각을 잊어버릴 정도였다. 즉 에피쿠로스학파는 육체적 금욕주의가 아니라 최소한 빵1개는 먹으면서 나머지는 정신적 쾌락을 추구하는 것이다.

▲ 에피쿠로스

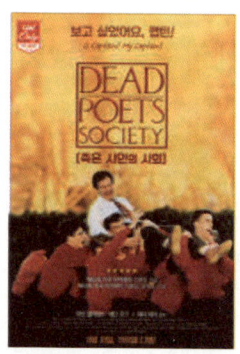
▲ 영화 '죽은 시인의 사회' 포스터

영화 '죽은 시인의 사회'을 보면 스토아학파, 에피쿠로스학파, 키레네학파의 이론이 모두 나온다, 키팅 선생이 처음 학교에 부임할 때 이 학교의 학생들은 모두 입시를 위해 생활의 거의 모든 시간을 공부에만 집중하는 상황이었다. 즉 이 학생들은 극단적인 금욕주의를 추구하는 스토아학파였다. 이에 키팅 선생은 학생들에게 에피쿠로스학파를 소개한다. 영화에서 키팅 선생이 학생들에게 강조했던 카르페 디엠(Carpe diem, 영어로는 Seize the day), 즉 '그날그날을 충실히 즐겨라' 라고 하는 것은 에피쿠로스학파에서 즐겼던 말이다. 즉 어느 정도 정신적 여유를 가지며 공부를 하라는 것이었다. 하지만 이 학교의 교장 선생님은 키팅 선생을 키레네학파로 오해하여 학교에서 쫓아낸다.

❶ 고르기아스 ❷ 디아고라스 ❸ 에피쿠로스 ❹ 크세노폰 ❺ 소크라테스 ❻ 플라톤 ❼ 아리스토텔레스
❽ 조로아스터 ❾ 파르메니데스 ❿ 아낙시만드로스 ⓫ 피타고라스 ⓬ 헤라클레이토스 ⓭ 디오게네스 ⓮ 유클리드

▲ 아테네 학당 (The School of Athens)

1509년 27세의 라파엘로가 교황 율리오 2세의 주문으로 바티칸 사도궁전 내 교황 서재의 네 벽면에 벽화를 그린다. 벽화는 각기 철학, 신학, 법, 예술을 주제로 하는데 이 가운데 '아테네 학당'은 철학을 상징하는 벽화이다.

II 서양 철학과 서양사

3. 같은 여호와를 모시는 종교들
기독교와 이슬람교 /
서양 중세와 이슬람 역사

유대교와 조로아스터교

이집트와 고바빌로니아 등을 정복하고 오리엔트를 최초로 통일한 나라는 아시리아였다. 아시리아는 가혹한 통치로 멸망하게 되고 서아시아는 이집트, 리디아, 신바빌로니아, 메디아로 분열되었다.

이후 서아시아는 페르시아(아케메네스 왕조 페르시아)가 통일하게 되었는데, 이 나라는 인구어족(인도·유럽어족)의 일파인 아리아족이 세운 나라이다. 중앙아시아의 아리아족의 일부는 인도를 점령하고 브라만교와 카스트 제도를 통해 원주민인 드라비다인을 지배했으며 또 다른 일부는 서아시아로 이동하여 메디아와 페르시아를 건국하였다.

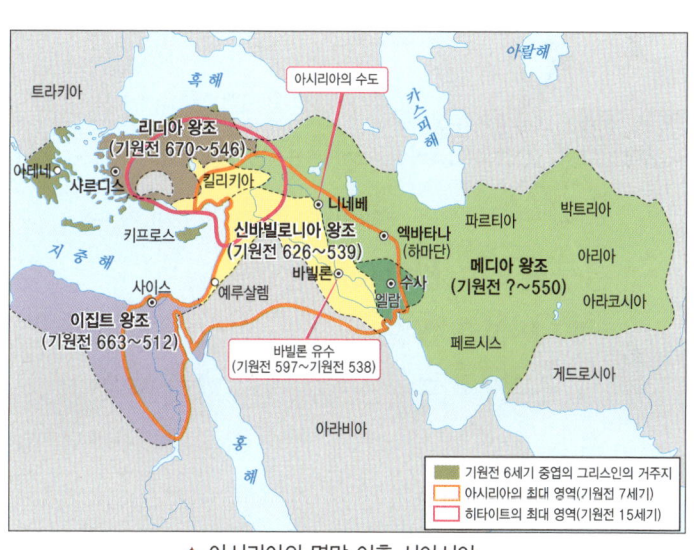

▲ 아시리아의 멸망 이후 서아시아

▲ 페르시아(아케메네스 왕조 페르시아)의 통일

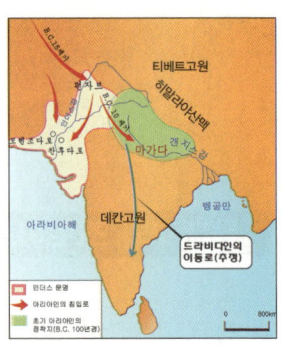
▲ 인더스 문명

특히 페르시아 시기에 조로아스터교가 발달했다. 기원전 7~6세기 무렵 예언자 조로아스터는 여러 신을 믿었던 다신교를 아리아 민족의 천신 비루나를 숭상하는 일신교로 정립했으며 또한 이 신앙에 도덕성을 가미하여 조로아스터교를 정립했다.

▲ 조로아스터교의 상징

조로아스터교는 세상의 종말에 이르러 선과 악이 서로 싸우게 된다고 한다. 전쟁의 결과 악한 자는 세상의 종말 후 지옥에서 고통을 받게 되며 선한 자는 천국에서 축복을 받으며 살게 된다. 이때 이 최후의 승자를 아후라 마즈다라고 한다. 천당과 지옥, 최후의 심판 등의 면에서 조로아스터교와 유대교는 서로 매우 유사했다. 이것이 다른 기존의 종교와는 확연히 다른 차이점이었다.

유대교를 믿는 유대인들은 이전에 신바빌로니아에 끌려가는 바빌론 유수를 당했다. 그러다가 오리엔트를 페르시아가 통일하자 바빌론 유수에서 풀려나게 되는데 이는 페르시아가 타민족에 대해 관용 정책을 폈기 때문이었다. 그런데 그것이 이러한 종교적 유사성에 따라서 가능했다는 설도 있다. 학자들 사이에서 조로아스터교가 유대교에게 영향을 주었다고 주장하는 측과 부정하는 측의 대립이 있다.

크리스트교, 스토아학파와 로마 제국을 기반으로 세계에 퍼지다

크리스트교는 유일신을 섬기는 유대교에서 발생했다. 원래 유대교는 유대인들만이 하나님을 믿을 수 있다는 배타적 선민사상을 가지고 있었다. 그런데 로마의 지배를 받고 있던 이스라엘의 한 마을에서 태어난 유대인인 예수는 이를 비판했다. 그는 민족의 차원을 넘어 모든

▲ 예수

사람들을 향해 하나님의 말씀을 선포했다. 그리고 신에 대한 사랑뿐만 아니라 이웃에 대한 사랑을 아울러 같이 강조했다.

 모든 시민이 동등하다는 스토아학파의 세계 시민주의가 널리 퍼져 있던 당시 로마의 시민들은 배타적 선민 사상을 넘어선 세계 시민주의적인 크리스트교에 쉽게 빠져들었다.

 그리고 로마가 유럽의 거의 대부분을 통일하면서 유럽에 국경이 사라졌기에 크리스트교는 급속도로 퍼져나갔다. 따라서 필자는 크리스트교의 기반은 바로 스토아학파와 로마 제국이

라고 생각한다. 이 두 가지 기반이 없었다면 크리스트교는 이 스라엘 지방에 국한되는 종교로 머물렀을 수도 있었기 때문이다.

크리스트교의 공인

5현제 시대 이후 로마는 내부적으로 군인들이 서로 황제가 되기 위해 싸웠으며 외부에선 게르만족들이 침략해왔다. 이제 이러한 혼란기에 기존의 원수정 형태의 제정으로는 통치가 불가능하기에 이르렀다. 결국 군인 황제 시대의 종지부를 찍은 자는 디오클레티아누스 황제(재위 284~305)였다. 디오클레티아누스 황제는 지금의 알바니아 지역인 일리리아 출신으로 말단의 병졸부터 시작하여 황제의 호위 대장을 거쳐 황제에 오른 입지전적 인물이다.

▲ 디오클레티아누스 황제

이는 로마가 스토아학파의 세계 시민주의 정신에 따라 모든 시민에게 평등한 시민권을 부여하였기에 가능했던 것이다.

디오클레티아누스는 293년 병든 로마를 중흥시키기 위해 제국을 4등분하여 분할 통치했다. 그리고 그는 오리엔트식 전제 군주제를 추구했다. 이때부터 로마의 황제는 제1 시민 프린켑스가 아니라 오리엔트식 전제 군주였다. 그리고 시민은 더 이상 시민이 아니라 신민이 되었다. 신민은 황제 앞에 나갈 때 알렉산드로스가 요구했던 것처럼 그리고 페르시아에서 그랬던 것처럼 몸을 굽히고 나아가서 절을 하여야 했다. 비록 시민은 신민이 되었지만 그러나 로마는 나름대로 재건에 성공하게 되었다. 이후 디오클레티아누스가 퇴위하자 나머지 황제들끼리 내전이 발생한다. 이 내전에서 등장하는 인물이 콘스탄티누스 대제(재위 306~337)이다. 재위 쟁탈전에 가담한 콘스탄티누스 대제는 로마로 진군한다. 이 당시 그는 태양신을 숭상하는 일신교를 신봉하고 있었다. 그런 그가 로마로 진군하던 어느 날 하늘에서 십자가가 나타났다. 그 옆에는 '너 이것으로 이겨라' 라는 뜻의 문자가 있었다. 이것이 무엇인지 콘스탄티누스 대제는 궁금했다. 그날 밤 예수가 그의 꿈에 나타나 십자가를 군기로 걸고 싸우라고 명했다. 이 명을 받든 콘스탄티누스 대제는 연전연승하여 로마에 이르렀다.

▲ 콘스탄티누스 대제

어떤 이는 이 말을 콘스탄티누스 대제가 직접 전했다고 하고 또 어떤 이는 실제로 군기에 건 것은 십자가가 아니라 그리스도의 스펠링 중 앞의 것 2개를 합친 표시였다고도 한다.

▲ 콘스탄티누스 대제의 군기
그리스도의 그리스어 표기 'Χριστοs'의 첫 자와 둘째 자를 겹친 것이라는 주장이 있다.

▲ 〈밀비우스 다리의 전투〉, 바티칸 박물관
콘스탄티누스 대제는 이 전투의 승리로 전 로마를 지배할 계기를 마련한다

로마에 입성한 콘스탄티누스 대제는 원로원의 승인을 받고 313년 밀라노 칙령을 통해 크리스트교의 신앙을 공인했다. 우리나라 고구려의 소수림왕, 백제의 침류왕, 신라의 법흥왕이 불교를 통하여 전 백성의 정신적 통일을 이루고 나아가 나라를 강화시키려 했던 역사가 있었다. 이처럼 콘스탄티누스 대제 역시 크리스트교를 이용해 로마 제국의 안정화를 추구했던 것이다.

　323년 콘스탄티누스 대제는 유일한 단 한 명의 황제가 되고자 전쟁을 시작했다. 이 전쟁은 황권을 다투는 권력투쟁이기도 했지만 크리스트교의 공인 여부를 결정짓는 종교적 성격의 전쟁이기도 했다. 이때 콘스탄티누스 대제의 군대는 보병 12만, 기병 1만, 군함 2백 척이었는데 이는 상대편의 군대 보병 15만, 기병 1만 5천, 군함 2백 척에 비하여 열세였다. 이 전쟁에서 콘스탄티누스 대제의 군대는 군기에 그리스도의 두 문자를 걸고 싸워 승리했다.

　콘스탄티누스 대제는 323년에 드디어 라이벌 황제를 격파하고 로마를 지배하는 유일한 황제가 되었다. 그리고 이후 325년 니케아 공의회를 통해 아버지인 신과 아들인 그리스도는 동일한 본질이라고 강조하는 삼위일체, 즉 성부(하나님)·성자(예수)·성령(거룩한 영)은 하나라는 이론을 주장하는 아타나시우파의 이론을 채택하였다. 반면 예수의 인간성을 강조하는 아리우스파는 이단으로 추방되었다. 추방된 아리우스파는 이후 게르만족에게 포교되어 전파되었다.

콘스탄티누스는 재위 25년째인 330년 천도를 결심하는데 그 이유는 크리스트교 때문이었다. 1천 년의 전통을 갖는 로마에서는 4백 개에 달하는 이교 신전이 있었는데 이러한 상황에서 크리스트교를 국교로 추진하기 힘들었기 때문이다. 콘스탄티누스는 수도를 비잔티움으로 옮겨 이후 이 도시를 콘스탄티노폴리스라고 부르게 된다.

천도의 또 다른 이유로는 남부유럽과 서부유럽의 경제적 격차를 들 수 있다. 이 당시 남부유럽은 서부유럽보다 경제적으로 더 풍요로웠다. 물론 지금은 서유럽이 남부유럽보다 더 경제적으로 발달했지만 로마시대에는 이와 반대였다.

콘스탄티누스 대제 사후 게르만족의 침입이 시작되었다. 378년 발렌스 황제(재위 364~378)는 게르만족과의 전쟁에 친정하여 전사했다. 게르만족의 침입이 지속되는 상황 속에서 테오도시우스 황제(재위 379~395)가 즉위했다. 그는 392년 크리스트교를 국교로 제정했다. 크리스트교 이외의 종교는 모두 이교로 취급되어 이교도는 모든 도시에서 추방되고 신전이 파괴되는 박해를 받았다. 이때 그리스의 올림피아 제전이 이교도의 종교 행사라 하여 금지되기도 하였다.

▲ 테오도시우스 황제

395년 테오도시우스 황제가 죽으면서 두 아들에 의해 제국은 동서로 분할되기에 이른다. 그중 라틴 문화인 서로마는 옥

시덴트(해가 지는 곳)로 불렀으며 그리스 문화인 동로마는 오리엔트(해가 뜨는 곳)라고 불렀다.

한 무제가 서로마를 멸망시키다

중국의 한 무제는 흉노를 공격했다. 이후 흉노는 한 왕조의 공격으로 서쪽으로 이동하게 되고 훈족이 되었다는 설이 있다. 이 훈족은 다시 게르만족을 압박하여 그들이 서로마를 정복하게 되는 계기를 제공한다. 따라서 이러한 인과관계를 종합적으로 고려해보면 결국 한 무제가 서로마 멸망의 한 원인을 제공한 것일 수도 있다.

서로마는 게르만족의 침략으로 476년 멸망했다. 그러나 동로마 제국은 1453년까지 지속된다. 따라서 유럽의 역사에서 476년부터 1453년까지를 중세로, 1453년 이후를 근대로 분류한다.

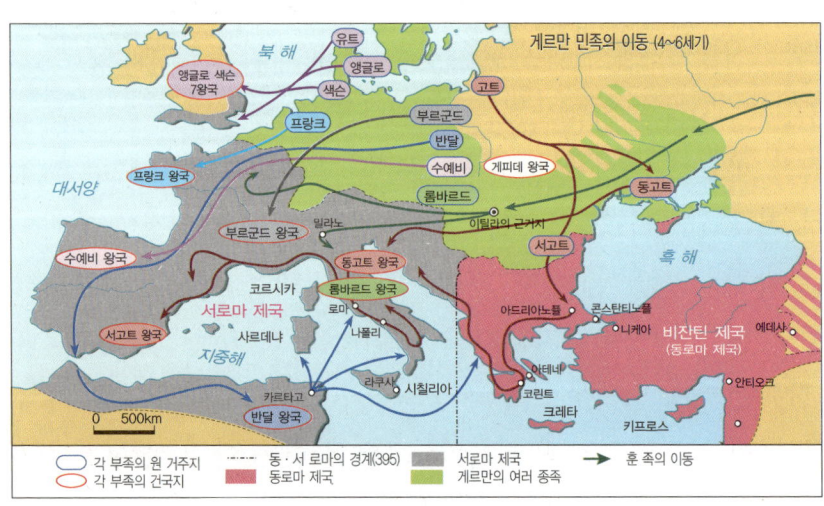

▲ 게르만족의 이동

수많은 게르만족의 이동이 있었는데 그중 가장 중심적인 국가는 프랑크 왕국이었다. 프랑크 왕국이 이토록 발전한 이유는 바로 아타나시우스파를 믿었기 때문이었다. 이때 다른 게르만족들은 아리우스파를 믿고 있었다. 로마 시민들은 주로 아타나시우스파를 믿었기에 동일한 종교의 분파를 믿는 프랑크 왕국이 로마 시민의 지지를 받을 수 있었다. 그리하여 프랑크 왕국의 단순한 영토 확장은 이단을 물리치는 종교 전쟁으로 격상되어 자리매김하게끔 되었다.

프랑크 왕국은 클로비스(재위 481~510)가 세운 왕국으로 이 왕조를 메로베우스 왕조라고 한다. 이후 이슬람이 침략하는데 이를 재상 카롤루스 마르텔이 투르·푸아티에 전투에서 물리쳐 권력이 카롤루스 마르텔 집안으로 이동하게 된다.

▲ 투르·푸아티에 전투

이슬람교가 크리스트교를 그리스 정교와 로마 가톨릭으로 분열시키다

원래 종교에서는 그들이 믿는 신을 인간적인 모습으로 표현하지 않는다. 불교에서는 알렉산드로스에 의해 간다라 미술이 생기기 전까지 연꽃과 수레바퀴로 부처를 표현했을 뿐이다. 이슬람교는 아라베스크 무늬의 표현으로 우상숭배의 위험성을 회피했다. 하지만 서유럽은 무지한 게르만족들을 대상으로 포교를 해야 했기에 구체적인 신의 형상인 성상이 필요했다.

▲ 성상 파괴 운동

그런데 우상 숭배를 철저히 배격하는 이슬람의 영향으로 동로마 제국의 황제 레오 3세(재위 717~741)는 726년 모든 교회의 성상 숭배 금지령을 내렸다. 기존의 성상들을 모두 파괴하라는 명령이 내려진 것이다. 이러한 강압적 정책이 가능했던 이유로는 서유럽의 교황과 달리 동로마 제국, 즉 비잔티움 제국의 황제가 교회를 장악하는 황제 교황주의였기 때문이었다. 이제 서유럽과 동로마의 교회는 서유럽의 로마 가톨릭과 동로마의 그리스 정교로 분열되었다.

카롤루스 마르텔의 아들 피핀은 메로베우스 왕조 대신 자신이 왕이 되고자 하는 야심이 있었다. 게르만족의 침입에 힘들었던 로마 교황 역시 성상 숭배 문제로 동로마 제국의 도움을 받을 수 없게 되자 피핀의 도움이 절실했다. 이러한 이해관계에 따라 프랑크 왕국과 교황의 제휴가 이루어졌다. 로마 교황의 지지를 받은 피핀(재위 751~768)은 허수아비 메로베우스 왕가를 몰아내고 새로운 프랑크의 왕조인 카롤루스 왕조를 개창했다. 그리고 로마 교황의 부탁을 받아 알프스산맥을 넘어 이탈리아 중북부 지방을 점령하여 선물로 주었다. 이것이 로마 교황령의 시초가 된다.

피핀 다음에 등장한 프랑크 왕이 그 유명한 카롤루스 대제(재위 768~814)이다. 카롤루스 대제는 프랑스어로 샤를마뉴 대제, 독일어로 카를 대제, 영어로 찰스 대제로 불린다. 800년 로마의 교황은 왕에게 서로마 황제의 관을 선물하였는데 이에 카롤루스 대제는 서로마의 황제가 되었다.

▲ 카롤루스 대제

카롤루스 대제 사후 후손들이 프랑크 왕국을 나눠 가지게 되었다. 프랑크 왕국은 843년 베르됭 조약과 870년 메르센 조약으로 3개로 나눠지니 지금의 프랑스, 독일, 이탈리아의 기초가 만들어진 것이다.

▲ 카롤루스 대제 시기의 프랑크 왕국

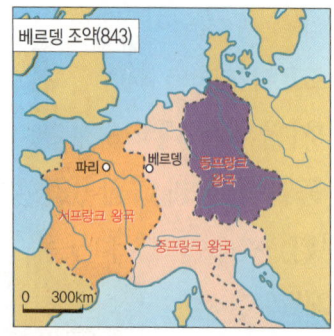
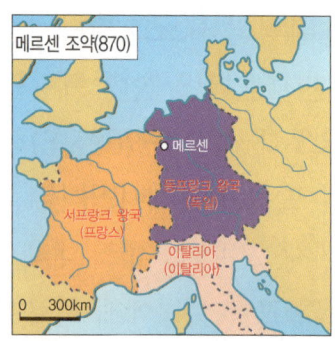

프랑크 왕국이 이처럼 내부 분열로 혼란해졌을 때 외부에서는 노르만족과 지금의 헝가리인인 마자르족이 침입해왔다.

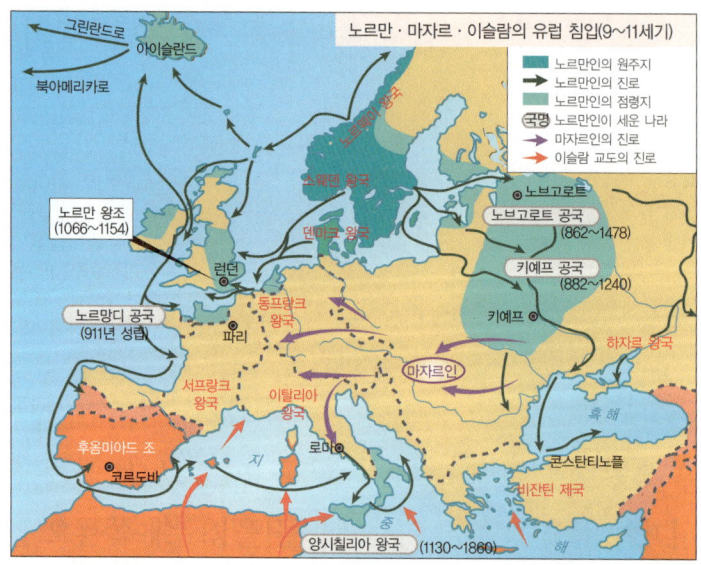

▲ 노르만족의 이동

노르만의 침입을 물리치고 파리 방어에 성공한 위그 카페(재위 987~996)가 987년 카페 왕조를 건국하여 서프랑크는 카롤루스 왕조 대신에 카페 왕조가 시작되었다. 동프랑크의 오토 1세도 마자르족을 격파하여 황제가 되는데 이 나라가 신성 로마 제국이다. 그리하여 서프랑크는 카페 왕조에 의해, 동프랑크는 오토 1세에 의해 프랑크 왕국의 혈통은 단절되었고 지금의 프랑스와 독일의 역사가 본격적으로 시작되었다.

교황의 시대

서유럽은 프랑스, 독일, 영국, 이탈리아 등으로 국경선이 깔끔하게 정리된 것 같지만 이들 왕들은 노르만족과 마자르족의 침입으로부터 나라 전역을 방어할 수 없었다. 이에 각 지역들은 제후들을 중심으로 방어선이 형성되었다. 실제로 이들 나라는 수많은 제후의 연합체에 불과했다.

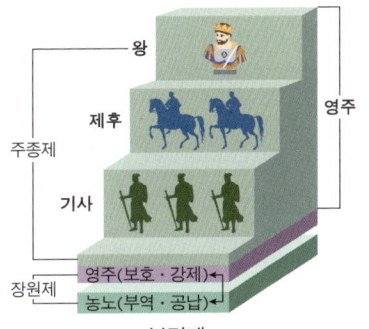

▲ 봉건제

국왕, 제후, 기사, 농민의 신분으로 서열이 정해졌으며 교회도 교황, 대주교, 수도원장, 주교, 일반 사제의 순으로 서열이 정해졌다. 성직자도 제후였으며 성직자가 차지한 장원은 서유럽 전체의 1/4에 해당되었다.

따라서 서유럽의 왕은 일반적으로 그 권력이 약했고 상대적으로 교황의 힘이 컸다. 수백 개로 찢어진 서유럽의 정치 구조상 그들을 하나로 묶어줄 보편적인 통일체가 필요했기 때문이다. 참고로 로마 가톨릭

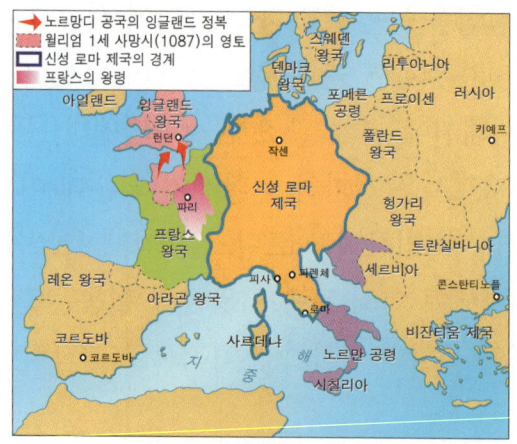
▲ 11세기경의 서유럽

에서 가톨릭은 보편적이란 뜻이다. 물론 처음부터 교황의 힘이 강성했던 것은 아니다. 그 계기는 클뤼니 수도원의 개혁 운동부터였다. 이 당시 성직자들은 돈을 주고 성직을 사고 팔았으며 결혼까지 했다. 하지만 클뤼니 수도원의 개혁 운동으로 이런 문제들이 해결되는 가운데 교황의 힘이 커졌다.

　이렇게 강력해진 교황의 권위에 신성 로마 제국의 황제 하인리히 4세가 저항했다. 이에 교황 그레고리우스 7세는 신성 로마 제국의 황제를 파문하였다. 파문당한 하인리히 4세는 용서를 빌기 위해 왕비, 왕자를 데리고 교황이 있는 카노사에 찾아갔다. 한 겨울의 혹독한 추위에도 불구하고 황제는 1077년 1월 25일부터 3일간 맨발로 눈물을 흘리며 눈 위에서 용서를 빌었다. 이후 1096년 교황 우르바누스 2세가 십자군 원정을 개시하여 유럽 정치의 주도권을 장악하자 교황의 힘은 더욱 강화되었다.

▲ 카노사의 굴욕

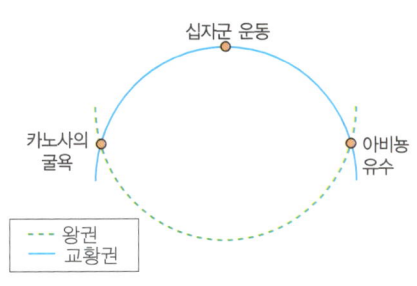
▲ 교황권과 왕권의 비교

대박 난 십자군 운동

예루살렘을 정복한 셀주크 튀르크가 기독교 순례자를 박해하고 동로마 제국을 위협하기에 이르렀다. 이에 동로마 제국 황제가 교황에게 구원을 요청하여 십자군 운동(1096~1291)이 시작되었다. 하지만 십자군 운동은 단지 예루살렘을 탈환하기 위한 운동만이 아니었다. 바로 서유럽의 팽창 운동이었다.

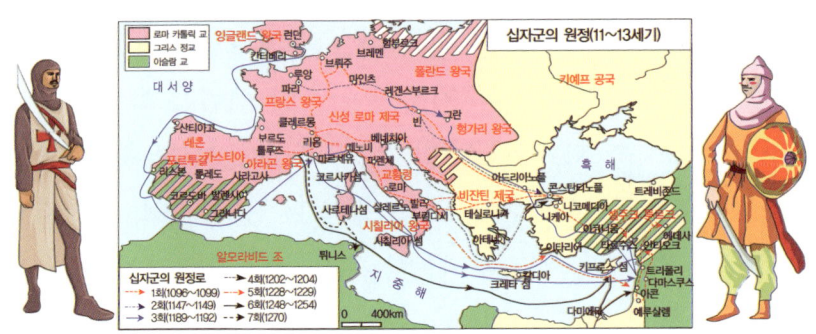
▲ 십자군 운동

십자군이란 말은 원정군 모두의 어깨와 가슴에 십자가 장식을 붙인데서 유래했다.

3. 같은 여호와를 모시는 종교들
기독교와 이슬람교 / 서양 중세와 이슬람 역사

중세 전반기의 서유럽은 그야말로 암흑의 시대였다. 원래 서유럽은 과거 빙하 지대였기에 토지가 매우 척박했다. 그리고 이슬람의 침입으로 로마 경제의 중심이었던

▲ 빙하 지대였던 서유럽

지중해 무역이 붕괴되자 암흑의 시대가 시작되었다. 하지만 그런 가운데에도 서유럽에 삼포제와 말을 이용한 심경법이 확산되면서 상업과 도시가 발달했다. 이런 성장은 서유럽에 지중해 무역의 부활이 필요해지는 계기가 되었다.

다시 말하지만 십자군 운동은 유럽의 팽창 운동이었다. 그리고 이러한 팽창 운동은 단지 지중해에만 국한되지 않았다. 지금의 에스파냐가 있는 이베리아반도는 원래 이슬람 영토였으나 로마 가톨릭 국가들이 이슬람 세력을 몰아내는 레콘키스타 운동, 즉 '재정복 운동'을 전개했다. 지금의 발트 3국, 그리고 칸트의 고향이 있는 쾨니히스베르크가 있는 발트해 연안은 십자군 기사단의 하나인 튜튼 기사단이 정복 운동을 전개했다. 즉 유럽의 팽창 운동은 지중해, 이베리아반도, 발트해 연안에 걸쳐서 이루어진 것이다.

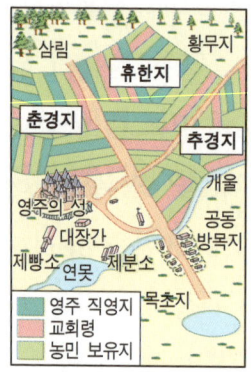

▲ **삼포제** : 농지를 3분하여 1년에 경지면적의 2/3만 경작하고 1/3을 휴경함으로써 지력을 회복하는 농법이다.
▲ **심경법** : 말을 이용해 농사를 짓는 방법이다. 말은 늙지 않았을 때는 기사의 전투용으로 쓰이다가 늙게 되면 농사에 이용되었다.

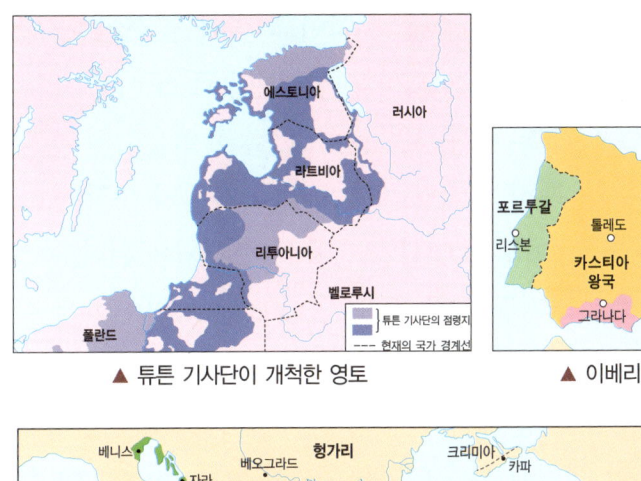

▲ 튜튼 기사단이 개척한 영토   ▲ 이베리아반도

▲ 십자군이 건설한 국가들

　비록 십자군 운동으로 원래의 목표인 예루살렘을 탈환하지는 못했다. 그러나 그 결과로 지중해 무역이 부활하여 북이탈리아 도시 국가들이 크게 성장하였다. 결과적으로 십자군 운동은 결코 실패한 운동이 아니라 대박 난 운동인 것이다.
　북이탈리아 도시 국가들은 뱃삯을 받고 십자군 기사들을 예루살렘으로 데려다 주었으며 귀환할 때는 이슬람의 선진 문물을 가져왔다. 고대 로마의 지중해 무역이 되살아난 것이다. 다시 정리하면 십자군 운동은 삼포제와 심경법으로 도시가 발달해 나가던 서유럽의 팽창 운동이었으며 그 결과 서유럽의 경제는 더욱더 팽창했다. 특히 북이탈리아 도시 국가들의 성장이 두드러졌는데 이곳에서 이후 르네상스 운동이 전개되게 된다.

1096년 시작된 십자군 운동은 약 200여 년 동안 8번에 걸쳐 진행되었지만 결국 예루살렘을 탈환하는데 실패한다. 그러나 십자군 운동으로 지중해 무역이 부활하자 삼포제와 심경법으로 성장한 상인 세력은 더욱더 성장하게 된다. 그리고 이 상인 세력이 봉건 귀족을 견제하기 위해 왕을 지원하자 왕은 몰락하는 제후와 기사를 누르고 근대 중앙 집권 국가를 만들게 된다. 이처럼 십자군 운동은 유럽을 중세에서 근대로 전환시키는 엄청난 운동이었다.

다시 정리하면 많은 독자들은 십자군 운동이 실패하여 교황과 봉건 귀족이 몰락한 것으로 생각한다. 그러나 그렇지 않다. 반대로 대박을 터뜨린 십자군 운동으로 상인 세력과 왕의 힘이 커져 상대적으로 교황과 봉건 귀족이 몰락하는 것이다.

▲ 필리프 4세

왕의 힘이 커짐에 따라 교황의 힘은 약해지는데 이 결과로 아비뇽 유수(1309~1377)가 발생하게 된다. 프랑스 왕 필리프 4세(재위 1285~1314)는 성직자에 대한 과세 문제로 교황과 대립하게 되었다. 프랑스 의회인 삼부회의 지지를 받은 필리프 4세가 교황을 굴복시키고 교황청을 프랑스 아비뇽으로 옮겼다. 이후 70년간 교황청은 프랑스 왕의 통제를 받게 된다. 아비뇽 유수가 끝나고 교황이 로마로 복귀하자 프랑스는 여전히 아비뇽에서 교황을 선출한다. 이에 각자 자신이 정통 교황이라고 주장하는 교회의 대분열 시대(1378~1417)가 전개된다.

교부 철학

중세 전반기는 이른바 교부 철학이 유행했다. 초기 그리스도교의 교리를 체계화하고 확립하는 데 공헌한 학자들을 '교부(敎父)'라고 부르는데 그 대표자는 아우구스티누스(354~430)였다. 플라톤은 그리스의 민주 정치가 중우 정치로 변질되어 스승 소크라테스가 사형을 당한 시대에 살았다.

▲ 아우구스티누스 ▲ 플라톤

중세 전반기의 유럽 역시 마찬가지로 이른바 암흑의 시대였다. 로마 제국의 핵심 경제였던 지중해 무역은 붕괴되었고 노르만족과 마자르족의 침략으로 전 유럽이 수백 개의 상원으로 갈리진 대혼란의 시대였다.

따라서 아우구스티누스는 플라톤과 마찬가지로 현실을 부정하고 철저히 이상을 추구했다. 플라톤이 세상을 현실과 이데아로 나누었듯이 아우구스티누스는 지상의 나라와 천상의 나라로 나누었다. 인간은 태초에 에덴 동산에 살았었다. 하지만 이브가 뱀의 유혹에 빠져 선악과를 따먹었다. 이에 에덴 동산에서 쫓겨나 남자는 노동, 여자는 임신을 해야 하는 고통을 겪기 시작했다. 그래서 다시 우리가 에덴 동산으로 돌아가기 위해서는 무조건 여호와를 믿어야 하며 로마 교황에게 복종해야 한다는 것이다.

▲ 플라톤의 이원론과 교부 철학의 이원론

그리고 플라톤이 지혜·용기·절제를 통해 이상 국가를 이루어야 한다고 주장했듯이 아우구스티누스는 믿음·소망·사랑으로 천상의 나라로 돌아가야 한다고 주장했다.

스콜라 철학

십자군 운동 이후 중세 후반기는 스콜라 철학이 유행했다. '학교(school)'의 어원인 스콜라(schola) 철학의 대표자는 토마스 아퀴나스(1224/25?~1274)였다.
십자군 운동은 서유럽이 중세에서 근대로 이행하는 시기이며 또한 암흑의 시대에서 이성의 시대로 이행하는 시기였다. 마침 십자군 운동을 통해 서유럽보다 더 선진적인 세계였던 이슬람에서 아리스토텔레스의 서적이 서유럽에 전파되었다. 즉 토마스 아퀴나스는 아리스토텔레스의 철학을 이용해 스콜라 철학을 정립하게 된다.

  토마스 아퀴나스는 현실을 부정한 플라톤, 교부 철학과 다르게 아리스토텔레스처럼 현실을 인정했다. 토마스 아퀴나스가 살던 시대는 암흑의 시대가 아니라 근대가 태동하는 시대였기 때문에 지상의 나라도 천상의 나라만큼 중요했다. 아리스토텔레스가 현실 안에 이데아가 존재한다고 주장하였듯이 아퀴나스도 지상의 나라 안에서 천상의 나라를 추구하게 된다. 이른바 신앙과 이성의 조화를 추구하게 되는 것이다. 그것은 다시 말해 교황과 새롭게 등장하는 근대 중앙 집권 국가의 조화를 추구하게 되는 것이다.

▲ 아리스토텔레스 ▲ 토마스 아퀴나스

  하지만 당시의 시대적 상황상 아직은 근대가 아니라 단지 근대 태동기인 중세 후반기였다. 따라서 스콜라 철학은 신앙과 이성의 조화를 추구했지만 "철학은 신학의 시녀이다."란 말처럼 신앙을 더 우위에 두었다. 그에 따라 근대 중앙 집권 국가, 즉 현실 세계의 국가를 하나님의 나라를 나타내는 교회보다 아래 기관으로 인정했다.

이슬람교

알렉산드로스 제국이 분열되고 다시 서아시아에 등장한 왕조가 파르티아였다. 파르티아는 로마와 한 왕조 사이의 중계 무역으로 발달한 왕조였다.

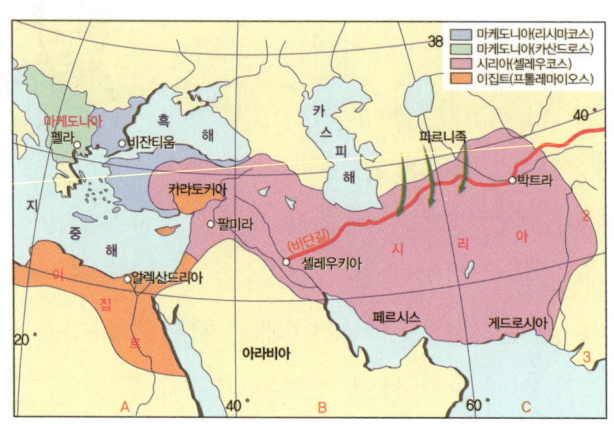
▲ 알렉산드로스 제국의 분열

▲ 파르티아

이 파르티아는 태양신 미토라를 숭배한 미토라교를 믿었다. 미토라교는 로마 제국 시대에 크리스트교와 맞먹는 종교로 성장했으며 인도에도 전해져 미륵 신앙이 탄생하는 계기를 제공했다. 미륵 신앙이란 불법이 쇠퇴한 뒤 천상에서 내려와 세상을 바로 잡는다는 미래불인 미륵이 나타난다는 신앙이다. 파르티아는 서아시아 지역을 놓고 로마와 오랜 대립을 거쳐 결국 쇠퇴하기 시작했다.

그리고 3세기 초반 다시 서아시아를 통일한 왕조는 사산 왕조 페르시아였다. 사산 왕조 페르시아는 불을 숭상하는 조로아스터교를 국교로 정하고 번성하였다가 내부 반란과 비잔티움 제국과의 잦은 전쟁으로 쇠퇴하였다. 이미 476년 서로마가 멸망했으나 동로마 제국, 즉 비잔티움 제국은 여전히 유럽 동쪽에서 건재했다. 6세기경 비잔티움 제국과 사산조 페르시아의 대립이 심화되어 종래의 비단길 대신에 메카와 메디나를 경유하는 새로운 교통로가 개척되었다.

▲ 메카와 메디나

3. 같은 여호와를 모시는 종교들
기독교와 이슬람교 / 서양 중세와 이슬람 역사

당시 메카와 메디나는 여러 부족으로 분열되어 있었는데 이러한 새로운 변화에 따라서 하나의 세력으로 통합되어야 하는 시대적 요청이 제기되었다.

이에 7세기 초 메카에서 무함마드(571~632)가 이슬람교를 창시했다. 이슬람교는 유대교와 크리스트교의 신과 동일한 여호와를 모신다. 다음은 이슬람교의 경전인 쿠란의 일부분이다. '우리(이슬람)의 신과 너(크리스트교)의 신은 같은 한 분의 신이시니, 우리는 그분께 순종함이라.' 이슬람교는 유대교와 마찬가지로 예수를 신으로 보지 않고 무함마드 같은 예언자로 인식했다. 돼지고기를 금지하는 율법도 유대교와 이슬람교의 공통점이라 사실 이 두 종교는 아주 가까운 셈이다.

▲ 무함마드

돼지고기를 금기시하는 유대교와 이슬람교

돼지는 습윤한 기후 지역에서 사육하기 좋은 반면 건조 기후 지역에서는 사육이 어려운 동물이다. 서아시아의 건조 기후 지역에서 돼지를 한 마리 키우려면 양보다 몇 배나 추가적인 노동력이 투입되어야 했다. 따라서 건조한 서아시아 지역에서 퍼진 유대교와 이슬람교는 노동력 절감을 위하여 돼지고기의 식용을 금기시하게 된 것이다. 노동력을 중시한 고대의 우리나라도 형사취수제(부여와 고구려), 서옥제(고구려), 민며느리제(옥저)의 결혼 제도가 있었다.

반면 크리스트교는 습윤한 유럽 지역에서 퍼졌기 때문에 돼지고기를 금기시하지는 않는다. 성경에는 '내 어린 양들아.'라는 표현이 나온다. 만약 성경이 유럽에서 쓰여졌다면 '내 어린 돼지들아.'라는 표현이 등장했을지도 모른다.

무함마드가 이슬람교를 창시하자 메카의 세력은 그를 탄압하였다. 이에 무함마드는 박해를 피해 메디나로 이주하는데 그곳에 도착한 날이 622년 9월 20일이다. 이때를 헤지라(이주라는 뜻)라고 하는데, 이슬람교는 헤지라를 계기로 해서 메카에 있어서의 사적 신앙 단계를 벗어나 하나의 교단을 형성하는 규모로 발전한다. 이러한 의미로 이날은 이슬람교 초기의 교도들에게 아주 중대한 역사적 전환점으로 인식되었으며 뒤에 이슬람교의 기원이 되었다.

무함마드는 이슬람 교단을 배경으로 아라비아반도를 통일했으며 칼리프(후계자라는 뜻) 시대에는 카이로와 바그다드까지 점령하고 사산 왕조 페르시아를 멸망시켰다.

이후 4대 칼리프, 즉 후계자인 알리가 살해되고 시리아 총독인 무아위야가 우마이야 왕조를 창시했다.

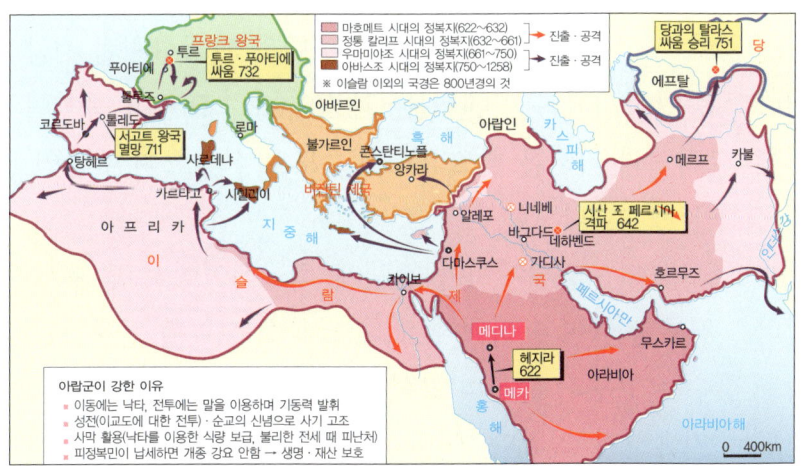

▲ 이슬람 제국

이 사건으로 이슬람교는 알리를 지지하는 시아파와 우마이야 왕조를 지지하는 수니파로 분열되었다. 알리는 무함마드의 사촌 동생이자 무함마드의 딸인 파티마의 남편이었다. 즉, 무함마

▲ 수니파와 시아파

드의 혈족만이 후계자가 되어야 한다는 시아파와 혈족이 아닌 자도 후계자가 될 수 있다는 수니파로 분열된 것이다.

우마이야 왕조는 다마스쿠스를 수도로 번영했으며 유럽에도 진출하였으나 투르·푸아티에 전투에서 프랑크 제국에게 패배하였다.

우마이야 왕조는 아랍인 위주의 정책을 펼쳤는데 이러한 차별정책에 불만을 가진 세력들이 750년 왕조를 무너뜨리고 아바스 왕조를 건국했다. 아바스 왕조는 당의 안록산처럼 지금의 이란과 중앙아시아 근방에 있는 세력인 소그드인이 중심이었기에 이 지역과 가까운 바그다드를 수도로 삼았으며 아랍인 중심 정책을 폐지했다.

아바스 왕조는 중앙아시아 진출에 적극적이어서 당 왕조와 탈라스 전투를 벌여 승리했다. 이때 탈라스 전투를 이끌었던 당 왕조 장수는 고구려 출신의 고선지였으며 그 부하 중에 종이를 만드는 기술자가 있었다. 아바스는 이 기술자를 포로로 삼게 되어 이슬람에 종이 만드는 기술이 전파되었다. 이미 중국은 한 왕조의 채륜이 종이를 개량하는데 성공했다.

성경과 쿠란의 차이

성경과 쿠란 모두 공통적으로 아담과 이브를 인류의 첫 조상으로 기록한다. 그러나 몇 가지 상이한 점도 있다. 우선 성경에서는 여호와가 이브를 아담의 갈비뼈로 만들었다고 하고, 쿠란은 아담처럼 흙으로 만들었다고 한다. 그리고 성경은 이브가 선악과를 따 원죄가 생겼다고 하지만 쿠란에서는 곧바로 용서받았기에 원죄가 없다고 한다.

▲ 아담과 이브

따라서 성경은 이브가 원죄로 출산의 고통을 받게 되었다고 하는데 비해 쿠란은 출산의 고통을 어머니의 은혜를 가르치기 위함이라고 한다.

이처럼 쿠란에 따르면 본래 인간에게 원죄가 없으므로 기독교에서 말하는 메시아에 의한 구원도 필요 없다는 논리에 이른다. 쿠란은 자신이 지은 죄를 알라에게 직접 고백하여야 하고 누구도 다른 사람의 죄를 대신해서 용서받을 수 없다고 한다.

▲ 유대교, 기독교, 이슬람교

알라는 여호와와 동일한 신이다. 하지만 유대교와 이슬람교는 모두 예수를 신으로 보지 않는다. 유대교는 예수를 신성 모독자로 여기며 이슬람교는 예수를 신이 아니라 모세, 무함마드와 같은 예언자로 본다. 이슬람교는 특히 무함마드를 가장 포괄적이고 완전하며 최종적 계시를 전한 예언자로 여긴다.

이슬람 문화

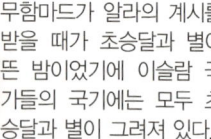

아라베스크 무늬 　튀니지 국기 　터키 국기

무함마드가 알라의 계시를 받을 때가 초승달과 별이 뜬 밤이었기에 이슬람 국가들의 국기에는 모두 초승달과 별이 그려져 있다.

발트 블루와 아라베스크 무늬로 돔을 장식한 이슬람 사원　고려의 청자　조선의 청화 백자　괘릉의 무인상

이슬람교는 성상을 거부하였기 때문에 아라베스크 무늬가 발달했다. 불교도 간다라 미술이 유행하기 전까지는 불상을 만들지 않았다. 아라베스크 무늬란 특정한 풀을 지칭하는 것이 아니라 식물의 줄기와 덩굴이 만들어낸 무늬 전체를 일컫는 것이다. 고려 청자의 무늬는 아라베스크 무늬의 영향을 받은 것이고 조선 후기의 청화 백자는 이슬람의 코발트 영향을 받아 푸른 무늬를 띤다. 이슬람 문화는 이미 신라 시대부터 우리나라에 전파되었는데 괘릉의 무인상은 이슬람 사람을 표시한 것이다.

아바스 왕조 이후의 이슬람 세계

▲ 이슬람 제국의 형성

▲ 아바스 왕조

3. 같은 여호와를 모시는 종교들
기독교와 이슬람교 / 서양 중세와 이슬람 역사

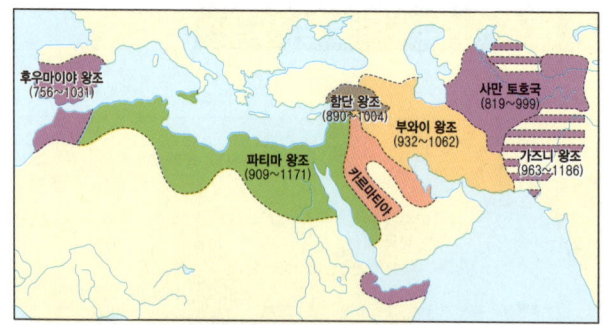

▲ 서기 1000년 이슬람 세계

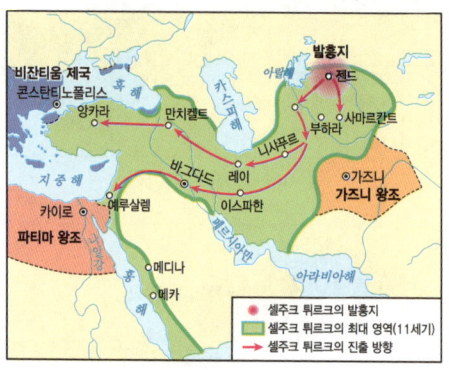

▲ 셀주크 튀르크의 진출

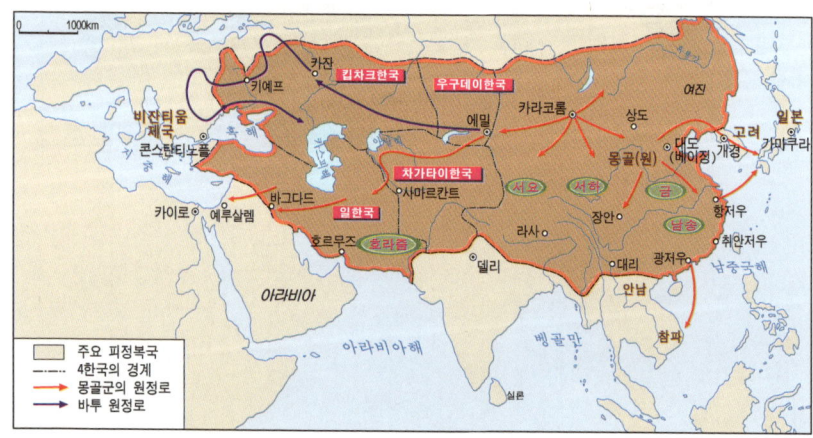

▲ 몽골 제국의 발전

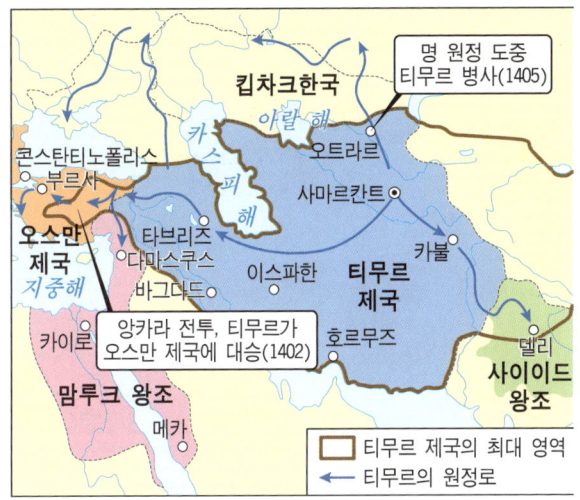

▲ 티무르 제국

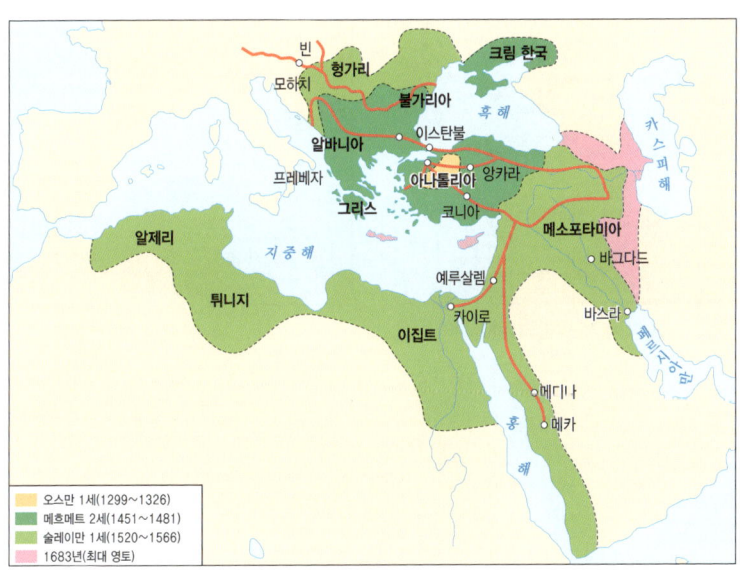

▲ 오스만 제국의 확장

3. 같은 여호와를 모시는 종교들
기독교와 이슬람교 / 서양 중세와 이슬람 역사

▲ 오스만 제국의 해체

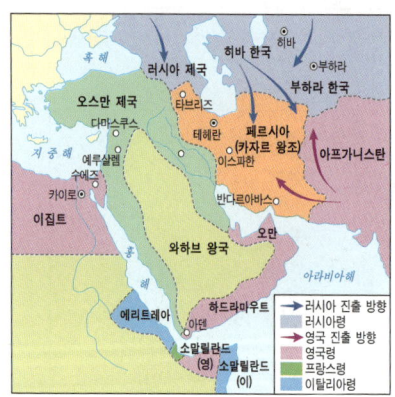

▲ 19세기 후반의 서아시아

▲ 현재의 서아시아

Ⅱ 서양 철학과 서양사

4. 생각하는 나, 그리고 생각하는 국가
합리론과 경험론 / 근대 중앙 집권 국가

합리론과 경험론의 등장

중세는 신앙과 교회의 시대였다. 프랑스의 철학자 데카르트(1596~1650)는 '나는 생각한다. 고로 존재한다.'라고 외치며 이 세상의 중심을 신앙과 교회에서 '생각하는 나'로 옮겨 근대 철학의 시발점을 이룩하였다.

▲ 생각하는 데카르트

생각하는 나는 바로 교황이 지배하는 보편적인 하나의 중세 유럽이 아니라 개별적인 근대 중앙 집권 국가에서 출발한다. 이 근대 중앙 집권 국가는 십자군 전쟁 시기 성장했던 상인 세력의 지지로 만들어졌다. 상인 입장에서 수백 개로 찢어진 장원은 경제 활동을 하기에 불편했다. 상인들은 수백 개의 장원이 하나의 큰 시장으로 통합되는 것을 원했다. 상인들에게 세금을 받아 힘이 커진 왕은 이에 따라 여러 장원들을 통합해 더 큰 시장인 근대 중앙 집권 국가를 만들었다.

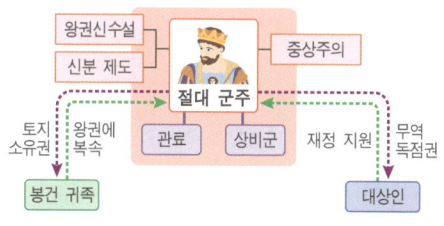
▲ 절대 왕정의 구조

4. 생각하는 나, 그리고 생각하는 국가
합리론과 경험론 / 근대 중앙 집권 국가

이후 상인들은 더욱더 큰 시장을 요구하기 시작했다. 이에 근대 중앙 집권 국가는 신항로 개척을 실시하게 된다. 미지의 세계에 진출하는 신항로 개척은 매우 과학적인 수학을 필요로 했다. 데카르트는 이에 부응하여 합리론의 토대인 근대 수학을 정리했다.

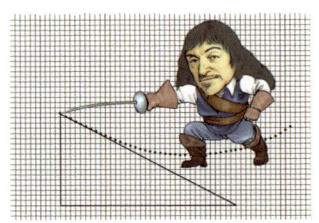
▲ 데카르트의 해석 기하학

그리고 근대 중앙 집권 국가는 중세의 교회가 지배하는 보편적인 유럽과는 대립되는 관계였기에 로마 가톨릭이 아닌 새로운 종교가 필요했다. 바로 종교 개혁의 필요성이 제기된 것이다. 루터(1483~1546)와 칼뱅(1509~1564)은 신앙의 기초를 교황이 아니라 성경이라고 주장하며 종교 개혁을 일으켰다. 데카르트는 한 단계 더 나아가 성경을 읽는 주체인 '생각하는 나'를 이 세상의 중심으로 만들었다.

데카르트는 생각하는 나를 대전제로 시작하여 개별 전제로 발전하는 연역법을 중심으로 합리론을 발전시켰다.

이에 반해 영국의 철학자 베이컨(1561~1626)은 관찰과 실험을 중시하여 개별 전제에서 대전제로 발전시키는 귀납법을 강조했다. 베이컨이 말한 '아는 것이 힘이다.'라는 말은 단순히 공부를 열심히 해야 한다는 것이 아니라 관찰과 실험을 통해서 얻은 지식으로 자연을 정복하자는 말이었다. 이들 사상 모두는 유럽의 과학을 발전시켰으며 세상의 중심을 '나'로 이동시켰다. 이후 데카르트의 합리론과 베이컨의 경험론은 칸트에 의해 종합되었다.

▲ 베이컨

평소 관찰과 경험을 강조하던 베이컨은 눈이 닭의 부패를 지연시킬 수 있는지 관찰하다가 감기에 걸려 병사했다.

베이컨의 4대 우상

- **동굴의 우상** : 플라톤의 동굴의 우상에서 유래한 개념이다. 특정한 편견이나 선입견에 빠져있는 사람을 우물 안 개구리에 비유했다.

- **시장의 우상** : 시장이란 언어가 시끄럽게 오가는 곳이다. 인어가 과연 존재하느냐는 질문에 인어라는 언어가 있으니 당연히 존재할거라고 생각한다.

 • **종족의 우상** : 인간이란 종족이 자신의 기준에서 새가 짖는 소리를 새가 노래하고 있다고 착각한다.

- **극장의 우상** : 어떠한 학자의 연설에 그 내용의 진실성은 관심이 없고 단지 그의 권위에 따르는 현상이다.

4. 생각하는 나, 그리고 생각하는 국가
합리론과 경험론 / 근대 중앙 집권 국가

근대 중앙 집권 국가의 발전

십자군 전쟁을 기준점으로 해서 확대된 왕권은 백년 전쟁(1339~1453)과 장미 전쟁(1455~1485)으로 더욱더 커지게 된다. 이 전쟁을 통하여 영국이나 프랑스의 귀족들은 더욱더 몰락하고 상대적으로 왕권이 커져서 서유럽의 근대 중앙 집권 국가는 더욱더 발전하게 된다. 백년 전쟁은 명분상으로는 왕위 계승 문제로 발생했지만 실제 원인은 바로 모직물 산업이 발달한 지금의 벨기에, 네덜란드의 플랑드르 지방에 대한 지배권 때문이었다.

▲ 백년 전쟁

전쟁터는 프랑스였으며 휴전 기간이 길어 실제의 전투는 간헐적으로 행해졌다.

이 당시 영국의 인구는 350만, 프랑스의 인구는 1천 6백만이었지만 신무기인 커다란 활을 가진 보병대와 강력한 화포를 보유한 영국이 유리했다. 이에 대한 대비책으로 프랑스는 갑옷에 철판을 덧대기 시작했는데 원래 60~80킬로그램에 달하는 갑옷의 무게가 더 무거워졌다. 이로 인해 전쟁 초반기에 프랑스는 크레시 전투에서 패배했다. 하지만 이후 잔 다르크의 활약으로 최종적으로 프랑스가 승리했다.

▲ 크레시 전투

▲ 잔 다르크

영국은 14세기 말부터 랭커스터가와 요크가로 분열되어 대립하게 되는데 30년 동안 이른바 장미 전쟁이 전개되는 것이다. 랭커스터가는 붉은 장미, 요크가는 흰 장미를 상징으로 했기 때문에 이 전쟁을 장미 전쟁이라고 한다. 이 전쟁에서 영주들의 대가 끊긴 비율은 백년 전쟁보다 훨씬 높았다. 랭커스터가의 헨리 7세가 즉위한 다음 요크가의 엘리자베스와 결혼하여 튜더 왕조가 등장하면서 이 장미 전쟁은 끝나게 된다. 영국의 귀족은 십자군 전쟁, 백년 전쟁, 그리고 이 장미 전쟁으로 더욱더 몰락하게 된다.

▲ 장미 전쟁

붉은 장미를 휘장으로 사용한 랭카스터가와 흰 장미를 휘장으로 사용한 요크가 사이에 벌어진 왕위 계승 전쟁으로, 이 과정에서 많은 제후들이 몰락하였다.

4. 생각하는 나, 그리고 생각하는 국가
합리론과 경험론 / 근대 중앙 집권 국가

신항로 개척

▲ 에스파냐

에스파냐는 이베리아반도에 위치한 왕조로서 '토끼가 많은 땅'이란 뜻이다. 에스파냐는 이슬람의 지배를 받다가 718년부터 1492년까지 약 7세기 반에 걸쳐 이슬람 세력을 몰아내는 재정복 운동인 레콘키스타 운동을 전개하는데 그 중심 국가는 아라곤과 카스티야 왕국이었다. 1469년 아라곤의 페르난도 2세와 카스티야의 이사벨라 여왕이 결혼하여 에스파냐 왕국이 등장하였으며 1492년에는 이슬람 세력의 최후 거점지인 그라나다를 점령하고 신항로 개척의 중심 국가가 되었다.

십자군 전쟁으로 지중해 무역이 되살아나 부유해진 서유럽은 더욱 대외적으로 팽창하기를 원했다. 십자군 전쟁으로 동방에 대한 지식은 늘었으며 고기를 주식으로 삼는 서유럽인들에게는 후추 즉 향료와 비단이 필요했다. 여기에 마르코 폴로가 쓴 《동방견문록》은 유럽인들의 호기심을 크게 자극했다.

유럽인은 동방으로 팽창하고 싶었으나 동방과 유럽의 중간에는 1453년 동로마 제국, 즉 비잔티움 제국을 정복한 오스만 튀르크(오스만 제국)가 가로막고 있었다. 오스만 튀르크는 당연히 중계 무역을 통한 이득이 지속되기를 원했다. 당시 유럽인들 사이에서는 동방 혹은 아프리카에 크리스트교 국가인 프레스터 존이라는 강력한 왕국이 있다고 믿었다. 유럽의 크리스트교인은 이 프레스터 존과 연합하여 오스만 튀르크를 물리치고 싶었다. 인도 항로의 발견자인 바스쿠 다 가마가 향료와 크리스트교인을 찾으러 왔다고 인도인에게 말했을 만큼 신항로 개척은 향료와 비단 구입 뿐만 아니라 이단, 즉 이슬람 국가인 오스만 튀르크 격파라는 종교적 열망도 포함되었다.

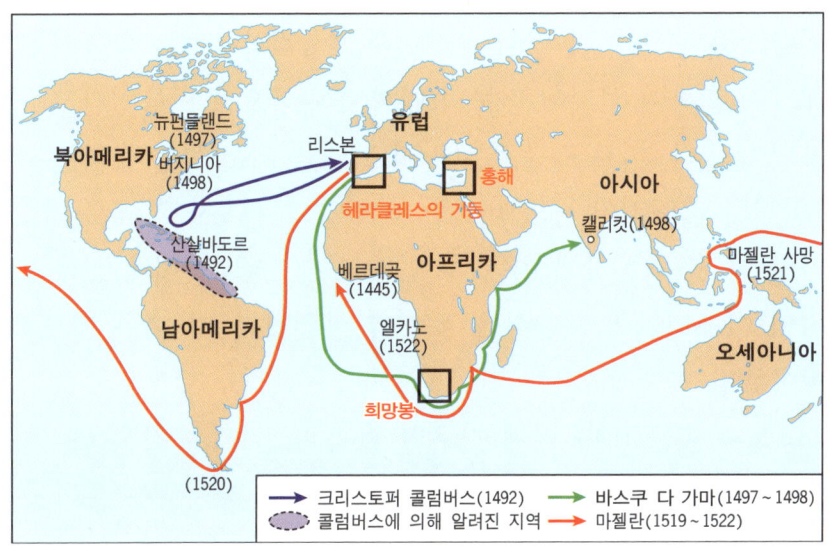

▲ 신항로개척

신항로 개척에는 큰 배와 많은 선원, 그리고 나침반과 대포가 필요했기 때문에 엄청난 돈이 요구되어졌다. 신항로 개척의 중심 국가는 에스파냐와 포르투갈이었다. 이들은 신항로 개척의 출발점인 대서양 연안에 있었으며 레콘키스타, 즉 재정복 운동으로 종교적 열정도 매우 강했다. 무엇보다 근대 중앙 집권을

▲ 크리스토퍼 콜럼버스

이미 이루어 신항로 개척에 필요한 재정을 갖추고 있었다.

　이탈리아의 제노바 출신 크리스토퍼 콜럼버스는 일찍이 마르코 폴로가 《동방견문록》에서 언급한 황금의 나라 '지팡구'를 찾는 것이 꿈이었다. 마르코 폴로는 일본을 지팡구로 기록하여 지금의 JAPAN이란 말이 유래했다. 이 지팡구에는 황금이 모래같이 흔하여 심지어 건물의 벽까지 황금으로 만들었다고 기록되어 있다. 마르코 폴로는 말과 낙타를 타고 동방에 가는 데 2년이나 걸렸지만, 콜럼버스는 대서양의 서쪽으로 배를 타고 가면 더 빨리 동방에 이를 수 있다고 생각했다. 이 항로는 기존의 아프리카의 희망봉을 돌아가는 것보다 더 빠를 것으로 판단했다.

　당시 유럽은 바다 끝에 지구의 절벽 또는 지옥 같은 불바다가 있다고 생각해서 대서양 서쪽이 아니라 희망봉을 돌아 인도로 가는 항로를 가장 먼저 개척했던 것이다.

　에라토스테네스는 지구의 둘레를 거의 정확하게 계산했지만 콜럼버스는 그것보다 지구의 둘레는 1/6 내지 1/4이 작다고 생각했다. 즉 대서양의 크기를 잘못 착각한 콜럼부스는 마르코 폴로가 3년 동안 간 동방을 1개월이면 도착할 수 있다고 착각했다. 콜럼버스는 이러한 착각과 에스파냐라는 근대 중앙 집권 국가의 지원으로 대서양 횡단을 시도했다. 그는 원래 이탈리아 출신이었는데 이탈리아는 아직 에스파냐처럼 근대 중앙 집권 국가가 아니고 수많은 도시 국가의 연합체에 불과했다. 따라서 콜럼버스는 에스파냐의 지원을 받아 항해를 떠났다.

에스파냐의 이사벨라 여왕의 지원으로 1492년 8월 3일 콜럼버스는 산타마리아호 등 3척의 배를 받아 출발하려 했다. 그러나 선원으로 지원하는 자가 없어 감옥의 죄수를 해방시켜 겨우 출발할 수 있었다. 드디어 10월 12일 서인도 제도의 한 섬을 발견하여 이름을 '산 살바도르(성스러운 구원자)'라고 짓고 유럽에 돌아왔다.

콜럼버스는 지구의 둘레에 대한 착각뿐만 아니라 또 이 대륙이 인도라고 착각해서 이 지역을 서인도라고 불렀다. 이후 아메리고 베스푸치가 이곳이 신대륙임을 알게 되어 그의 이름을 따 아메리카 대륙이라고 부르게 되었다. 남아메리카의 콜롬비아는 콜럼버스 이름에서 유래한 것이다. 콜럼버스는 3회에 걸쳐 아메리카(그의 생각에는 서인도)를 탐험했지만 향료는 커녕, 황금 덩어리 하나 얻지 못하고 약속된 관직도 얻지 못하고 가난 속에서 죽었나.

콜럼버스는 죽기 전에 많은 사람들의 비난을 받게 되었는데 조롱의 이유는 그가 아니어도 누구든지 할 수 있는 업적이라는 것이었다. 이에 콜럼버스는 비아냥거리는 자들에게 달걀을 세워 보라고 제의했다. 당연히 아무도 달걀을 세우지 못하자, 콜럼버스는 달걀의 뾰족한 부분을 약간 깨뜨린 다음 달걀을 세웠다. "누가 달걀을 처음 세운 뒤에는 이후 누구든지 따라서 할 수 있습니다. 신대륙도 마찬가지입니다. 처음이 가장 힘든 것입니다."라고 자신의 위대함을 자랑하며 신항로 개척이 자신의 덕분이라고 말했다.

▲ 콜럼버스의 달걀

쉽고 단순해 보이지만 그러나 아무나 쉽게 생각할 수 없는 발견이나 아이디어를 의미한다.

하지만 이것 또한 큰 착각이었다. 콜럼버스의 신대륙 발견의 가장 중요한 배경은 바로 에스파냐라는 근대 중앙 집권 국가였다. 삼포제와 심경법 그리고 십자군 전쟁으로 성장한 상인들은 왕에게 세금을 바치면서 여러 장원들을 하나로 통합해 하나의 큰 시장으로 통일해줄 것을 요청했다. 이에 상인들의 세금으로 근대 중앙 집권 국가를 이룩한 왕은 이후 더 큰 시장을 원하는 상인들의 요구에 부응하여 신항로 개척을 시도한 것이다.

종교 개혁의 배경

근대 중앙 집권 국가는 중세의 교회가 지배하는 보편적인 유럽과는 대립되는 관계였기 때문에 로마 가톨릭이 아닌 새로운 종교가 필요했다. 바로 종교 개혁이었다. 루터와 칼뱅은 신앙의 기초를 교황이 아니라 성경이라고 주장하며 종교 개혁을 일으켰다. 종교 개혁의 배경으로는 근대 중앙 집권 국가와 종교 개혁 이전 유럽을 지배했던 르네상스를 들 수 있다.

14세기의 아비뇽 유수와 교회의 대분열 시대를 거치면서 교회는 타락했다.

성직자는 클뤼니 수도원 개혁 운동 이전처럼 공공연하게 결혼했을 뿐만 아니라 여러 명의 첩까지 데리고 있었고 성직을 매매하여 돈을 벌었고 술집과 도박장을 운영하는 성직자도 있었다.

성직자의 타락으로 종교 개혁이 시작되었다고 많은 독자들이 생각하지만 성직자의 부패는 다른 시기에도 있었다. 따라서 종교 개혁의 근본적 배경으로 십자군 전쟁으로 등장한 근대 중앙 집권 국가의 왕과 상인 세력을 들 수 있는 것이다. 이들은 자신들과 적대 관계인 교황과 제후들이 믿는 동일한 종교를 믿기 거북했다. 특히 로마 가톨릭은 이윤 추구를 강조하지 않기에 상인 세력과는 잘 맞지 않는 종교였다. 이처럼 교황권의 쇠퇴와 근대 중앙 집권 국가의 등장, 그리고 상인 세력의 성장에 따라 이윤 추구를 인정하는 새로운 종교가 필요하게 되어 종교 개혁이 시작된다. 이처럼 종교 개혁은 단순히 교회의 부정부패로만 시작된 것은 아니었다.

종교 개혁의 선구자로서 영국의 위클리프와 현재의 체코인 보헤미아의 후스가 있었다. 이들은 죽을 때까지 로마 가톨릭 조직을 부정하고 오직 성경과 신앙만이 참된 크리스트교라고 주장하였다. 성경에 나타나지 않은 교리와 의식을 부정하고 신과 신도 사이의 중개 역할을 하는 성직자의 역할을 부정하여 화형을 당하는데 이들이 바로 종교 개혁의 선구자였다.

▲ 이탈리아의 르네상스

중세는 신앙의 시대였다. 르네상스란 고대 그리스, 로마의 인간 중심의 고전 문화를 재생한다는 뜻이다. 즉 재생을 프랑스어로 르네상스로 하는 것이니 영어로는 replay가 된다. 르네상스는 14세기 북부 이탈리아에서 시작된다. 그 이유는 십자군 전쟁으로 지중해 무역이 부활하여 봉건 제도가 쇠퇴하고 도시 상인들이 도시를 장악했기 때문에 여기서 르네상스가 시작된 것이다. 십자군 운동기에 북부 이탈리아의 베네치아, 피렌체, 제노바 등이 지중해 무역을 독점하면서 이 도시의 부와 상인들이 르네상스의 밑거름이 된 것이다. 그리고 로마 제국의 중심지가 이탈리아였던 것이 또 하나의 이유다. 16세기에는 이탈리아의 르네상스가 알프스 이북으로 전파되었다. 알프스 이북의 르네상스는 사회 비판적이었다. 네덜란드의 에라스무스는 《무신예찬》에서 로마 가톨릭 성직자의 타락을 비판했다. 비록 그의 비판은 종교 개혁까지 이르지는 못했지만 이후의 종교 개혁에 영향을 주었다.

카를 5세

십자군 전쟁 이후 프랑스, 영국, 에스파냐는 근대 중앙 집권 국가를 이루었지만 독일, 즉 신성 로마 제국은 그렇지 못했다. 신성 로마 제국은 황제의 힘이 미약해 제후들이 황제를 선출하였다. 따라서 하나의 통일 국가로 발전하지 못한 신성 로마 제국은 300여 개의 제후국과 도시들로 나눠지게 되었다.

이후 신성 로마 제국의 황제는 합스부르크 가문에서 나오게 되는데 이중 유명한 황제가 카를 5세(에스파냐 국왕 재위 1516~1556, 신성 로마 제국 황제 재위 1519~1556)이다. 카를 5세는 에스파냐의 왕이자 신성 로마 제국의 황제였다. 그리고 다음과 같은 넓은 지역을 통치하였다.

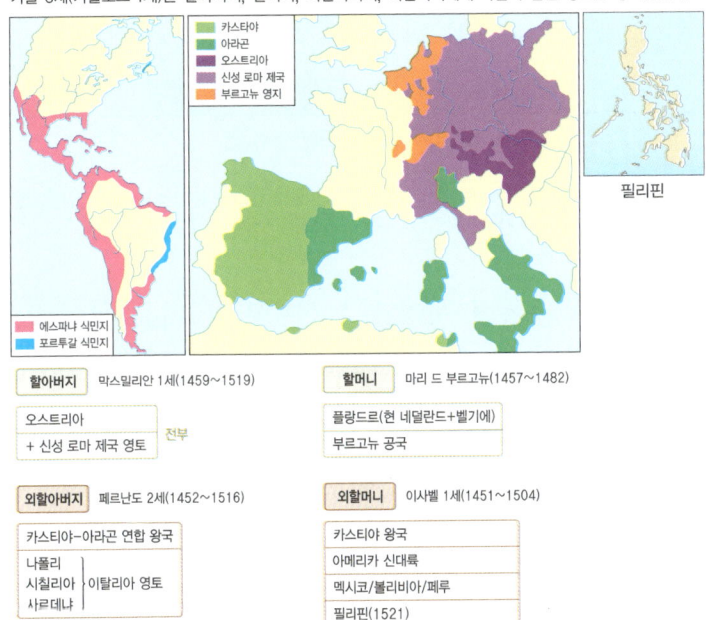

▲ 카를 5세(신성 로마 제국 황제) [= 카를로스 1세(에스파냐 국왕)]의 영토

4. 생각하는 나, 그리고 생각하는 국가
합리론과 경험론 / 근대 중앙 집권 국가

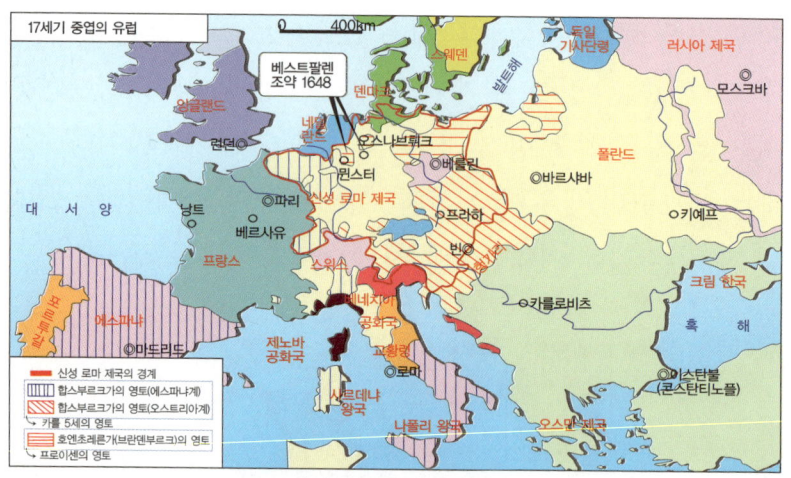
▲ 카를 5세 영토의 분화

카를 5세는 이후 오스트리아는 동생에게, 에스파냐와 남아메리카를 포함한 나머지는 아들 펠리페 2세에게 상속하여 합스부르크 제국은 에스파냐계와 오스트리아계로 분열된다.

　에스파냐는 로마 가톨릭 신앙으로 이슬람 세력을 몰아내는 운동인 레콘키스타, 즉 재정복 운동으로 탄생한 나라였기에 열렬한 로마 가톨릭의 나라였다. 당연히 에스파냐의 왕이자 신성 로마 제국의 황제인 카를 5세도 열렬한 로마 가톨릭 신자였다.

　카를 5세의 영토는 에스파냐, 오스트리아, 보헤미아, 네덜란드, 남부 이탈리아 등에 걸칠 정도로 거대했다. 그는 제2의 카롤루스 대제를 꿈꿔 전 유럽을 통치하고 싶어 했다. 이에 교황의 도움이 절실했기에 둘의 관계는 매우 밀착되어 있었다. 반면 신성 로마 제국의 제후들은 황제를 견제해야 했다. 루터가 종교 개혁을 일으키자 카를 5세와 교황은 연합하고 반면 신성 로마 제국의 제후들은 루터를 지원하게 된다.

▲ 헨리8세

영국의 헨리 8세는 독실한 로마 가톨릭 신자였다. 따라서 루터가 종교 개혁을 일으킬 때도 루터를 비판했을 정도였다. 하지만 헨리 8세가 부인 케서린과의 이혼을 교황에게 부탁했으나 거절당하자 로마 가톨릭 대신 개신교를 선택했다. 교황의 입장에서는 케서린이 교황과 연합관계인 신성 로마 제국 황제 카를 5세의 고모였기 때문에 이혼을 허가해줄 수 없었던 것이다. 1534년 헨리 8세는 수장법을 선포하여 스스로 영국 국교회의 수장임을 선포하고 이후 엘리자베스 1세가 영국 국교회를 확립했다. 영국 국교회는 단순한 이혼 문제로 생긴 종교이기에 교리는 개신교나 의식은 로마 가톨릭의 성격이 강한 종교가 되었다.

루터의 종교 개혁

루터의 종교 개혁은 교황이 '성 베드로 성당'을 건축하는 과정에서 신성 로마 제국에서 면벌부를 판매한 것에서 비롯되었다. 교황과 신성 로마 제국 황제 카를 5세는 연합관계였기에 이 나라에서 면벌부를 판매한 것이다. 이 당시 면벌부를 구입한 돈이 금고에 떨어질 때 나는 짤랑거리는 소리에 면벌부를 구입한 자와 그의 가족까지 구원받는다고 홍보할 정도로 교회의 타락은 너무 지나쳤다.

1517년 10월 루터는 면벌부 판매를 비판한 그 유명한 〈95개조 반박문〉을 비텐베르크 성 교회문에 게시하여 독일의 종교 개혁이 시작되었다. 이 〈95개조 반박문〉은 구텐베르크의 활판 인쇄술에 따른 도움으로 전 독일에 퍼졌으며 이때 성경을 독일
▲ 루터

어로 번역하여 하나의 통일된 현대 독일어의 기초가 형성되었다.

이후 루터는 1520년에 〈독일 민족의 크리스트교 제후들에게 고함〉이라는 글을 써서 독일 제후들이 독일을 로마 교황으로부터 해방시키고 교회의 토지와 재산을 압류할 것을 권고했다. 독일 제후들은 당연히 루터 편에 서서 카를 5세와 교황에게 저항했다. 이들 개신교를 '프로테스탄트'라고 한다. 프로테스트는 저항하다는 의미이다. 제후들은 이 기회에 교회의 토지와 재산을 자신의 것으로 할 수 있었고, 또 카를 5세를 견제할 수 있을 것이라고 판단했다.

 루터의 종교 개혁에 독일 제후들뿐만 아니라 도시민과 농민들도 지지를 보냈지만 그들의 이해관계는 충돌되는 것이었다. 루터는 더 강한 세력인 독일 제후의 입장에서 종교 개혁을 전개하여 농민들을 배신했다. 농민들은 모든 신자는 평등하다는 루터의 주장에 영향을 받아 농민 전쟁을 일으켰다. 그러나 정작 루터는 인간이 오직 신 앞에서만 평등할 뿐 현세에는 평등하지 않다고 하며 농민들을 배신했다. 루터는 왕, 귀족, 상인, 농민 등의 신분과 직업은 모두 신이 정해주었다고 생각하고 모두 각자 맡은 역할에 최선을 다해야 한다고 주장했다.

 결국 카를 5세는 오스만 튀르크의 위협 때문에 1555년 아우크스부르크 화의에서 루터파 교회를 인정했다. 하지만 이것은 한 개인의 종교 선택을 인정받은 것이 아니라 제후와 도시 당국의 선택을 주민들이 따른다는 내용이었다. 다시 말하면 개인의 종교 선택권이 아니라 '지배자의 종교가 그 땅에서 행해진다'라고 선포되어 제후와 도시 당국의 종교 선택권이 허용된 것이다.

칼뱅의 종교개혁

루터의 종교 개혁은 스위스에도 영향을 주었다. 비슷한 시기에 츠빙글리가 등장하여 로마 가톨릭 교회를 부정했으나 실패했다. 이후 스위스에 등장한 칼뱅이 1535년 예정설을 주장했다. 예정설의 내용은 인간의 구원은 오직 신에게 달려 있고, 인간의 어떠한 덕행으로도 신의 뜻을 바꿀 수 없다는 것이다. 그러므로 신의 예정상 버림받은 자는 영원히 구원받을 가능성이 없고, 구원이 예정된 자는 현세의 덕행과는 무관하게 구원받을 수 있다는 논리이다.

▲ 칼뱅

칼뱅파 신도들은 자신들이 천당에 예정된 자들이며 신에게 선택된 자들로서 세상의 악을 없애는 과업을 받았다고 생각했다. 그리고 이들은 사치 대신에 검소, 절제를 행해 매우 금욕적이었으며 그 결과 생기는 부는 하나님의 축복으로 생각했다.

기존의 로마 가톨릭은 부자가 천당에 가는 것은 낙타가 바늘구멍을 통과하는 것보다 어렵다고 주장한다. 그러나 칼뱅파는 부가 축적된다는 것은 천당에 가는 보증 수표라고 생각했다. 이에 지금의 개신교 교회에서는 신도가 사업에 성공하여 부자가 되면 신도들이 다 함께 축하해 준다. 착한 행동을 해야 축하해 주는 것이라고 생각하는 비 개신교인들은 이 모습을 많이 의아해 한다. 이는 칼뱅파의 논리에서 생겨난 것이다.

후에 막스 베버는 그의 저서 《프로테스탄티즘의 윤리와 자본주의》를 통해 이 칼뱅의 예정설이 근대적 직업관에 큰 공헌을 하여 이후 자본주의가 탄생했다고 주장한다. 이 칼뱅파는 주로 상인 계층에 큰 영향을 끼쳐 이후 프랑스의 위그노파, 스코틀랜드의 장로파, 잉글랜드의 청교도, 네덜란드의 고이센파로 확산되었다.

▲ 막스 베버

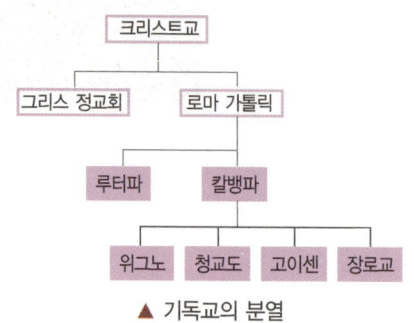
▲ 기독교의 분열

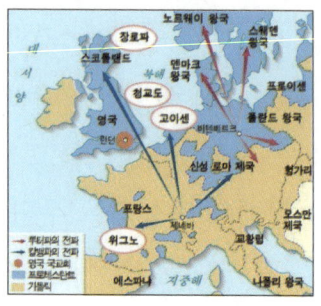
▲ 종교 개혁기의 유럽

생각하는 국가의 모습을 보여준 30년 전쟁

당시 독일의 북부 지역은 개신교를 믿었으며, 독일의 남부 지역은 예수회의 도움으로 로마 가톨릭을 믿었다. 종교 개혁이 일어나자 로마 가톨릭은 예수회를 만들어 로마 가톨릭 개혁 운동을 했다. 따라서 17세기 초 북부지역은 개신교 연합, 즉 프로테스탄트 연합을 결성했고, 남부 지역은 바이에른을 중심으로 로마 가톨릭 동맹을 결성했다.

보헤미아 지역(지금의 체코 지방)은 후스의 영향 때문에 원래 개신교가 강한 지역이었다. 하지만 새롭게 즉위한 신성 로마 제국 황제 페르디난트 2세는 로마 가톨릭 신자였기에 즉위하자마자 신교도들에게 허용되었던 신앙의 자유를 박탈하고 개신교의 교회를 폐쇄했다. 이에 개신교 대표들이 프라하의 왕성에 항의하러 갔다. 이때 로마 가톨릭을 믿는 귀족들과 마찰이 생겨 개신교 대표들이 왕의 섭정을 창밖으로 내던져 버린 사건이 발생했다. 황제는 이 사건을 개신교의 로마 가톨릭에 대한 저항으로 생각하여 에스파냐 왕에게 개신교 탄압에 협조할 것을 요청했다. 이제 30년 전쟁(1618~1648)의 서막이 시작된 것이다.

30년 전쟁은 개신교 국가인 덴마크와 스웨덴이 참여함으로써 차츰 국제 전쟁의 성격을 띠게 되었

▲ 30년 전쟁

4. 생각하는 나, 그리고 생각하는 국가
합리론과 경험론 / 근대 중앙 집권 국가

다. 처음 로마 가톨릭 군대에 참전한 것은 에스파냐군이었다. 1634년 오스트리아 군대와 에스파냐 군대의 연합군이 스웨덴 군을 격파해서 로마 가톨릭이 우세를 점하자 이제 프랑스 군대가 참여했다. 프랑스는 로마 가톨릭 국가였지만 오스트리아와 에스파냐를 견제하기 위해 개신교 국가 편을 들었다. 이처럼 이미 유럽의 근대는 보편적인 이념에 빠져있지 않고 철저하게 개별적인 국가의 이득을 위해 판단하고 행동했다.

이후 30년 전쟁은 에스파냐와 프랑스의 전쟁으로 전개되었다. 어느 때는 에스파냐군이 프랑스의 수도 파리를 위협했으며 또 어느 때는 프랑스 군대가 오스트리아의 수도 빈을 위협하는 예측불허의 상황이 전개되었다.

이제 유럽의 왕들도, 독일의 백성들도 모두 평화를 원했다. 이때 독일 총인구가 1천 6백만이었는데 30년 전쟁이 끝날 때는 겨우 대략 6백만 이하였으며 독일 영토의 5/6가 폐허가 되었다.

1648년 여러 국가들은 30년 전쟁을 종식하는 베스트팔렌 조약을 맺었다. 이 조약에는 신성 로마 제국의 황제와 제후국들 그리고 스웨덴, 에스파냐, 프랑스, 네덜란드 등이 참여했다. 유럽 역사상 최초의 국제회의였다. 이때 개신교 국가 네덜란드가 에스파냐로부터 독립했으며 '빌헬름 텔'로 유명한 개신교 국가 스위스

▲ 빌헬름 텔

가 오스트리아로부터 독립했다. 그리고 칼뱅파도 루터파처럼 신앙의 자유를 획득했으며 개인의 종교 선택권이 인정되었다. 무엇보다 300여 개의 제후와 도시 국가들이 모두 자주권을 획득하여 독일은 이러한 소국가의 연합체가 되었다. 프랑스, 영국, 에스파냐는 이미 근대 중앙 집권 국가를 이루었는데 독일은 여전히 분열의 시대가 전개된다.

친환경론의 토대, 스피노자

네덜란드의 스피노자(1632~1677)는 스토아학파의 영향을 받은 철학자이다. 스토아학파가 운명에 순응할 것을 강조했듯이 스피노자도 운명에 순응할 것을 강조했다. 스피노자는 우주를 필연적 질서에 따라 움직이는 하나의 거대한 기계라고 주장하며 모든 인간은 이 필연적 질서에 순응할 것을 주장했다. "내일 지구의 종말이 올지라도 오늘 한 그루의 사과나무를 심겠다."라는 말은 스토아학파가 강조했듯이 마음의 동요를 일으키지 않고 운명에 순응하라는 것이다.

▲ 스피노자의 사과
스피노자가 "내일 지구의 종말이 올지라도 오늘 한 그루의 사과나무를 심겠다"라는 말을 남겼는지는 분명하지 않다. 원래 이 말은 독일의 종교 개혁가 마르틴 루터의 비석에 새겨진 문구이다.

스피노자는 또한 스토아학파의 범신론의 영향을 받았다. 범신론은 모든 사물에 이성(LOGOS)이라는 신이 있어 모든 세계 시민은 평등하다고 주장하는 이론이다. 스피노자는 이 범신론의 영향을 받아 데카르트의 정복 지향적인 가치관을 극복한다.

데카르트는 세상을 이원론적으로 구분했다. 바로 생각하는 나와 정복되어야 할 자연으로 나눈 것이다. 생각하는 나는 정신적인 존재이며, 정복되어야 할 자연은 물질적인 존재인 것이다.

하지만 스피노자는 범신론의 입장에 따라 사물에도 정신(이성)이 있으니 사과나무는 물질과 정신이 모두 있는 존재이다. 따라서 데카르트와 다르게 스피노자는 이 자연이 정복 대상이 아니라 상호 공존의 대상인 것이다. 17세기에 이미 스피노자는 데카르트와 베이컨의 자연 정복적인 서양 철학의 한계를 넘어서 자연과의 공존을 주장하는 철학적 토대를 마련했다.

▲ 베이컨, 데카르트와 스피노자

기계론적 자연관에 입각해 정복자적 사고를 가진 데카르트, 베이컨 등 서구 철학의 주류적 경향에 친환경론으로 맞서는 스피노자.

Ⅱ 서양철학과 서양사

5. 진흙 속에 연꽃을 피우다
칸트 / 프리드리히 대제

칸트에게 영향을 끼친 튜튼 기사단

칸트(1724~1804)
는 지금은 러시아 영토지만 당시는 프로이센의 영토였던 쾨니히스베르크에서 평생을 살았다. 앞서 말했듯이 이 지역은 튜튼 기사단이 기독교를 믿지 않던 지역을 개척하며 포교한 곳이기에 기독교의 열정이 아주 강했다. 따라서 칸트는 기독교의 경건주의의 영향을 많이 받아 인간의 존엄성을 강조하게 되었다.

▲ 튜튼 기사단

▲ 칸트

159센티미터의 작은 키에 기형적인 가슴을 가진 칸트는 허약한 신체로 인해 평생 엄격한 식생활을 지켰다. 그리고 칸트는 늘 일정한 시간에 규칙적으로 산책을 했는데 사람들은 그것을 기준으로 시계를 맞추었을 정도였다. '철학자의 산책로'라는 거리의 이름은 칸트의 이런 습관 때문에 붙여진 이름이다. 칸트는 루소(1724~1804)의 《에밀》을 읽는데 열중하느라 며칠 집에서 나오지 않은 때를 제외하고는 나이가 들어 힘들어질 때까지 한 번도 규칙적인 산책을 어긴 적이 없었다.

칸트, 경험론과 합리론을 종합하다!

칸트는 이성을 중시하는 합리론과 경험을 중시하는 경험론을 종합했다. '내용 없는 사상은 공허하며 개념 없는 직관은 맹목이다.' 내용 없는 사상은 공허하다는 합리론의 공허성을 비판한 것이다. 그리고 개념 없는 직관은 맹목이라는 의미는 경험론의 산만성을 비판한 것이다. 물론 칸트는 이성을 토대로, 즉 합리론을 중심으로 경험론을 종합했다.

칸트는 서양 철학의 두 조류 경험론과 합리론을 종합했다. 그림에서 왼쪽의 망원경은 관찰과 경험을 중시하는 경험론을, 오른쪽의 뇌는 이성을 중시하는 합리론을 상징한다.

▲ 칸트의 종합론

칸트의 또 다른 업적은 바로 유럽 철학에 인간 중심의 도덕을 강조했다는 점이다. 그것도 유럽에서 가장 비인간적인 독일에서 그것을 주장했다.

칸트를 분노케 한 비인간적인 프로이센의 농노제

중세 봉건 제도는 상층부의 봉건제와 하층부의 농노제로 구성되어 있다. 상층부의 봉건제란 수많은 왕을 포함한 제후들이 서로 쌍무적 계약 관계를 맺은 것을 말한다. 하층부의 농노제는

▲ 농노

장원에서 노예가 아닌 농노가 생산력의 주체였던 것을 말한다.

고대의 생산력은 노예가 담당했다. 로마에서는 귀족들의 대농장인 라티푼디움에서 노예가 생산을 담당했다. 노예는 자신의 재산과 가옥을 소유할 수 없었다.

서유럽이 중세로 접어들면서 생산의 중심은 노예에서 농노로 전환되었다. 노르만족의 침략으로 자신을 보호할 수 없었던 농민들은 왕보다 자신을 노르만족의 침략으로부터 보호해 주는 봉건 귀족들에게 몸을 의탁하고 농노가 된다. 농노는 자영농과 노예의 줄임말이다. 즉 농노는 자영농의 성격과 노예의 성격을 모두 가지고 있었다. 우선 자신의 가옥과 토지를 소유할 수 있다는 점은 자영농의 성격이었다. 그러나 이동의 자유가 없고 결혼하는 첫날밤에 자신의 부인을 영주에게 바쳐야 하는 등 의무가 강했다는 점에서는 노예의 성격이었던 것이다.

칭기즈 칸이 서유럽을 근대로 발전시키다!

유럽을 공격한 칭기즈 칸의 군대는 동유럽의 진출이 그 한계였다. 하지만 그의 군대가 전파한 흑사병은 전 유럽에 퍼졌다. 이 흑사병으로 유럽 인구의 대략 1/3이 죽게 되어 노동력의 가치가 상승하게 되었다. 이로 인해 서유럽은 부역 지대에서 화폐 지대로 바뀌게 되었다. 부역 지대란 농노가 노동력을 직접 제공하는 것이

▲ 몽골군과 독일·폴란드 연합군의 전투

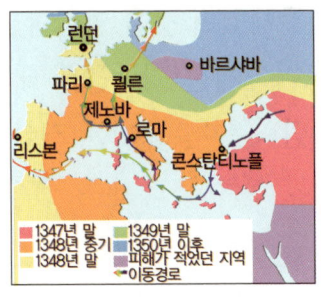

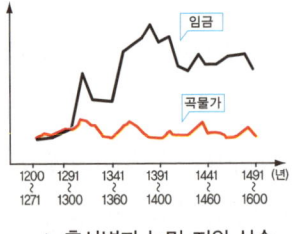

▲ 흑사병과 농민 지위 상승

다. 반면 화폐 지대는 노동력 대신 노동력에 해당하는 돈을 내는 것이다. 이렇듯 칭기즈 칸의 군대는 유럽을 중세에서 벗어나게 하는 결정적 요인을 제공한 것이다.

이후 서유럽의 근대 중앙 집권 국가인 에스파냐가 남아메리카를 정복하여 막대한 은이 서유럽에 전해지자 가격 혁명이 일어났다. 가격 혁명이란 은본위제에서 돈이 많아지니 화폐 가치가 떨어지고 상대적으로 현물 가치가 높아지는 현상이다. 화폐 지대를 받는 봉건 귀족들은 화폐 가치가 떨어짐에 따라 점점 힘이 약화되기 시작했다. 반면 현물을 직접 생산하는 농민의 지위는 상승하게 된다. 칭기즈 칸 군대가 가져다 준 흑사병과 아메리카의 은으로 인해 유럽은 중세의 농노 시대에서 근대의 자영농의 시대로 돌입하게 되었다. 하지만 이런 현상은 독일을 포함한 동유럽에서는 예외였다.

독일의 특수한 길

독일은 흑사병으로 총인구의 대략 1/3이 죽고 다시 30년 전쟁으로 남은 인구의 대략 2/3정도가 죽었다. 이러한 특수한 역사로 인해 독일은 서유럽에서 아주 불행한 나라가 되었다.

원래 결혼식을 할 때 아버지가 딸을 식장에 같이 손을 잡고 들어가는 문화는 로마에서 나왔다. 로마에서는 가장이 합법적으로 부인과 자식들을 죽일 수 있는 권한이 있었는데 이러한 권한을 사위에게 넘긴다는 것을 여러 사람들에게 보여주기 위해 결혼식장에 딸의 손을 잡고 들어가는 것이다. 러시아에서는 아버지가 결혼식장에 들어갈 때 한손에는 딸을, 한손에는 채찍을 들고 입장했다. 즉 딸을 죽이기 전에 이 채찍으로 때려 보고 죽일지를 결정하라는 것이다. 독일의 경우는 한손에는 딸을, 한손에는 칼을 들고 입장했다. 이 칼로 딸을 죽이라는 것이다. 그만큼 30년 전쟁으로 황폐해진 독일은 유럽에서 후진적인 국가가 되었다.

칸트를 분노케 한 프리드리히 대제

근대 중앙 집권 국가는 17세기에 이르러 절대 왕정으로 불리게 된다. 영국에는 헨리 8세와 엘리자베스 1세, 프랑스에는 루이 14세, 에스파냐에는 펠리페2세, 러시아에는 표트르 대제, 프로이센에는 프리드리히 대제가 있었다. 이 절대 왕정은 근대 중앙 집권 국가가 더 발전

▲ 프리드리히 대제

한 단계로서 몰락하는 봉건 귀족 계층과 성장하는 상인 계층, 즉 부르주아지의 균형을 이용하여 왕의 권력이 절대적으로 커진 시기를 의미한다. 이 점이 아시아의 전제 군주제와는 다른 개념이다. 이미 14세기부터 서유럽은 근대 중앙 집권 국가가

등장하여 중세의 봉건성이 사라지고 근대성이 발전하기 시작했다.

하지만 독일은 그러한 변화로부터 소외되어 여전히 농노제가 성행했다. 칸트의 고향인 쾨니히스베르크는 프로이센의 한 도시였다. 프리드리히 대제의 부국강병 정책은 농노를 기반으로 한 융커들을 군인으로 등용하고 이들을 중심으로 나라를 운영했기에 농노제는 더욱더 강화되었다. 프리드리히 대제는 스스로 계몽 군주를 자처했지만 진정한 계몽은 이루어지지 않았다. 단지 농노를 기반으로 한 융커의 지지를 받으며 이들을 군인으로 등용하여 군국주의만을 추구했을 뿐이다.

더욱이 이 군국주의도 그렇게 성공한 것은 아니었다. 오스트리아 왕위 계승 전쟁에서 승리하여 공업지대인 슐레지엔을 얻었지만 7년 전쟁에선 겨우 오스트리아의 반격을 물리칠 수 있었다.

▲ 프로이센과 오스트리아

독일은 30년 전쟁으로 하나의 통일 국가가 등장할 수 없었다. 독일, 즉 신성 로마 제국에는 오스트리아가 가장 강력한 나라였고, 또 그에 버금가는 프로이센이 등장하게 된다.

7년 전쟁의 악화로 프리드리히 대제는 자살까지 결심할 정도로 곤궁에 처했으며 프로이센의 농노들은 더욱더 강화된 핍박으로 인간 이하의 대우를 받아야했다. 이런 상황 속에서 칸트는 인간의 존엄성을 강조하는 철학을 전개한 것인데 이는 진흙 속에서 연꽃을 피운 것이나 마찬가지였다.

인간을 수단이 아니라 목적으로 대하라!

칸트는 인간의 존엄성을 잃은 프로이센의 농노들을 위해 '너 자신과 다른 모든 사람의 인격을 결코 단순히 수단으로 취급하지 말고 언제나 동시에 목적으로 대우하도록 행위하라' 라고 주장하여 인격주의 윤리설을 주장했다. 이 칸트의 인격주의 윤리설은 서양 철학 사상 처음으로 도덕을 강조했다는 점에 그 의의가 있다.

칸트의 묘비에는 《실천 이성 비판》의 결론에서 선언한 다음 문구가 새겨져 있다.

▲ 칸트의 묘비

더욱 더 자주, 그리고 곰곰이 생각해볼수록, 내 위에 별이 반짝이는 하늘과 내 속의 도덕법칙은 더욱 더 새롭고 큰 존경과 경외심으로 마음을 가득 채워준다.

칸트는 하늘에 반짝이는 별들이 제멋대로 뜨고 지는 것이 아니라 엄격한 자연법칙을 따른다고 보았다. 그는 자연을 존경하고 경외하여 합리론과 경험론의 종합에 힘썼다. 칸트는 인간도 자연의 일부이기에 자연법칙의 지배를 받는다고 보았다. 시간이 지나면 배고프고, 힘들면 쉬고 싶다. 이것은 인간이 자연의 일부이기에 자연법칙의 영향을 받는 것이다. 하지만 인간은 자연과는 또 다른 존재인 것이다. 인간은 도덕적인 존재라 자연의 동물과 다르게 내가 배고파도 남이 더 배고프면 양보해야하며 내가 힘들어도 남이 위급한 상황에 빠지면 도와줘야 하는 것이다. 칸트에 따르면 이처럼 인간은 자연의 일부이나 자연과는 다른 도덕적인 존엄한 존재인 것이다.

흄의 공감을 비판하다!

이 당시 영국의 흄과 애덤 스미스는 공감을 주장했다. 흄과 애덤 스미스는 도덕은 감정이며 이성은 감정의 노예라고 주장했다. 인간은 누구나 거지를 보면 '저 거지 얼마나 배고플까, 흑흑!' 하는 이타심, 즉 공감이 생기게 되는데 이러한 감정이야말로 도덕이라고 주장한 것이다.

하지만 칸트의 논리에 따르면 내가 좋아하지 않는 여자가 낭떠러지에 떨어지면 그녀를 구해주고 싶은 이타심이 생기지 않을 수도 있다. 그리하여 감정이 아닌 자율적 선의지에 의한 도덕 행위를 주장한다. 자율적 선의지란 결과를 고려하지 않고 오직 내 마음속에서 우러나오는 양심의 명령에만 무조건 따르는 의지를 말한다.

▲ 흄의 공감

흄은 거지의 입장을 공감하는 동정심, 즉 감정에 따라 자연스레 이타심이 발생한다고 주장한다.

설사 저 여자를 구해 줘서 내가 내 부인에게 오해를 받는다 하더라도, 심지어 그 여자를 구해 주다가 내가 같이 죽을 수 있더라도 결과를 고려하지 않고 무조건 구해줘야 한다. 오직 인간은 존엄하기에 같은 인간을 양심의 목소리에 따라서 구해줘야 한다는 것이다.

▲ 칸트의 의무론

칸트는 절벽에 매달린 여자의 용모에 따라 흄의 감정이 생기지 않을 수 있다고 비판한다. 칸트는 오로지 내면의 양심의 명령에 따라 자율적 선의지로 무조건 여자를 구해야 한다.

칸트를 분노케 한 7년 전쟁

프로이센의 프리드리히 대제(재위 1740~1786)는 오스트리아 왕위 계승 전쟁(1740~1748)과 7년 전쟁(1756~1763)을 일으켰다. 이 전쟁으로 프로이센은 슐레지엔을 얻었으나 독일뿐만 아니라 유럽의 민중의 상황은 모두 더욱 참혹해졌다.

오스트리아 왕위 계승 전쟁은 공업지대인 오스트리아의 슐레지엔 지역을 얻기 위해 프리드리히 대제가 선제 공격을 하면서 일어났다. 이때 프랑스는 프로이센을 편들었으며 영국은 오스트리아 편을 들었다. 프랑스는 오스트리아를 견제하기 위해 프로이센 편에 선 것이고 영국은 프랑스를 견제하기 위해 오스트리아 편에 선 것이다.

▲ 7년 전쟁

오스트리아 왕위 계승 전쟁에서 패배한 오스트리아는 반격을 위해 프랑스, 러시아와 손을 잡았다. 오스트리아 왕위 계승 전쟁 때 프랑스는 오스트리아를 견제하기 위해 프로이센 편에 선 것인데 이제 프로이센이 강해졌으니 반대로 오스트리아 편에 선 것이다. 오스트리아와 프랑스에 둘러싸이게 된 프로이센은 위기에 빠졌다.

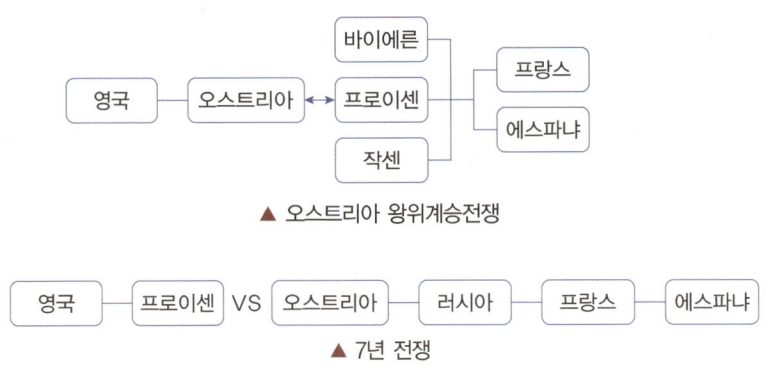
▲ 오스트리아 왕위계승전쟁

▲ 7년 전쟁

프리드리히 대제는 공격이 최선의 방어라고 생각하여 영국과 손잡고 1756년 예전처럼 기습적으로 오스트리아를 공격하여 7년 전쟁을 일으켰다. 이때 영국은 북아메리카와 인도를 놓고 프랑스와 대립 중이었기에 프로이센 편에 섰다. 하지만 어디까지나 영국의 목표는 유럽이 아니었다. 그래서 영국은 군대를 유럽 전선이 아니라 북아메리카와 인도에 집중적으로 투입하

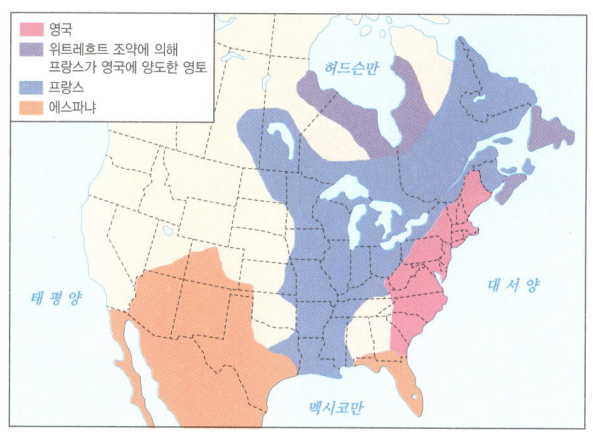

▲ 7년 전쟁 당시의 아메리카

7년 전쟁에서 영국이 프랑스에게 승리하여 북아메리카와 인도는 영국의 식민지가 되었기에 미국의 국어와 인도의 공용어가 영어가 되었다. 만약 프랑스가 승리했다면 미국의 국어와 인도의 공용어가 프랑스어가 되었을 것이다. 참고로 캐나다는 프랑스계 주민이 많아 영어와 프랑스어가 모두 공용어이다.

여 모두 승리했다. 특히 인도를 놓고 영국과 프랑스가 싸운 전투가 그 유명한 플라시 전투이다.

이처럼 영국은 군대를 유럽 전선에 적극적으로 투입하지 않았

▲ 플라시 전투

기 때문에 프로이센은 수세에 몰렸다. 1759년에 프로이센은 수도 베를린까지 몰리게 되는 힘겨운 상황이 벌어진다. 슐레지엔도 오스트리아에게 상실당한 프리드리히 대제는 자살까지 염두에 두고 항상 독약을 휴대하고 다닐 정도였다. 그런데 평소 프리드리히 대제를 존경하던 표트르 3세가 황제가 된 러시아의 지원으로 가까스로 슐레지엔을 탈환할 수 있게

5. 진흙 속에 연꽃을 피우다
칸트 / 프리드리히 대제

되었다.

1786년 항상 검소하고 국가만을 생각했던 프리드리히 대제는 74세의 나이로 사망했다. 프리드리히 대제가 물려받은 8만의 군대는 이때 20만이 되었으며 전시 예비금도 아버지로부터 물려받은 금액의 5배에 달할 정도로 풍부해졌다. 하지만 그만큼 프로이센의 농노는 농노제와 7년 전쟁으로 인간의 존엄성을 잃어가며 인간 이하의 대우를 받아야만 했다.

칸트, 18세기에 이미 국제 연합 설립을 주장하다!

7년 전쟁의 참혹함으로 칸트는 《영구 평화론》을 저술했다. 칸트는 이 책에서 전쟁은 악이며 영구 평화야말로 인류가 도달해야 할 의무라고 강조했다. 전쟁은 인격의 품위를 파괴하고 자유를 손상시키기 때문에 전쟁을 방지하고 이를 위해 국제 조직을 만들어 세계 평화를 이룩하자고 강조한다. 칸트의 이 주장은 제1차 세계 대전 이후에 국제 연맹이 조직되고 제2차 세계 대전 이후에 국제 연합이 조직되는데 영향을 끼쳤다.

다음은 칸트가 영구 평화를 위해 제시한 조항들이다. 상비군의 점진적인 폐지, 전쟁을 위한 국채 발행의 불가, 타국에의 정치적 간섭 금지, 각 국가가 민주적으로 될 것, 자유로운 여러 국가의 연맹, 각 국민 상호 간의 방문 보증 등이다.

Ⅱ 서양 철학과 서양사

6. 배은망덕한 시민 혁명
사회 계약설과 헤겔 / 시민 혁명과 나폴레옹

배은망덕한 시민 혁명의 이론적 토대, 사회 계약설

사회 계약설은 사회가 개인들, 즉 부르주아지(자본가 계급)의 계약으로 만들어졌다는 이론이다. 상인 세력인 부르주아지는 원래 근대 중앙 집권 국가, 또는 절대 왕정의 보호와 육성으로 성장했다. 하지만 일단 이들이 성장하게 되자 오히려 절대 왕정의 보호가 거추장스럽게 된 것이다. 이들 부르주아지는 배은망덕(?)하게 왕권 신수설을 부정하며 절대 왕정의 권력은 신이 준 것이 아니라 자신들, 즉 부르주아지의 계약으로 만들어준 것이라고 외치기 시작했다.

▲ 왕권 신수설

절대왕정 시대에 왕권에 절대성을 부여한 이론이다. 왕권의 정당성이 신으로부터 부여받았다는 근거를 들어 절대 복종을 강요했다.

절대 왕정 입장에서는 배은망덕한 셈이다.

절대 왕정의 사상적 기반은 보댕의 왕권 신수설이었다. 이것은 왕의 권력이 하나님으로부터 부여된 것이기 때문에 백성들은 무조건 충성을 다해야 한다는 것이다. 하지만 부르주아지는 원래 국가라는 사회가 자신들을 보호하기 위해 계약으로 만들어진 것이라고 주장했다. 따라서 국가는 절대로 부르주아지의 자유와 권리를 침해하면 안 된다고 외쳤다. 그리고 국가가 이러한 의무를 이행하지 않을 때 부르주아지는 저항할 수 있다고 주장했다. 이 사회 계약설로 영국에서 청교도 혁명과 명예혁명이, 미국에서 독립 혁명이 그리고 프랑스 대혁명이 일어났다.

청교도 혁명과 홉스

16, 17세기에 이르러 영국은 모직물 산업이 발달했다. 이 모직물 산업으로 인하여 아메리카의 은이 에스파냐, 네덜란드를 거쳐 영국으로 오게 되었다. 모직물은 양의 털을 가공하는 산업인데 따라서 목장의 수가 증가하기 시작했다. 그래서 서로의 목장을 구분하기 위해 울타리를 치게 되는데 이것을 제1차 인클로저 운동이라고

▲ 인클로저 운동

한다. 양을 키우기 위해 부자는 가난한 농민들을 몰아내게 되는데 이때《유토피아》의 저자 토머스 모어는 '양이 사람을 잡아먹는다.' 라고 표현했다. 즉 토머스 모어는 제1차 인클로저 운동으로 인한 빈부 갈등 때문에 유토피아를 주장했던 것이다. 이 모직물 산업의 발달로 영국의 인구는 두 배로 늘었고 이러한 인구 증가로 농업생산력의 발달을 이루게 되었다. 제2차 인클로저 운동은 인구 증가에 대응하여 농업의 생산성을 향상시키기 위한 운동이었다.

이런 인클로저 운동으로 등장한 지주층을 젠트리라고 불렀

고 이중 많은 자들이 칼뱅파인 청교도를 믿었다. 앞서 설명했듯이 스위스에서 생겨난 칼뱅파는 프랑스의 위그노, 네덜란드의 고이센, 스코틀랜드의 장로교, 잉글랜드의 청교도로 분화되었다.

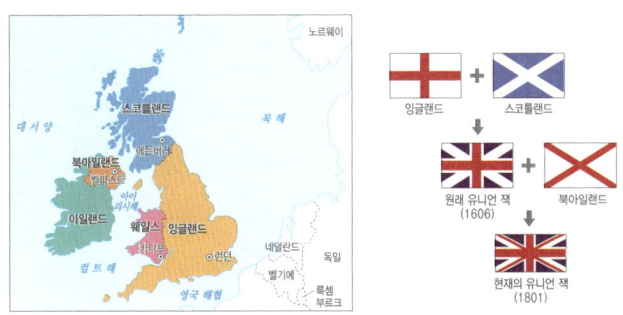

▲ 영국 연방의 형성과 유니언 잭

게르만족의 일파인 앵글로·색슨족과 노르만족의 침입으로 원주민인 켈트족은 스코틀랜드, 웨일즈, 아일랜드로 이동하게 된다. 이후 잉글랜드가 스코틀랜드, 웨일즈, 아일랜드 모두를 정복했는데 1921년 아일랜드가 독립하고 북아일랜드만 영국 연방으로 남았다. 따라서 영국의 국기인 유니언 잭은 잉글랜드, 스코틀랜드, 북아일랜드가 합쳐진 것이다.

잉글랜드의 시민 혁명을 이해하기 위해서는 우선 영국의 종교를 정확히 이해해야 한다. 당시 잉글랜드에는 로마 가톨릭이 있고, 헨리 8세의 종교 개혁으로 만들어진 영국 국교회가 있고, 또 칼뱅파인 청교도가 있는 것이다.

영국의 시민 혁명은 역사적으로 두 번 일어난다. 바로 청교도 혁명과 명예혁명인데 청교도 혁명은 칼뱅파인 청교도가 중심이었다면 명예혁명은 영국 국교회가 중심이었다. 그리고 청교도 혁명으로 공화정이 이룩되었다면 명예혁명으로 영국은 입헌 군주제가 이루어져 오늘날까지 이어지고 있다.

6. 배은망덕한 시민 혁명
사회 계약설과 헤겔 / 시민 혁명과 나폴레옹

청교도 혁명을 일으킨 청교도는 주로 인클로저 운동으로 성장한 지주층인 젠트리였는데 혁명의 발단은 1603년 국민과 결혼하여 독신이었던 엘리자베스 1세가 죽으며 후계자가 없게 되어 튜더 왕조가 단절되면서 부터였다.

튜더 왕조가 단절되자 가장 가까운 혈통의 왕족을 찾게 되는데 그가 스코틀랜드의 왕인 제임스 1세였다. 제임스 1세(스코틀랜드 국왕 재위 1567~1625/ 잉글랜드 국왕 재위 1603~1625)는 왕의 권력은 신이 부여한 것으로 절대 복종해야 한다는 왕권 신수설을 주장했다.

▲ 제임스 1세

그는 의회를 무시했고 영국 국교회를 강조하고 청교도를 탄압했다. 이에 청교도인들은 박해를 피해 1620년 메이플라워호를 타고 아메리카로 이주했다.

▲ 찰스 1세

뒤를 이어 왕이 된 찰스 1세(재위 1625~1649)는 에스파냐, 프랑스와의 전쟁에 패배해서 의회에 경비를 요구해야 했다. 할 수 없이 그는 1628년 의회가 요구하는 '권리 청원'에 투덜거리며 사인했다. '권리 청원'은 시민의 자유를 보장하기 위한 인권 선언이다. 누구도 함부로 체포·구금될 수 없으며 의회의 동의 없이는 어떠한 과세·증여도 부과하지 않을 것을 그 내용으로 담고 있다.

찰스 1세는 1627년 칼뱅파인 장로교를 믿고 있는 스코틀랜드에게 영국 국교회를 강요했다. 제임스 1세가 스코틀랜드의 왕이었으니 제임스 1세, 찰스 1세는 모두 잉글랜드의 왕이자 스코틀랜드의 왕을 겸임했다. 따라서 스코틀랜드에게도 영국 국교회를 강요하여 두 나라를 사상적으로 통일하려고 했던 것이다.

　이것이 바로 청교도 혁명의 발단이다. 당연히 칼뱅파인 장로교를 믿는 스코틀랜드인은 군대를 모아 저항했다. 찰스 1세는 군대를 모아 이 반란을 진압해야 했기에 의회에 경비를 요구했다. 하지만 의회는 왕권 신수설에 빠져있는 찰스 1세의 요구를 거부하고 또 비판했다. 이에 찰스 1세는 의회를 해산하고 스코틀랜드와의 전쟁을 벌였으나 패배하였다. 결국 찰스 1세는 다시 의회를 열 수 밖에 없었다. 다시 열린 의회는 찰스 1세의 전제 정치를 강렬하게 비판했다. 이제 왕과 의회의 전쟁은 불가피해졌다. 결국 왕을 지지하는 왕당파와 의회를 지지하는 의회파의 전쟁이 시작되었는데 의회파는 앞서 설명했듯이 젠트리 출신이며 주로 칼뱅파를 믿는 세력이었다.

　이 의회파의 군대를 이끈 이가 그 유명한 올리버 크롬웰(1599~1658)이다. 크롬웰의 병사들은 성서를 휴대하고 틈만 나면 한자리에 모여서 기도했다. 이런 종교적 열정과 엄격한 규율은 전쟁터에서 '아무리 두들겨 맞아도 끄덕하지 않는 철기대'라는 별명을 얻었다. 오죽했으면 의회군 전체가 크롬웰의

▲ 크롬웰

6. 배은망덕한 시민 혁명
사회 계약설과 헤겔 / 시민 혁명과 나폴레옹

철기대 같았으면 하는 것이 의회파 전체의 소망일 정도였다.

크롬웰은 1645년 네이즈비 전투에서 왕당파를 격퇴하고 권력을 장악한 후 찰스 1세를 대역죄와 '왕국에 대한 크나큰 범죄'를 저지른 혐의로 처형했다.

▲ 네이즈비 전투

군중 앞에 끌려 나간 찰스 1세는 몸에 지니고 있던 보석과 훈장 1개를 옆에 있던 성직자에게 준 뒤 처형대 위에 올랐다. 해가 흐린 겨울의 한낮이었다. 1649년 1월 30일 2시 4분, 도끼가 번쩍 빛나면서 찰스 1세의 목을 쳤다. 순간 주위에 있던 군중은 일제히 비명을 질렀다. 이후 크롬웰은 스스로 호국경이 되었으나 왕이나 마찬가지였다. 그는 엄격한 독재 정치를 펼쳤으며 철저한 금욕주의 정신에 입각한 생활을 강요했는데 국민들은 예전의 왕정을 그리워할 정도였다.

크롬웰에게 아부하는 홉스

청교도 혁명이 일어나기 전 영국의 엘리자베스 여왕(재위 1558~1603)은 에스파냐의 펠리페 2세에게 도전장을 내밀었다. 해적 출신인 드레이크 선장에게 펠리페 2세의 무적함대를 공격하게 한 것이다. 이에 펠리페 2세는 1588

▲ 무적함대

년 무적함대에게 영국 본토 공격을 명령한다.

이때 토머스 홉스(1588~1679)의 어머니는 무적함대의 공격 소식을 듣고 공포에 떨어 조산했다. 어머니의 공포심을 유전적으로 물려받은 토머스 홉스는 이 사회를 공포로 인식했다. 그는 사회를 이기적인 인간들로 이루어져 있어 '만인 대 만인의 투쟁'으로 본 것이다. 토머스 홉스가 살았던 시대는 실제로 만인 대 만인의 투쟁이 전개된 청교도 혁명(1642~1660)의 시대였다.

토머스 홉스는 청교도 혁명으로 죽은 찰스 1세의 신임을 받아 아들인 찰스 2세의 가정교사를 맡았다. 그리고 왕과 친한 학자라는 이유로 청교도 혁명 때 의회파의 탄압을 받아 프랑스로 망명했다. 프랑스로 망명한 홉스는 자신의 조국 영국으로 돌아가길 원했다. 찰스 1세가 사형 당하자 그는 왕정 복고가 희망이 없다고 판단하고 크롬웰과의 화해를 원했다. 홉스는 프랑스 망명기인 1651년에 《리바이어던》을 저술하고 1652년에는 크롬웰의 공화국에 충성할 것을 맹세하고 그의 희망대로 영국에 귀국했다.

▲ 리바이어던

왕의 몸에 있는 그림은 털이 아니라 수많은 시민들의 얼굴이다. 즉 홉스는 이 거대한 권력은 하늘에서 내려진 것이 아니라 수많은 시민들의 계약에 의해서 만들어진 것이라고 주장했다.

《리바이어던》은 성서 《욥기》에 나오는 수중 속 영생의 동물이다. 이 동물은 힘이 세고 포악해서 그 누구도 대항할 수 없는 절대적 권력과 힘을 상징한다. 홉스는 이 책을 통해 국가라는 것은 리바이어던 같은 강력한 힘을 가진 존재여야 하고 국민들은 모두 이 국가에 복종해야 한다고 주장한다. 그의 의도가 어떻든 간에 홉스의 비판자들은 이 책이 크롬웰의 후원을 받기 위해 그를 위해 쓴 책이며 결국 리바이어던은 크롬웰을 상징하는 것이라고 비난했다.

홉스의 의도를 떠나 비판자들의 생각처럼 이 리바이어던은 크롬웰의 정부에 아주 적합하고 필요한 이론이었다. 홉스의 이론과 기존의 왕권 신수설의 결과는 동일한 것으로 결국 모두 국가에 절대 복종해야 한다는 것이다.

하지만 홉스의 이론은 왜 국가에 복종해야 하는 가에 있어서 왕권 신수설과 차이점을 보이고 있다. 왕권 신수설은 왕의 권력은 하나님이 내리신 것이기에 복종해야 하는 것이었다. 하지만 홉스는 시민들이 자신의 이익과 보존을 위해 복종해야 한다고 주장했다. '사람은 사람에 대하여 늑대이다.' 원래 인간은 늑대처럼 이기적인 존재이고 이러한 이기적 본성이 끝없이 팽창하면 만인은 결국 걷잡을 수 없는 위협과 공포에서 벗어날 수 없게

▲ 홉스의 사회 계약설

그림의 왼쪽은 '만인의 만인에 대한 투쟁 상태'를 보여주고 있다. 따라서 오른쪽 그림과 같이 홉스는 자기 보전을 위하여 천부적인 자연권을 정부에 양도해야 한다고 주장했다.

된다. 하지만 인간은 이기적 존재이면서 동시에 이성적인 존재이다. 이에 인간은 자신의 권리를 절대적인 힘을 가진 국가에 바치고 자신을 보호해주기를 원한다.

홉스는 "타인에 대한 적대적 권리를 포기하고 자발적으로 자연권을 양도하라"라고 했다. 자기 보존을 위해서는 타인의 권리를 존중하고 자신의 권리를 일정 정도 유보할 수 있어야 한다고 주장한 것이다. 이처럼 만인이 권리를 서로 양도하는 것이 바로 '사회 계약'의 정신이다. 국가는 이 사회 계약의 산물인 것이다.

《리바이어던》의 표지처럼 국가의 권력은 강하나 그 권력은 하늘에서 내려진 것이 아니다. 시민은 자신들의 생명을 보호하기 위해 군주에게 절대적으로 복종할 의무를 갖지만 그 권력은 신이 내린 것이 아니라 시민들이 부여한 것이다. 이것이 바로 기존의 왕권 신수설과는 다른 점이다.

이 이론은 크롬웰에게 아주 적합한 이론이었으며 절대적으로 필요한 이론이었다. 이 이론은 우선 자신의 청교도 혁명을 합법화시키게 된다. 국가라는 것은 시민들의 보호를 위해 있는 것인데 기존의 영국 왕은 시민들의 재산권과 인권을 탄압했으니 홉스의 사회 계약설에 위반되는 것이었다. 그리고 홉스가 국가에 절대적으로 복종해야 한다는 것은 자신의 독재와 금욕주의 정치에 국민들이 반발하지 못하게 하는 이론인 것이다.

홉스의 이론은 결론적으로 왕권 신수설의 국가에 대한 절대적 복종과 동일했으나 그 이유에서 다른 차이점을 보이면서 국가 권력에 제한을 가하게 된 것이다. 이에 홉스의 이론은 로크와 루소의 사회 계약설로 발전하여 이후 영국의 명예혁명, 미국 독립 혁명, 프랑스 대혁명에 영향을 끼쳤다.

명예혁명

▲ 찰스 2세

크롬웰의 독재와 금욕 정치에 지친 국민들은 차라리 예전의 왕정이 더 낫다고 생각하여 그의 사후 다시 왕정을 복구시켰다. 1660년 스튜어트 왕조인 찰스 1세의 아들 찰스 2세(재위 1660~1685)에 의해 왕정복고가 이루어졌다. 거리에는 꽃이 뿌려졌고, 교회에선 종이 울렸다.

이때 28세의 청년 로크는 왕정 복고를 환영하며 다음과 같은 기록을 남겼다. '나는 이 세상에 태어나자마자 회오리바람 속에 휩쓸렸다. 그 회오리바람은 아직도 불고 있다. 그러므로 나는 평온한 때가 온 것을 진심으로 기뻐한다. 우리들이 경솔하고 어리석게 행동해서 잃어버렸던 평온과 안정을 되찾아준 정부에 누구나 복종하도록 함으로써 이 행복을 계속 누리도록 노력할 의무가 있고, 또 그렇게 해서 나는 보답하지 않으면 안 된다.'

찰스 2세는 부왕인 찰스 1세에 대한 복수를 의회에 맡겼고 의회는 즉시 이에 응했다. 찰스 1세의 처형 판결문에 서명했던 자 가운데 살아 있는 자들은 참수형에 처해졌다. 올리버 크롬웰의 시체는 관 속에서 끌려나와 도끼로 목이 잘리고 길거리에 매달렸다. 그리고 청교도에 대한 복수가 펼쳐졌다. 이런 분위기 속에서 자신감을 얻은 찰스 2세는 친 로마 가톨릭 정책을 단행하려고 했다. 찰스 2세 본인이 열렬한 로마 가톨릭 신자였고 역시 로마 가톨릭 신자인 프랑스의 루이 14세와 사촌 형제 관계였기 때문이었다. 찰스 2세의 아버지인 찰스 1세는 스코틀랜드에 영국 국교회를 강요하다 청교도 혁명이 발생했는데 찰스 2세는 황당하게도 잉글랜드에 로마 가톨릭을 강화시키려고 했다. 1670년 찰스 2세는 사촌 형제인 루이 14세와 도버 조약을 체결했다. 그것은 '찰스 2세는 적당한 때 그가 로마 가톨릭 신자라는 것을 선언한다. 그리고 이로 인해 의회가 저항하면 루이 14세는 군대를 파견해준다.'는 내용이었다. 이에 의회는 1673년 '심사법'을 제정하여

▲ 루이 14세

영국 국교회만이 공직에 취임할 수 있다고 결정했다. 그리고 1679년 부당한 인신 구속을 금지하는 '인신 보호법'이 제정되었다. 이제 다시 왕과 의회의 충돌이 예상되었다.

찰스 2세의 뒤를 이어 왕이 된 제임스 2세(재위 1685~1688) 역시 전제정치를 강화하고 친 로마 가톨릭 정책을 펼치자 의회는 그를 폐위시켰다. 그리고 제임스 2세

▲ 제임스 2세

의 딸인 메리와 그녀의 남편인 네덜란드 총독 윌리엄 3세를 공동왕으로 추대하여 권리장전을 승인시키니 이것이 1689년의 명예혁명이다. 영국은 이 명예혁명으로 입헌 군주제의 토대가 마련되었다. 이때 수립된 입헌 군주제란 군주는 있되 부르주아지가 중심인 의회가 통치하는 시스템이다. 한편 왕이 없는 공화정은 미국 독립 혁명으로 이루어지게 된다.

▲ 메리 2세와 윌리엄 3세

명예혁명과 로크

▲ 로크

로크(1632~1704)도 홉스와 동일하게 국가라는 것이 시민들의 계약으로 만들어진다고 주장했다. 홉스가 살았던 시대는 청교도 혁명의 혼란기였지만 로크가 살았던 시대는 명예혁명 전후시기로서 보다 안정된 시대였다. 홉스는 시민들이 자기 보존의 권리를 무제한으로 행사하여 사회가 전쟁 상태에 있다고 보았고 따라서 시민들은 자신들의 자연권을 국가에 바치고 절대적으로 복종해야한다고 주장했다.

하지만 로크는 혼란스러운 청교도 혁명 시기가 아니라 평화스러운 명예혁명 전후의 시기에 살았다. 따라서 이성에 의해서 서로 신체나 재산을 존중하며 평화로이 공존하고 있다고 보았기 때문에 국가에 자신들의 자연권을 바칠 필요가 없다고 보았다. 따라서 로크는 인간의 생명권과 소유권은 바칠 필요가 없으며 나머지 인간의 권리도 바치는 것이 아니라 믿고 맡기는 것(신탁)이라고 표현했다. 그리고 국가가 이 계약을 위반할 때는 이에 대항하는 저항권을 강력하게 주장했다.

▲ 신탁

▲ 저항권

로크는 국가의 의무가 시민들에 대한 최소한의 안전 보장에 국한되어야 한다고 생각했다. 그래서 국가에 생명권과 재산권을 제외한 나머지 자연권만을 신탁(信託)한다고 했다. 그러나 만일 국가가 그런 믿음을 저버린다면 언제든 시민은 저항권을 행사할 수 있다고 주장했다.

프랑스 대혁명의 시작

프랑스 대혁명이 발생하는 시기에 프랑스는 유럽에서 가장 강력한 국가였다. 프로이센의 인구가 대략 800만 명, 영국의 인구는 대략 1천 5백만 명인데 비해 프랑스의 인구는 무려 대략 2천 6백만 명이었다. 프랑스의 부르주아지는 사회 계약설과 계몽 사상의 영향을 받았으며 미국 독립 전쟁에 참여할 정도로 자유주의 정신이 강했다. 이 당시 프랑스에서 제1 신분인 성직자들은 총인구의 0.004퍼센트에 불과했지만 전 국토의 대략 10퍼센트를 소유했다. 그들은 출생과 결혼, 교

▲ 구제도의 모순

회뿐만 아니라 학교 교육도 장악하여 엄청난 경제적, 사회적 특권을 누렸다. 제2 신분인 대략 25만 명의 귀족들은 군대와 행정의 고위직을 도맡았고 전 국토의 대략 20퍼센트를 소유했다. 아들이 두 명인 경우 한 명이 성직자가 된다면 다른 한 명은 귀족이 되었으니 제1 신분과 제2 신분은 원래는 같은 귀족인 셈이다. 프랑스 대혁명의 주체인 제3 신분은 상인, 수공업자, 변호사, 중하위 공무원을 차지하고 있었다.

당시 프랑스는 루이 14세의 방만한 사치로 왕실의 재정이 적자였는데 여기에 영국을 견제하기 위해 미국 독립 전쟁을 지원하면서 적자가 더욱 가중되었다. 총 국가 세출의 50퍼센트 이상이 빚을 갚는 것과 이자 지불에 지출될 정도였다. 그야말로 빚을 얻어 빚을 갚는 악순환이었다. 이에 루이 16세는 1614년 이래 소집되지 않았던 프랑스 의회인 삼부회를 소집했다. 삼부회는 제1 신분 247명, 제2 신분 188명, 제3 신분 500명의 대표를 뽑아 의안을 처리하게 되었다. 그러나 의안 처리를 할 때 어떻게 투표하느냐가 직면한 문제였다. 당연히 인원수가 많은 제3 신분은 머리수 대로 투표할 것을, 제1 신분과 제2 신분은 자신들의 기득권을 유지하기 위해 신분별 투표를 주장했다. 머리수 대로 투표하게 되면 제3 신분의 주장이 채택되겠지만, 신분별 투표가 시행되면 인원수가 적은 제1 신분과 제 2신분의 주장이 채택되는 것이다. 아직 신분별 투표가

▲ 루이 16세와 마리 앙투아네트

결정되지 않은 상황에서 제3 신분은 머리수 투표를 요구하면서 6월 17일 삼부회를 포기하고 별도로 국민 의회를 결성했다.

6월 23일 삼부회가 신분별 투표를 결정하자 흥분한 시민들이 1789년 7월 14일 절대 왕정의 상징인 바스티유 감옥을 습격함으로써 프랑스 대혁명이 시작됐다. 혁명이 전국으로 확산되자 국민 의회는 8월 26일 그 유명한 〈인간과 시민의 권리선언〉을 발표했다. 선언에는 사상의 자유, 언론과 출판의 자유, 3권 분립, 즉 행정부·입법부·사법부의 독립, 재산권의 신성 불가침 등이 중요한 내용으로 포함되었다.

▲ 바스티유 감옥 습격

입법 의회

제3 신분은 평민이지만 부유한 평민층, 즉 부르주아지(자본가 계층) 중심이었다. 이들은 영국의 명예혁명처럼 절대 왕정과 공화정의 중간 형태인 입헌 군주제를 원했다. 즉 군주는 있되 부르주아지가 중심인 의회가 통치하는 시스템을 원했던 것이다. 따라서 부르주아지가 장악한 국민 의회는 1791년 입헌 군주제를 채택하여 입법 의회(1791. 10. 1~1792. 9. 20)가 성립되었다.

이때 가난한 평민층 중심인 급진파인 자코뱅파는 입헌 군주제를 폐지하고 공화정을 실시할 것을 주장했으나 부르주아지는 반대했다. 이들은 시민을 능동적 시민과 수동적 시민으로 구별하여 많은 세금을 내는 능동적 시민인 부르주아지만이 선거권을 갖는 제한 선거 제도를 결정했다. 이로 인해 부유한 평민층, 즉 능동적 시민인 부르주아지 약 430만 명이 선거권을 갖게 되었는데 이는 전체 인구의 16.5%에 불과하였다.

모차르트와 라 마르세예즈

▲ 모차르트

루이 16세의 왕비 마리 앙투아네트의 친정인 오스트리아의 봉건 귀족들은 사치스러운 생활과 모차르트(1756~1791)의 음악을 즐기고 있었는데 프랑스의 봉건 귀족들이 몰락하자 충격에 빠졌다. 이에 오스트리아는 망명한 프랑스 귀족들을 보호했으며 프랑스 혁명을 중단시키려고 음모 사건을 조작하는 일이 발생했다. 이에 1792년 입법 의회는 오스트리아와의 전쟁을 결심했다. 국내의 혼란을 잠재울 수 있는 기회라고 판단한 입법 의회는 전쟁이라는 도박을 결정했지만 결과는 프랑스의 패배였다. 프랑스가 연전연패하자 각 지방에서 의용군이 조직되어 파리로 모여들었다. 특히 마르세유의 의용군이 행진할 때 부른 다음의 군가 '라 마르세예즈'는 이후 프랑스의 국가가 되었다.

'피 묻은 깃발이 올랐다. 들판에서 울리는 소리가 들리느냐, 이 잔인한 군인들의 포효가. 그들이 바로 우리 곁에 왔다, 너희 조국, 너희 아들들의 목을 따기 위해서.'

역시 모차르트의 음악에 빠져있던 프로이센도 프랑스 혁명의 파급을 막기 위해 오스트리아의 편에 서서 프랑스에 선전 포고를 하게 된다. 시민들은 왕의 거처를 습격하고 스위스 용병으로 이루어진 친위대 700여 명을 학살했다.

국민 공회

전쟁을 부르주아지 중심으로만 수행해 나갈 수는 없었다. 가난한 평민층이 전쟁에 참여하면서 그들의 영향력이 증대되면서 입법 의회는 제1 공화정인 국민 공회(1792. 9. 20~1795. 10. 26)로 교체되었다. 가난한 평민층까지 참여한 국민 공회는 입헌 군주제를 폐지하고 왕이 존재하지 않는 공화정을 선택했는데 이를 제1 공화정이라고 한다.

입법 의회와 국민 공회 비교

구분	입법 의회	국민 공회
주도 세력	부유한 평민층(부르주아지)	가난한 평민층
정치	입헌 군주제	공화정
선거권	제한 선거	보통 선거
재산권	적극 보장	노동권과 사회 복지 강조

전세가 불리해지자 시민들은 과격해졌고 이성을 잃고 반 혁명분자를 제거하기 시작했다. 평소에 불만이 있던 자들을 마구 혁명의 적으로 몰아 즉결 심판으로 죽였다. 1792년 9월초

6. 배은망덕한 시민 혁명
사회 계약설과 헤겔 / 시민 혁명과 나폴레옹

며칠 동안 이렇게 처형된 자들이 무려 1천 200명이었다. 이들은 자기가 왜 죽는지도 모르면서 죽어 갔다.

다음해 1793년 1월 21일 루이 16세마저 봉건제도의 괴수로서 사형당했다. 찬반 투표결과는 찬성 387표, 반대 344표로 거의 대등했다. 이렇게 혁명이 과격해지자

▲ 루이 16세 처형

1793년 2월, 혁명의 파급을 두려워한 오스트리아, 영국, 포르이센, 에스파냐가 프랑스 대혁명을 진압하기 위한 대 프랑스 동맹을 결성했다.

루소의 영향을 받은 로베스피에르

▲ 로베스피에르

가난한 평민층의 지원을 받아 공포 정치를 주도한 자는 로베스피에르였다. 로베스피에르는 공화정과 직접 민주주의를 추구했던 루소의 철학이 인류를 구원해줄 위대한 희망을 담고 있다고 확신에 찬 인물이었다. 로베스피에르는 루소의 이상을 실현시키기 위해 1793년 7월 17일 모든 봉건 특권을 폐지하고 가난한 평민층까지 참여시키는 '자코뱅 헌법'을 제정하였다. 헌법은 능동적 시민과 수동적 시민의 구별을 타파하고 수동적 시민, 즉 가난한 평민층까지 선거권을 주는 보통선거를 결정했다. 원래 입법 의회의 헌법은 능동적

시민, 즉 부르주아지만이 선거권을 갖는 제한 선거였다. 그리고 자코뱅 헌법은 노동권과 사회 복지 등을 강조했다. 이를 실시하려면 부자들에게 세금을 더 걷어 빈민에게 분배하여야 했는데 이는 입법 의회의 사유 재산의 신성 불가침과 정면충돌하는 것이었다.

▲ 루소의 직접 민주주의

무엇보다 국내 반혁명 세력과 외국 군대의 공격에 직면한 국민 공회는 이때 국민 개병제와 국민 총동원령을 공포함으로써 장차 나폴레옹 전쟁의 기초를 확립했다. 나폴레옹이 유럽을 정복할 수 있었던 중요한 배경이 바로 이 국민 개병제였다. 이 당시 다른 나라 절대 왕정의 부대는 거의 다 돈을 받고 싸우는 직업 군인들로 이루어진 용병제였다. 선거권을 얻고 국민의 일원으로 참가하는 프랑스군에 용병으로 이루어진 군대는 상대가 안 되는 것이었다. 과거 로마가 카르타고를 이긴 이유 중의 하나도 바로 이와 같았다. 로마가 시민들이 시민권의 반대 급부로 병역의 의무를 다하기 위한 군대였던 반면 카르타고는 용병이었기 때문이었다.

로베스피에르는 천여 명을 단두대에서 처형하는 공포 정치를 실시하여 많은 주위 인물들이 멀리하기 시작했다. 결국 그도 독재자라는 죄를 쓰고 단두대로 끌려갔다. 이때 가난한 평민층조차 로베스피에르의 생명을 구하려 노력하지 않았다.

6. 배은망덕한 시민 혁명
사회 계약설과 헤겔 / 시민 혁명과 나폴레옹

베토벤을 분노케 한 나폴레옹

1794년 로베스피에르를 제거한 테르미도르파(테르미도르는 프랑스 혁명력의 11월이다)는 부르주아지를 중심으로 500인회, 양원제, 5명의 총재가 국가를 책임지는 총재 정부(1795. 11~1799. 11)를 수립했다. 이 총재 정부는 비록 공화정이였지만 부자 평민층, 즉 부르주아지를 위한 제한 선거를 결정했다.

그러한 총재 정부는 두 세력으로부터 위협을 받았다. 위로는 봉건 귀족들로 이루어진 왕당파, 그리고 가난한 평민층으로 이루어진 자코뱅파였다. 총재 정부는 이 두 세력을 진압하기 위하여 군대에 의존했다. 그리고 혁명을 진압하려는 외국 군대 또한 물리쳐야 했기 때문에 군대에 대한 의존도는 더욱 강화되었다. 이때 군대에서 최고의 인기를 누리던 인물이 이탈리아 원정에 성공한 나폴레옹(재위 1차 1804~1814년, 2차 1815)이었다. 1799년 11월 나폴레옹은 쿠데타를 일으켜 총재 정부를 무너뜨렸다. 그리고 통령이 되었다가 다시 국민 투표를 통해 황제가 되었는데 이를 제1 제정이라고 한다.

▲ 알프스산맥을 넘는 나폴레옹

▲ 황제로 즉위하는 나폴레옹

▲ 베토벤

원래 독일의 베토벤은 〈영웅〉 교향곡을 나폴레옹 보나파르트에게 최초로 헌정하려고 했다. 하지만 나폴레옹이 황제가 되자 이 곡을 찢어버렸다.

루소, 자유주의를 넘어 민주주의를 주장하다

루소(1712~1778)는 인간의 의지를 개별 의지, 일반 의지, 전체 의지로 구분했다. '개별 의지(particular will)'는 개개인이 가지고 있는 의지와 자유이다. 개별 의지 하나하나가 모이면 국민 전체의 의지인 '일반 의지(general will, 평범한 사람들의 일치된 의지)'가 된다. 일반 의지란 단순히 모든 사람들의 의지가 아니라,

▲ 루소

모든 사람들을 위한 최선을 의미한다. 이러한 일반 의지는 오로지 공동의 이익, 즉 자유와 평등만을 염두에 둔다. 이것이 일반 의지가 전체 의지와 다른 점이다. 전체 의지란 다수의 힘만 믿고 권력을 행사하는 경우이다. 따라서 귀족 중심 또는 부르주아지 중심의 집단 이기주의는 일반 의지라기보다는 전체 의지에 가까운 것이다. 루소는 '사회 계약론'에서 이러한 '일반 의지'에 따라 국가가 개인의 자유·평등을 보장할 수 있는 정치 체제를 만들어야 한다고 주장하여 프랑스 혁명의 이론적인 근거를 제시했다.

루소의 사회 계약설은 특히 로베스피에르와 자코뱅 당원들

의 경전이 되었다. 홉스와 로크는 모두 부르주아지에 의한 정치를 주장했다. 그들은 모든 사람이 아닌 돈 많은 부유한 시민에게만 주권을 부여하고 정치의 주체로 인정한 것이며 자유주의의 기틀을 만들었다는 것이다. 하지만 루소는 '주권재민' 사상을 통해 주권이 모든 국민에게 있다고 주장했으며 따라서 루소는 민주주의의 기틀을 만든 자라고 할 수 있다. 이 당시 자유주의는 부르주아지의 경제적 활동을 국가가 간섭하지 않고 소유권을 침해해서는 안 된다는 주장으로 오직 그들의 선거권만을 특권으로 인정했다. 하지만 루소는 모든 국민에게 주권이 있음을 주장하면서 민주주의의 기틀을 마련한 셈인 것이다.

계몽 사상을 비판하는 루소

루소는 자유주의가 주장하는 소유권, 특히 로크가 절대로 양보할 수 없다고 한 소유권에 대해서도 비판했다. 루소는 '자연 상태'의 인간은 원래 평등하게 살았지만 재산을 소유하게 되면서 불평등이 발생했다고 주장했다. 그리고 국가는 그러한 빈부의 격차를 합법화시킨 것에 지나지 않는다고 비판했다.

▲ 자연 상태

　루소는 불평등을 해결하기 위해 당시 유행하던 계몽 사상을 비판하며 '자연으로 돌아가라'고 외쳤다.

이 당시 시민 혁명에 영향을 준 사상으로는 사회 계약설과 더불어 계몽 사상이 있었다. 계몽 사상은 세상을 과학적으로 해석하려 하고 이성적이고 합리적인 방법으로 개혁하고자 했다. 볼테르, 몽테스키외 등의 계몽 사상가들은 인간 이성의 능력을 절대적으로 확신하고 이에 기초해서 신분과 종교적 믿음으로 왜곡되어 있던 당시의 사회 질서를 바로 잡으려 했다. 하지만 계몽 사상의 시대를 살았던 루소는 이 사상의 한계를 인식하고 비판했다. 그는 계몽을 넘어 인간의 본성을 자연 상태로 되돌릴 것을 부르짖었다. 이때 자연으로 돌아가자는 것은 복잡한 도시를 떠나 숲 속의 자연에서 정신적 안정을 취하자는 단순한 의미가 아니었다. 루소의 의도는 바로 계몽 사상이 강조하고 있는 이성을 비판한 것이다. 그는 인간의 이성이 아닌 인간 내면에 있는 자연스러운 본성을 끄집어내게 되면 모든 사람은 비로소 평등하고 자유로워진다고 주장했다.

홉스는 자연 상태를 만인 대 만인이 투쟁하는 혼란스러운 상태로 보았고, 로크는 어느 정도 평화로운 상태로 보았다. 루소는 더 나아가 자연 상태는 악을 모르는 깨끗한 사람들이 다른 사람에 대한 이타심을 갖고 모여 사는 상태로 본 것이다. 이에 자연적인 감정으로 돌아가면 일체의 불평등이 사라진다고 보았다.

나폴레옹 전쟁

프랑스에서 시민 혁명이 발생하자 유럽의 여러 나라들(절대왕정)은 이를 진압하려고 했다. 명예혁명을 통해 이미 입헌 군주제를 이룬 영국의 부르주아지는 공화정을 너무나 급진적으로 생각했다. 이에 영국도 프랑스 대혁명이 진압되기를 원했다. 그러나 나폴레옹이 등장해 혁명을 진압하려는 외국 군대를 물리치고 오히려 더 나아가 적극적인 팽창 정책을 펼치게 된 것이다. 전쟁의 명분은 프랑스 대혁명을 통해 쟁취한 자유주의를 전 유럽에 퍼트린다는 것이었지만 실제로는 나폴레옹의 개인 야욕을 달성하기 위한 침략이었다.

나폴레옹은 1805년 영국 본토 상륙 작전을 시도했지만 1805년 10월 21일 트라팔가르 전투에서 넬슨에게 패배하여 제해권을 상실했다. 하지만 1805년 12월 2일 아우스터리츠 전투에서 오스트리아와 러시아 연합군을 격파하여 1806년 신성 로마 제국은 해체되고 라인 동맹이 결성되었다. 라인 동맹은 나폴레옹이 프랑스의 속국으로 독일의 중소 영방 국가들을 부추겨서 프로이센 및 러시아와 프랑스 사이의 완충

▲ 트라팔가르 해전

1805년 영국 해군에게 프랑스-에스파냐 연합함대가 패배한 해전이다.

▲ 아우스터리츠 전투

병사가 전투의 승리를 전하자 나폴레옹은 "병사들이여, 짐은 그대들에게 만족하노라."라고 대답하고 있다.

지대 역할을 수행할 목적으로 결성한 동맹 체제이다. 참고로 이후 만들어진 폴란드의 바르샤바 대공국도 비슷한 성격의 프랑스 속국이었다.

러시아 원정 그리고 톨스토이와 스탕달

다시 프로이센, 영국, 러시아가 나폴레옹에게 도전장을 내밀었다. 프로이센이 먼저 전쟁을 걸자 나폴레옹은 예나 전투에서 이를 격파하고 1806년 10월 27일 베를린에 입성했다. 이후 나폴레옹은 트라팔가르 해전의 패배에 대한 복수를 결정했는데 이것이 바로 1806년 11월의 대륙 봉쇄령이다. 영국 본토 상륙 작전은 현실성이 없다고 판단한 나폴레옹은 이제 러시아까지 동맹국이 되었으니 대륙의 국가들에게 영국과의 무역을 중단하도록 하였다. 원래 나폴레옹은 수비전 대신 공격을 중시하는 군인이었는데 이 대륙 봉쇄령은 공격이 아니라 수비전이었다. 그러나 이미 1760년대 산업 혁명이 시작된 영국이었기 때문에 이 대륙 봉쇄령으로 대륙의 국가들이 더 큰 피해를 보았다. 결국 힘들어진 러시아가 대륙 봉쇄령을 어기자 1808년 에스파냐 정복에 성공한 나폴레옹은 1812년 모스크바 원정을 시도했다. 이

▲ 에스파냐 전쟁

프랑스군이 저항하는 에스파냐인들을 학살하는 모습을 고야가 그린 그림이다. 에스파냐의 거센 저항으로 나폴레옹은 40만의 군대를 에스파냐에 상주시켜야만 했기에 러시아 원정에 60만의 군대만을 이끌고 갈 수 밖에 없었다.

원정은 톨스토이의 《전쟁과 평화》에 널리 알려져 있는 전쟁이다. 나폴레옹은 60만 대군으로 모스크바를 점령하는 데 성공한다. 모스크바에는 원래 40만이 살고 있었는데 이때는 겨우 1만 5천 명만 남아 있었으며 러시아군이 후퇴할 때 지른 불은 17일간 계속해서 타올랐다. 나폴레옹은 어쩔 수 없이 10월 19일 10만의 군대에게 후퇴명령을 내렸다. 말을 잡아먹으면서 허기를 달래고 철수하는 프랑스군을 러시아가 10만의 군대로 추격했다. 한층 더 매서워진 추위로 나폴레옹의 군대는 격감하여 12월 5일 폴란드 땅에 도착했을 때는 겨우 5천 명의 군인만이 그의 곁에 있었다. 출발할 때 원래 60만 대군이었던 병력은 그 1/20도 안 남은 것이다. 이때 생존자 중에는 이탈리아 원정에도 참여했던 《적과 흑》의 작가 스탕달이 끼어있었다.

▲ 나폴레옹의 러시아 원정   ▲ 톨스토이   ▲ 스탕달

나폴레옹이 러시아 원정에서 실패하자 유럽의 국가들은 그에게 저항하기 시작했다. 결국 나폴레옹은 퇴위되고 루이 16세의 아우인 루이 18세(재위 1814~1824)가 등극하여 왕정이 복구되었다. 그리고 나폴레옹은 엘바섬으로 유배되었다. 그

섬은 원래 그의 고향이었기 때문에 쉽게 탈출하여 백일 동안 다시 황제가 되었지만 워털루 전투에서 패배함으로써 나폴레옹의 시대는 끝나게 되었다. 이번에는 프랑스와 가까운 엘바섬이 아니라 너무나 먼 대서양의 세인트헬레나섬으로 유배되어 1821년 5월 5일 사망했다. 독살되었다는 설도 있다.

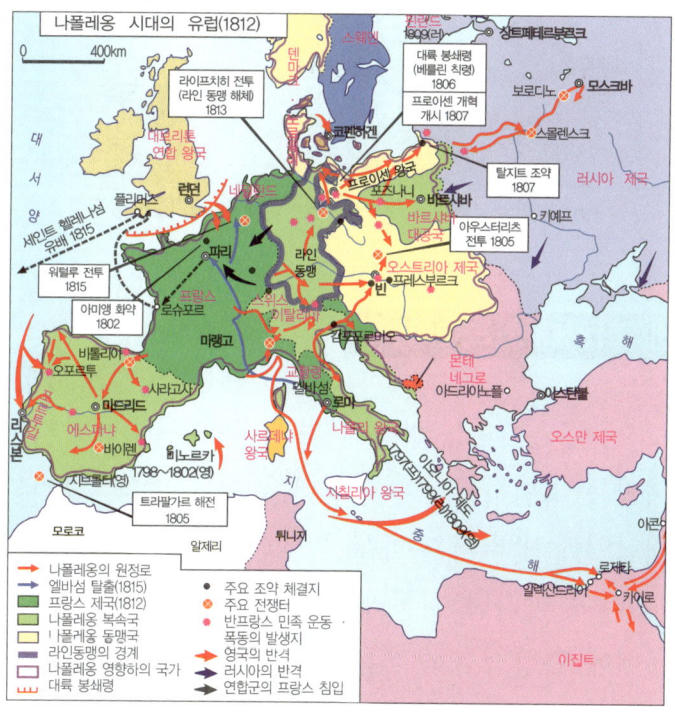

▲ 나폴레옹 시대의 유럽

6. 배은망덕한 시민 혁명
사회 계약설과 헤겔 / 시민 혁명과 나폴레옹

▲ 빈 회의(나폴레옹 몰락 후 열림) 결과 각국이 얻은 영토

괴테, 피히테 그리고 헤겔

자유를 강조했던 헤겔(1770~1831)은 프랑스 혁명에 열광하여 죽을 때까지 튀빙겐 숲에 혁명을 기념하는 '자유의 나무'를 심었다. 그리고 평생 혁명 기념일에 맞추어 축배를 들었다. 자유주의를 전 유럽에 선물하겠다고 나타난 나폴레옹의 군대가 프로이센을 격파하고 베를린에 입성하자 헤겔은 "나는 절대정신(시대정신)을 보았다."라고 하며 경탄했다. 이미 프랑스 대혁명을 이룩한 프랑스 군대가 혁명의 자유주의를 자신의 조국에도 선물해줄 것이라고 오판한 것이었다.

그런데 이것은 헤겔만의 오판은 아니었다. 《파우스트》의 저자 괴테도 마찬가지였다. 나폴레옹의 군대는 자유주의를 전파하는 군대가 아니라 약탈자에 불과했다. 나폴레옹의 군대는 프로이센을 철저하게 짓밟았다. 나폴레옹 군대의 본모습을 본 피히테는 《독일 국민에게 고함》이란 강연으로 독일 민족주의를 싹트게 했다.

▲ 헤겔

▲ 괴테

▲ 피히테

나폴레옹 전쟁은 유럽에 자유주의를 확산시킨다는 측면도 있지만 그 본모습은 정복 전쟁이었기 때문에 민족주의를 확산시킨 측면이 있는 것이었다.

따라서 현재 우리나라 《세계사》 교과서에는 나폴레옹 전쟁의 의의를 '유럽에 자유주의와 민족주의를 확산시킨 것'이라고 기술했으며 시험에도 자주 출제되고 있다. 나폴레옹 군대의 참모습을 알게 된 헤겔은 이제 철저하게 프로이센 중심의 독일 통일을 위해 노력하기 시작했다. 그리고 프리드리히 3세도 헤겔의 철학을 이용해 독일 통일을 꿈꾸었기에 그의 사상은 프로이센 국가의 국가 철학이 되었다.

▲ 프로이센의 국가 철학이 된 헤겔의 사상

사회 계약설을 꿈꿀 수 없는 독일의 철학

헤겔은 인류 역사를 자유가 실현되어 나가는 과정으로 보았다. 역사의 중심은 오직 한 사람의 전제 군주만이 자유로웠던 진 시황제의 진 왕조 같은 동방 제국에서, 소수가 자유로웠던 그리스·로마 문명으로, 다시 모두가 자유로운 프로이센으로 옮겨 간다고 생각했다.

헤겔은 프로이센 중심의 국가 통일을 위해 변증법을 사용한다. 변증법은 정과 반의 대립을 통해 합으로 지양한다는 것이다. 지양(止揚, 버릴 지, 끌어올릴 양)이란 개념은 나쁜 요소는 버리고(지), 좋은 요소는 끌어올려(양) 합으로 진보한다는 이론이다. 예를 들어 책을 쓰고 있는 필자는 '글을 쓰려고 하는 나(정)'와 '글을 쓰는 것이 힘들어 쉬고 싶은 나(반)'가 있다. 이 정과 반을 합쳐 '잠시 쉬었다가 재충전하여 더 질이 좋은 글을 쓰고 있는 나(종합)'로 진보하는 것이 변증법인 것이다. 이처럼 변증법의 지양은 모순과 대립을 부정하며 더 나은 상태로 진보하는 것이다.

헤겔은 프로이센 중심의 독일 통일에 바로 이 변증법을 사용한다. 우선 정(正)은 가족이다. 가족의 장점은 개인보다 가족이라는 공동체를 중시하는 것이고 단점은 가족 이기주의에 빠지면 다른 가족들이 피해를 보게 되는 것이다. 그리고 반(反)은 사회 계약설을 믿고 있는 영국, 프랑스의 시민 사회이다. 사회 계약설은 개인의 이익을 위해 개인의 계약으로 사회를 만드는 것이다. 이러한 사회 계약설의 장점은 개인을 중시하는 것이고 단점은 개인을 중시하여 공동체를 유지하는 것이 힘들게 되는 것이다.

헤겔의 합(合)은 프로이센이라는 통일 국가이다. 프로이센은 가족의 장점인 공동체 중시, 시민 사회의 장점인 개인 중시를 모두 포함하고 있는 최고의 인륜인 것이다. 따라서 최종 단계의 합인 프로이센이란 가족과 시민 사회의 단점은 모두 버리고 장점만을 끌어올리는 것이다. 헤겔에 의하면 개인과 국가는 서로 대립하지 않고 조화를 이룰 수 있으며 국가는 개인의 자유와 권리를 보장하고 또 개인은 국가의 일원으로서만 참된 존재의 의미를 가지며 행복한 삶을 살 수 있다는 것이다. 따라서 독일 시민들은 모두 이 프로이센에 복종해야 한다고 주장했다.

헤겔의 이러한 철학은 사회 계약설과는 성격이 아주 달랐는데 시민 혁명을 꿈꿀 수 없는 독일의 상황을 보여주는 철학이라고 할 수 있다. 헤겔은 사회 계약설을 토대로 한 자유주의를 꿈꿀 수 없는 삼류 국가인 독일인이었으며 나폴레옹의 공격으로 짓밟힌 독일인이었다. 이런 상황 속에서 헤겔의 철학은 변질된 것이다. 자유를 강조하던 젊은 철학자 헤겔은 늙어서는 국가를 강조하는 철학자가 된 것이다. 국가를 강조하는 헤겔의 철학은 이후 비스마르크와 히틀러에게도 영향을 주게 된다.

MEMO

II 서양 철학과 서양사

7. 간사한 부르주아지의 철학과
처절한 프롤레타리아의 철학
공리주의와 사회주의 / 산업 혁명

산업 혁명

영국에서 모직물 산업으로 인클로저 운동이 일어났다면 면직물 산업으로 산업 혁명이 일어나게 된다. 산업 혁명은 제임스 와트가 증기 기관을 만들면서 엄청나게 빠른 속도로 전개되었다. 더 값싸고 질이 좋은 면직물 생산을 위해 기계가 사용되기 시작한 것이다. 영국에서 산업 혁명이 가장 먼저 일어난 배경으로는 모직물 산업으로 상당한 자본이 축적되어 있었다는 점, 해외 식민지가 많았다는 점, 석탄과 철 등 지하 자원이 풍부했다는 점, 인클로저 운동으로 풍부한 노동력이 확보되었다는 점, 그리고 명예혁명으로 정치적 안정이 이루어졌다는 점 등을 들 수 있다.

1830년대에는 증기 기관차가 발명되었으며 이후 전선과 전화가 발명되어

▲ 제임스 와트의 증기 기관

통신 혁명까지 이루어졌다. 영국은 1760년대 산업 혁명이 시작되었고, 벨기에와 프랑스는 1830년대, 독일과 미국은 1870년대, 러시아와 일본은 1890년대 산업 혁명이 시작되었다.

산업 혁명으로 자본주의는 발전하지만 그러나 극심한 빈부 갈등이 야기되었다. 산업 혁명으로 일자리를 잃은 노동자들은 기계 파괴 운동인 러다이트 운동을 전개했으며 자본주의를 반

대하는 사회주의가 발생했다. 영국의 오웬과 프랑스의 생시몽은 공동 생산과 공동 소비를 주장하는 사회주의를 제창했는데 이때의 사회주의는 이론이 체계화되지 못했기 때문에 이후 등장한 마르크스의 과학적 사회주의와 비교하여 공상적 사회주의라고 한다.

 유럽에서 문화적 근대는 14세기 르네상스로 시작되지만 정치·경제적 근대는 18세기 시민 혁명과 산업 혁명부터 시작된다고 본다. 이제 유럽에서는 시민 혁명과 산업 혁명이 시작되어 정치·경제적 근대가 시작되는데 당연히 그 중심 국가는 영국이었다.

공리주의의 등장

산업 혁명으로 빈부 갈등이 극심해지고 공상적 사회주의가 유행하자(아직 과학적 사회주의는 등장하기 이전) 부르주아지(자본가 계급)는 그 해결책을 고민한다.

▲ 애덤 스미스

 공리주의 이전에 흄과 애덤 스미스라는 철학자가 있었다. 이들이 제시한 해결책은 단지 부르주아지의 공감에 문제의 해결을 맡기자는 것이었다. '저 거지가 얼마나 배고플까, 흑흑!' 하는 공감을 통해 배고픈 노동자들에게 단지 적선을 하자는 것이다. 특히 애덤 스미스는 이러한 공감과 더불어 돈을 벌고자 하는 이기심, 즉 '보이지 않는 손'을 긍정적으로 찬양하며 자본주의가 더욱더 발전할 것이라고 주장했다.

하지만 산업 혁명으로 확산되는 빈부 갈등은 단지 공감에 의한 적선으로만 해결될 수 없었고 공상적 사회주의는 더욱 퍼지게 된다. 이에 등장한 공리주의는 공상적 사회주의를 배격하고 부르주아지 중심의 자본주의를 지키기 위해 '간사한 철학'을 치열하게 전개한다.

▲ 벤담의 양적 공리주의

벤담은 손가락을 다친 자본가(왼쪽)와 노동자(오른쪽)의 고통을 동일 선상에서 양적으로 비교해야 된다고 주장했다. 언뜻 보기에는 평등한 사상인 것 같지만 이 주장에는 맹점이 있다. 벤담은 고통과 마찬가지로 쾌락의 총량도 동일하게 고려해야 한다고 했는데 일반적으로 소득이 높은 자본가의 경우 당연히 노동자에 비하여 쾌락의 증가분이 크기 마련이다. 따라서 공리주의의 입장에서 일반적인 사회의 정책 결정은 대부분 부르주아지(자본가 계급)의 뜻에 따라 좌우될 가능성이 커지게 된다.

벤담의 양적 공리주의

벤담(1748~1832)은 '최대 다수의 최대 행복'을 주장하며 공리주의를 주창한다. 노동자의 손가락이 5개 다치고 자본가의 손가락이 1개를 다쳤을 경우 노동자의 고통의 양이 자본가

▲ 벤담

7. 간사한 부르주아지의 철학과 처절한 프롤레타리아의 철학
공리주의와 사회주의 / 산업 혁명

의 고통의 양보다 더 크기 때문에 의사는 노동자를 먼저 치료해줘야 한다는 이론이다. 아주 그럴듯하게 보이는 이론이지만, 벤담은 반대로 쾌락의 경우도 양적으로 계산한다. 부르주아지(자본가 계급)의 쾌락이 6이 늘어나고 프롤레타리아(노동자 계급)의 고통이 1이 늘어나면 전체 사회적으로 쾌락이 5가 증가하니 이것은 선이라는 것이다.

▲ 벤담

제레미 벤담은 자신의 시신을 박제하여 유리 상자에 넣고 자기가 설립한 대학 강당에 전시해 두라는 유언을 남겼다.

즉 벤담의 이론은 부르주아 계층 중심의 자본주의를 옹호하는 이론이다. 예를 들어 노동자의 늘어난 고통이 자본가의 늘어난 쾌락보다 적다면 이러한 분배는 정의로운 것이 된다. 공리주의는 현재 우리가 알고 있는 복지 국가의 이론이 결코 아니다. 쉽게 말해 재화를 골고루 나누는 것보다 재화를 키우는 것이 더 중요하다는 현재 대기업들의 성장이론인 것이다. 그리고 재화가 커지게 되면 가난한 자들에게도 그들의 몫이 돌아간다고 보았다. 대기업 주도로 경제가 성장하여 사회 전체의 쾌락이 늘어나게 되고 이때 부르주아지의 늘어난 쾌락이 프롤레타리아의 늘어난 고통보다 더 커지는 한 이것은 선인 것이다.

이처럼 벤담은 고통과 쾌락을 양적으로 계산하여 부르주아지 중심의 경제 발전에 이론적 토대를 만들었다. 공리주의는 공리(公利, 공유할 공, 이익 이), 즉 사회의 이익을 사회 전체가 공유하자는 이론이 아니라 공리(功利, 노력할 공, 이익 이), 즉 사회 전체의 이익을 늘리기 위해 노력하자는 부르주아지 중심의 간사한 철학인 것이다.

밀의 질적 공리주의

벤담은 솔선하여 자신의 시체를 사회 발전을 위해 기부하면서, 사회 전체 쾌락 증대에 노력하지 않으면 외적 제재를 가할 것을 주장한다. 하지만 이 외적 제재는 산업 혁명 이후 우리 인류가 구축한 작은 정부 이론과는 어울리지 않았다. 작은 정부란 정부가 경제 질서에 개입하지 않고 '보이지 않는 손'에 맡기자는 자유 방임주의를 말한다. 즉 자유주의에 입각해 부르주아지에게 모든 걸 맡기고 방임하자는 시스템인 것이다. 한편 큰 정부, 즉 복지국가는 제2차 세계 대전 이후에 등장한다. 큰 정부는 국가가 경제 질서에 개입하고 부자들에게 세금을 더 거두어 가난한 자들의 복지를 책임지는 정부를 말한다. 당연히 큰 정부는 자본주의 이론에 사회주의 이론을 도입한 혼합 경제 체재였다.

공리주의는 부르주아지 중심의 경제 질서를 옹호하기 위해 나온 이론이다. 즉 작은 정부를 철학적으로 뒷받침해 주기 위해 나온 이론인데 벤담의 외적 제재는 사회주의 체재와 큰 정부의 특징이기에 이러한 사상과 잘 들어맞지 않았다.

벤담의 공리주의에서 이러한 자체 모순이 발생하고 또 공상적 사회주의가 확산되자 이를 해결하기 위해 등장한 인물이

▲ 밀

벤담의 제자인 밀(1806~1873)이다. 밀의 이론은 벤담의 양적 공리주의를 질적 공리주의로, 외적 제재를 내적 제재로 전환시킨 것이다. 즉 부르주아지가 전체 사회의 쾌락 증대를 위하여 노력하지 않는다 하더라도 외적 제재를 가해서는 안 된다. 오직 부르주아지의 인격을 고양시켜 이타심을 키운 다음 스스로 사회 전체 쾌락 증대를 위해 노력하게 하자는 것이다.

▲ 벤담의 외적 제재　　　▲ 밀의 내적 제재

벤담의 외적 제재는 국가 개입의 최소화를 추구하는 작은 정부의 이론과는 충돌하는 논리였다.

따라서 밀은 벤담의 외적 제재를 내적 제재로, 즉 오로지 부르주아지의 양심에 호소하는 입장으로 전환시켰다. 오로지 양심의 제재만을 받게 되는 이러한 주장은 국가개입의 최소화를 추구하는 작은 정부의 이론과 딱 들어맞는 이론이다.

밀은 "배부른 돼지가 되기보다는 배고픈 인간이 되는 것이 낫고, 만족스러운 바보가 되는 것보다는 불만족스러운 소크라테스가 되는 것이 낫다."라고 하며 양적 공리주의를 질적 공리주의로 전환시키는데 성공했다. 부르주아지의 인격을 고양시키면 이타심이 생기고 스스로 사회 전체 쾌락 증대를 위해 노력할 것이라고 그는 믿었다. 만약 부르주아지가 사회 전체의 쾌락 증대를 위해 노력하지 않으면 그의 양심에 호소하여 스스로 부끄럽게, 스스로 양심에 가책을 느끼게 하자는 이론이다. 단지 이것 말고 어떠한 다른 제재도 없었다.

다음은 밀의 또 다른 글이다. '만약 공상적 사회주의(아직 마르크스의 과학적 사회주의가 등장하기 전)가 퍼지게 되면, 문명 사회는 파멸에 이르게 될 것입니다. 저항을 포기할 정도로 엄청났던 반달족(게르만족의 일파)의 침입보다 더 엄청난 재앙일 것입니다.' 이처럼 밀은 사회주의에 의한 위협을 받고 있는 자본주의를 위해 자신의 철학을 전개한 것이다. '정부가 개인의 생활에 간섭할 수 있는 경우는 한 사람의 행위가 다른 사람에게 해를 끼치는 상황으로만 한정해야 한다.'

밀은 이처럼 사회주의가 주장하는 정책, 즉 국가가 다수의 이름으로 부르주아지의 재산 상속을 규제하고, 대기업의 시장 독점을 규제하는 정책 등을 금지할 철저한 대비책을 만들어 놓았다.

차티스트 운동에 대한 밀의 전략

모든 것을 양으로 평가하는 벤담의 양적 공리주의는 보통 선거의 이론적 토대이기도 하다. 노동자의 손가락과 자본가의 손가락은 동등한 것이니 노동자 한 명의 투표권과 자본가 한 명의 투표권은 동등한 것이다.

프랑스에서 1830년 7월 혁명이 일어나자 이에 영향을 받은 영국 노동자들은 1838년 노동자들에게도 투표권을 부여하는 보통 선거의 실시를 요구하는 차티스트 운동을 전개한다. 이

▲ 차티스트 운동

때 질적 공리주의자인 밀은 이 보통 선거를 교묘하게 공격한다. 양적으로는 프롤레타리아의 한 표와 부르주아지의 한 표가 동등하다. 하지만 질적으로는 노동자의 교양과 자본가의 교양이 다르다. 따라서 질적으로 훌륭한 부르주아지가 표를 더 갖는 차등 선거를 주장한 것이다. 이후 노동자들이 보통 선거를 요구하는 운동의 주장이 채택되어 보통 선거가 실시될 상황에 대해서도 밀은 철저하게 준비한다. "전체 인류 가운데 단 한 사람의 생각이 다르다고 해서 그 사람에게 침묵을 강요해서는 안 된다. 이는 한 사람이 자신의 생각과 다르다고 해서 나머지 모든 사람에게 침묵을 강요하는 것만큼이나 용납될 수 없는 일이다."

마르크스의 공리(公利)주의

▲ 마르크스와 엥겔스

마르크스(1818~1883)는 공상적 사회주의를 과학적 사회주의로 발전시켜 자본주의를 공격했다. 그는 전 세계 프롤레타리아가 단결하여 폭력을 통해 부르주아지 중심의 국가를 무너뜨려야 한다고 했다. 이른바 전 세계 프롤레타리아가 사회의 이익을 공유하는 공리(公利)주의를 주장한 것이다.

1848년 프랑스에서 2월 혁명이 일어나자 마르크스는 〈공산당 선언〉을 발표한다.

"공산주의자는 자신의 견해와 목적을 수치스럽게 감추지 않는다. 공산주의자는 오직 모든 사회적 제약을 힘으로 타도함으로써만 우리의 목적을 달성할 수 있음을 공공연히 선포한다. 모든 지배 계급들이 공산주의 혁명 앞에서 떨게 하라. 프롤레타리아(노동자 층)가 잃을 것은 쇠사슬밖에 없으며 얻을 것은 온 세상이다. 전 세계 노동자들이여, 단결하라!"
- 마르크스 · 엥겔스〈공산당선언〉 -

마르크스주의에 영향을 받아 사회주의 국가가 등장한 시기는 1917년 러시아 혁명이었다. 혁명 이후 전 세계의 많은 나라들이 사회주의 실험을 시도했지만 실패했다. 하지만 사회주의의 역사적 의의는 분명히 존재한다. 사회주의 혁명에 대한 두려움으로 부르주아지가 그들의 노선을 변경하게 된 것이다. 드디어 벤담과 밀의 공리주의를 포기하고 사회주의 요소를 수용하기 시작했다. 부르주아지가 세금을 더 내어 가난한 프롤레타리아(노동자)의 복지를 위해 힘쓰는 큰 정부, 즉 복지 국가가 등장하게 된 것이다. 공리주의에 따르면 오직 사회 전체의 쾌락만이 중요하고 부르주아지의 쾌락이 프롤레타리아의 고통보다 더 큰 한도 내에서 이것은 곧 선인 것이다.

하지만 큰 정부의 등장으로 부르주아지의 쾌락보다 프롤레타리아의 고통을 더 중시하는 사회가 도래했다. 이 계기를 제공한 것이 마르크스주의이다. 즉 마르크스주의는 작은 정부를 큰 정부로 발전시키고 자본주의를 성숙시킨 하나의 백신 역할을 하게 된 것이다. 물론 1930년대 독일, 이탈리아, 일본은 무조건 사회주의를 탄압하는 전체주의가 등장했는데 이들 나라에게는 사회주의가 바이러스라고 여겨졌을 것이다.

사회주의와 공산주의의 차이

마르크스가 정립한 사적 유물론(史的 唯物論)은 사회를 상부 구조와 하부 구조로 나누어 분석한다. 그것은 하부 구조의 경제적 토대가 경제를 제외한 나머지 상부 구조를 결정하며 역사는 변증법적으로 진보한다는 이론으로서 변증법적 유물론이라고 한다. 마르크스는 이러한 사적 유물론으로 역사를 5단계로 나누었다.

우선 신석기 시대는 아직 사유재산이 나오지 않는 평등 사회였다. 마르크스는 이 시기를 원시 공산주의로 보았다. 그 다음에는 고대 노예제이다. 고대 그리스와 로마 시대 생산력의 주체는 노예였다. 노예는 자신의 재산을 소유할 수 없었다.

중세 봉건주의는 농노가 생산력의 주체였다. 농노는 비록 결혼 첫날 부인을 영주에게 바쳐야 하는 노예의 성격은 있지만 재산을 소유할 수 있었다. 그렇기 때문에 농노는 노예보다 진보한 것이다.

그 다음은 근대 자본주의이다. 근대 자본주의 시대 생산력의 주체는 프롤레타리아(노동자 계급)이다. 노동자는 노동력을 부르주아지에게 착취당하기는 하지만 결혼 첫날 부인을 부르주아지에게 바치지 않아도 된다. 노동자는 농노보다 한층 더 진보한 것이다.

마지막 단계인 현대 공산주의 시대가 되면 전 세계 부르주아지 중심의 국가들이 소멸되게 된다. 전 세계 노동자들이 자신의 노동력을 부르주아지에게 착취당하지 않고 결과물을 노동자끼리 평등하게 공유하게 되는 것이다. 한국인 입장에서는 이러한 국가 소멸론이 황당하게 생각될 수도 있다.

▲ 제국주의와 사회주의의 대립

먼저 그림에서 좌우의 대립을 보면, 영국과 독일의 부르주아지가 식민지 쟁탈을 위해 충돌한다. 반면 그림의 상하를 비교하여 보자. 국가 소멸론에 입각한 마르크스는 모든 노동자(그림의 하부)가 부르주아지(그림의 상부)를 무찌르자고 주장한다.

그러나 유럽은 이미 하나의 로마 제국, 하나의 교황 밑에서 살았기에 개별적인 국가가 소멸되는 것은 적어도 그들에게는 가능할 수도 있다.

사회주의란 자본주의에서 공산주의 사이에 있는 과도기로서 공산주의 달성을 위해 국가가 존재하는 시기를 말한다. 우리 인류의 역사에서 사회주의는 실현된 적이 있으나 공산주의까지 이행된 적은 없었다. 다시 말해 공산주의는 사회주의자들의 이상 사회인 것이다.

차티스트 운동에 영향을 준 7월 혁명

나폴레옹이 몰락하고 오스트리아 재상 메테르니히를 중심으로 하는 빈 체제가 등장했다. 빈 체제는 유럽의 질서를 프랑스 대혁명 이전으로 되돌리자는 복고 체제였다. 이 빈 체제로 프랑스는 다시 부르봉 왕가가 수립되었다. 부르봉 왕가는 프랑스를 구제도로 복귀시키고 시민들의 선거권과 언론과 출판의 자유를 박탈했다. 이에 프랑스 시민들은 1830년 7월 시민군을 조직하여 대항했다. 비록 시민 2천여 명이 사망했으나 전투에서 승리하여 왕을 폐위시키고 루이 필리프를 왕으로 하는 입헌 군주제인 7월 왕정이 수립되었다.

▲ 루이 필리프

원래 1814년 헌법에서 선거권의 기준이 30세 이상, 3백 프랑 세금을 납부하는 자로 제한되었는데 7월 왕정은 25세 이상, 2백 프랑 세금 납부로 완화되었을 뿐이다. 즉 유권자수가 9만 명에서 겨우 20만 명으로 늘어났을 뿐이다. 이는 전 국민의 0.6퍼센트에 불과한 제한 선거제였다. 결과적으로 이번에도 프랑스 대혁명처럼 가난한 평민들은 자신들이 흘린 피의 대가를 부유한 평민들에게 빼앗겼다.

▲ 민중을 이끄는 자유의 여신

들라크루아의 〈민중을 이끄는 자유의 여신〉(1830년) /왼쪽에 검은 모자를 쓰고 총을 든자가 들라크루아 자신이다.

프랑스의 7월 혁명은 영국에서 발생하는 차티스트 운동에 영향을 주었으며 독일에서는 관세 동맹(1834)이 만들어지게 된 계기가 되었다. 오스트리아를 제외한 독일 국가끼리의 관세를 하나로 통일시킴으로써 독일은 경제적인 통일을 이루게 된다.

마르크스의 공산당 선언을 발표하게 한 2월혁명

1830년 등장한 7월 왕정 시기 프랑스에서는 산업 혁명이 일어났다. 그런데 1846년부터 경기 침체가 발생하였으며 뿌리가 마르는 감자병이 유행하여 극심한 식량 부족이 야기되었다.

부르봉 왕조를 무너뜨리고 루이 필리프가 등극한 입헌 군주제는 제한 선거제였다. 산업 혁명으로 증가된 가난한 평민들은 이러한 제한 선거를 비판하며 선거권을 요구했다. 당시 프랑스의 수상은 거만하게 웃으면서 "부자가 되세요, 그러면 여러분들도 선거권을 얻을 수 있습니다."라고 말했다.

1848년 2월 프랑스의 가난한 평민들은 정부에 저항하여 루이 필리프를 쫓아냈고 새로운 헌법이 제정되었다. 이때의 헌법은 프랑스가 민주주의적 공화국이란 점을 강조했으며 3권 분립과 21세 이상의 남자들이 선거권을 얻는 보통 선거가 실시되었다. 1848년 12월 10일 프랑스 역사상 최초의 대통령 선거가 실시되어 나폴레옹의 조카 루이 나폴레옹이 3/4에 해당하는 547만 표를 얻어 당선되었다. 1852년에는 780만 대 25만 표로 제정이 부활하여 나폴레옹 3세(재임 1852~1871/제2공화국 대통령 1850~1852)가 제위에 올랐다. 이때《레미제라블》의 저자 빅토르 위고는 극심한 치욕

▲ 나폴레옹 3세

▲ 빅토르 위고

감을 느꼈다고 한다. 프랑스 2월 혁명의 영향으로 오스트리아와 프로이센에서도 3월 혁명이 일어났다. 오스트리아에서는 재상 메테르니히가 망명하게 되어 빈 체제가 붕괴되었고, 프로이센에서는 프랑크푸르트 의회(1848~1849)가 개최되었다. 당시 부르주아지들, 즉 자유주의자들을 중심으로 독일 통일이 논의되었지만 그러나 후진적인 독일에서 그것은 성공할 수 없는 논의였다.

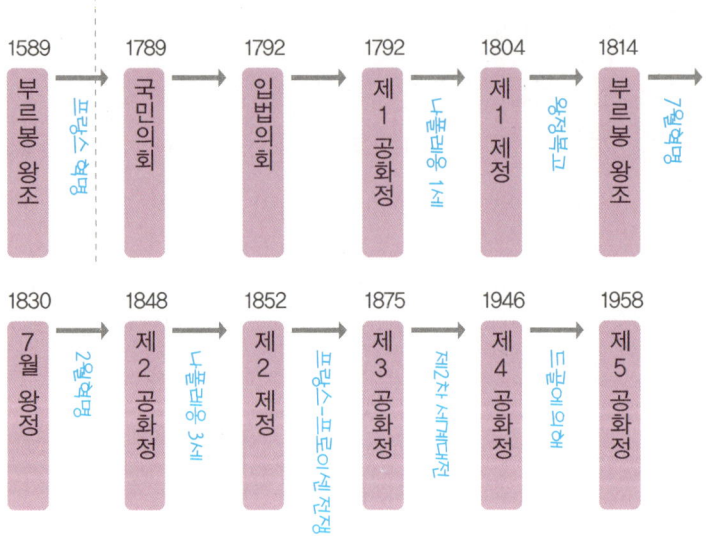

▲ 프랑스 정체의 변화

Ⅱ 서양 철학과 서양사

8. 쇼펜하우어의 허무주의에 빠진 독일,
   니체의 철학을 이용한 히틀러
   생철학 / 독일 통일과 제국주의 시대

생철학의 등장

헤겔이 이룩한 이성 중심의 철학을 공격하는 철학자들이 등장하는데 이들이 바로 쇼펜하우어와 니체이다. 그리고 이러한 반이성의 철학을 '생철학'이라고 한다. 생철학의 '생'이란 맹목적인 의지로서 이성에 상반되는 개념이다.

반이성의 생철학은 19세기 전 유럽에 유행하여 세계 대전 이후 실존주의에 영향을 주게 된다. 생철학의 중심인물인 쇼펜하우어와 니체는 모두 당시 후진적인 국가였던 독일인들이었다.

▲ 헤겔의 이성을 공격하는 쇼펜하우어와 니체

2월 혁명으로 쇼펜하우어, 헤겔을 넘어서다

쇼펜하우어(1788~1860)는 헤겔을 '프로이센에게 아부하는 철학자'라고 비난했다. 쇼펜하우어의 영향을 받은 니체(1844~1900) 역시 전통 사상에서 제일 먼저 처부숴야 할 대상으로 헤겔을 지목했다. 헤겔을 증오한 쇼펜하우어는 일부러 당시 베를린 대학에서 인기가 가장 많았던 헤겔의 강의 시간과 중복되게 시간표를 짰다. 그러나 쇼펜하우어의 강의를 듣는 학생은 극소수였고, 그마저도 나중에는 모두 떠나 버렸다. 분노에 휩싸인 그는 자신이 키우던 개를 '헤겔'이라고 불렀다. 이러한 쇼펜하우어는 헤겔의 이성 중심 철학을 비판하여 삶(생)의 본질을 인간의 맹목적인 의지로 보았다. 즉 생이란 인간의 끊임없는 욕구로 이루어진다. 그는 인생을 허무하다고 주장하여 염세주의 철학자로 평가 받는다.

이러한 허무주의는 1848년 2월 혁명의 영향을 받아 독일에서 일어난 3월 혁명의 실패에 기인한다. 당시 혁명의 실패에 실망한 독일의 부르주아지들 사이에는 허무주의가 만연했다.

서유럽은 7월 혁명과 2월 혁명으로 사회 체제가 진보하게 된다. 이들 서유럽이 이성을 계속 찬양할 수밖에 없는 상황이었다. 일단 독일에서도 7월 혁명과 2월 혁명의 영향을 받았으나 여전히 융커 출신들이 지배하는 후진적인 독일에서 혁명이 성공할 수는 없었다. 이런 상황 속에서 쇼펜하우어의 철학이 헤겔의 철학보다 더 유행하게 된다. 혁명의 실패로 낙담한 독일의 부르주아지들이 자신들의 욕구를 실현될 수 없는 욕구로 인식하게 된 것이다.

쇼펜하우어는 인간의 끝이 없는 욕구, 즉 맹목적인 의지 때문에 인간을 불행한 존재로 보았다. 쇼펜하우어는 식물이 빛을 쫓는 것은 살려

▲ 쇼펜하우어의 생에 대한 맹목적 의지

는 맹목적 의지의 표현이라고 했다. 우리 인간도 삶의 고뇌의 쳇바퀴 속에서 살려는 의지를 어찌하지 못한 채 고통스럽게 살아갈 뿐이라고 하여 허무주의 철학을 전개시켰다. 쇼펜하우어는 이 맹목적인 의지에서 벗어나기 위한 대안으로 금욕을 주장했다. 이러한 금욕은 인도 철학의 영향을 받은 것으로 보기도 한다.

▲ 쇼펜하우어의 금욕

자유주의와 사회주의를 비판하는 니체

니체(1844~1900)의 철학은 1871년 독일이 비스마르크에 의해 통일되고 제국주의 전선에 참여하기 시작하는 시기에 탄생했다. 물론 니체의 철학이 유행하게 된 시기는 그보다 이후 히틀러가 등장하면서부터였다.

니체가 말하는 초인이란 뒤늦게 통일을 이루어 서유럽보다 늦게 제국주의 전선에 침여하게 되는 독일을 염두에 두고 탄생했을 가능성이 크다. 뒤늦게 통일을 이룬 독일은 부르주아지의 자유주의와,

▲ 니체

노동자들의 사회주의에 의한 위협에 직면해 있었다. 하지만 후진적인 융커로 이루어진 독일에서는 부르주아지의 수가 적었기 때문에 자유주의의 성장이 미약했고 또 노동자의 수가

적었기에 사회주의 역시 성장할 수 없었다.

　니체는 기독교와 함께 이 자유주의와 사회주의 사상을 모두 혐오했다. 그가 볼 때 인간의 이성이 진보하여 만들어진 자유주의, 사회주의라는 이데올로기는 또 하나의 종교에 불과했다. 니체가 보기에 자유주의나 사회주의를 추구하고 신봉하는 자들의 행동은 종교 전쟁이나 다름없었다. 그리고 하지만 융커 중심의 후진적인 프로이센에서 이들 이데올로기는 실현 가능성이 없는 허무주의만을 가져다줄 뿐이었다. 니체는 기독교와 함께 이런 이성으로 무장된 이데올로기가 인간을 노예로 만들 뿐이라고 비판한다. 그리고 주인의 도덕을 갖춘 초인이 되기를 주장하며 '신은 죽었다'라고 외쳤다. 기독교는 인간에게 겸손, 순종, 동정만을 강요하여 인간을 노예로 만들었다. 이러한 모든 것들은 노예의 도덕일 뿐이다. 그리고 독일의 자유주의자들과 사회주의자들 역시 자유주의와 사회주의라는 종교에 빠져 이념의 노예가 되었다고 보았다.

▲ 니체의 초인

　니체는 사람들에게 주인의 도덕을 갖추길 원했다. 주인은 항상 당당하며 거침없고 명예를 중시하며 자신의 의지를 중요하게 여겨 권력에의 의지를 갖고 있다. 주인은 항상 위험을 무릅쓰고 투쟁하며 자신의 운명을 개척해 나간다. 그리고 지속적으로 위대함을 갈망한다. 이 주인이 바로 초인이다. "인류의 도덕은 가장 뛰어난 자에 의해 정해져야 한다." 니체의 주장이다. 가장 뛰어난 자, 즉 초인이 지배하는 사회는 자유주의와 사회주의 사상과는 반대의 철학이다.

> 비스마르크, 빌헬름 2세,
> 히틀러 중 누가 니체의 초인인가?

니체의 철학은 자유주의와 사회주의를 증오하고 융커 중심의 통일을 이룬 비스마르크, 영국과 프랑스라는 강자가 주도권을 장악하고 있는 제국주의 전선에 뒤늦게 참여하려는 빌헬름 2세, 그리고 역시 자유주의와 사회주의를 증오하고 세계 정복을 꿈꾼 히틀러에게는 그야말로 딱 맞는 철학이었다. "용기는 최상의 살해자다. 특히 공격적인 용기는!", "금발의 사자인 초인처럼 달려들어 물어뜯어라" 이러한 니체의 말은 비스마르크, 빌헬름 2세, 히틀러에게는 용기를 주는 외침이었다.

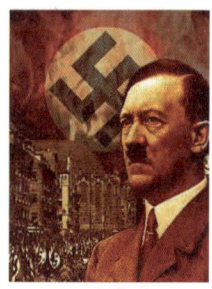
▲ 히틀러

▲ 비스마르크

히틀러 제국은 니체가 죽은 이후에 등장했다. 따라서 필자는 니체의 초인이 비스마르크와 독일 황제 빌헬름 2세를 염두에 두었다고 생각한다. 1848년 프랑스 2월 혁명의 영향으로 독일에서도 혁명이 일어났지만 실패하고 독일인들은 쇼펜하우어의 염세주의에 빠졌던

▲ 빌헬름 1세

것이다. 하지만 이를 극복하고 독일 통일에 성공한 인물이 비스마르크였다. 비스마르크(1815~1898)는 독일 통일을 이루고 빌헬름 1세를 독일 황제로 만들었지만, 독일이 팽창하여 제국주의 전선에 적극적으로 참여하는 데 있어서는 주저했다.

▲ 빌헬름 2세

이런 비스마르크를 경질하고 제국주의 전선에 적극적으로 참여해 제1차 세계 대전을 일으킨 인물은 빌헬름 1세의 아들 빌헬름 2세(재위 1888~1918)였다. 염세주의에 빠진 독일을 극복하고 통일 제국을 이룬 비스마르크는 초인(?)이었다. 하지만 그는 더 이상의 독일 팽창을 두려워한 한계가 있는 초인이었다. 하지만 비스마르크를 경질한 빌헬름 2세는 범게르만주의를 내세워 독일 국민들이 '위대한 독일을 위하여!'를 외치며 제국주의 전선에 참여하게 하는 제1차 세계 대전을 일으켰다. 따라서 빌헬름 2세는 비스마르크보다 더 강한 초인(?)이었다. 필자는 어쨌든 니체의 초인은 비스마르크와 빌헬름 2세 두 인물을 염두에 두었을 가능성이 크다고 생각한다. 그리고 둘 중에 빌헬름 2세를 더 염두에 두었다고 생각한다.

니체는 1889년 45세의 나이에 완전히 미쳐버렸고 56세의 나이로 사망할 때까지 온전한 정신을 회복하지 못했다. 따라서 니체는 실제로 1889년까지 살았다고 봐야 한다. 미쳐버린 니체를 돌본 건 그의 여동생 엘리자베트였다. 그녀는 극단적인 유대인 혐오주의자였다. 그녀는 히틀러에게 니체가 말한 초인은 히틀러 바로 당신을 염두에 둔 것이라고 말했다. 히틀러는 이 여동생의 말을 전 독일에 선전하며 주인인 게르만 민족이 전 세계의 노예들을 정복해야 한다고 선동했다. 그러나 니체의 초인은 히틀러가 말한 인종적 개념이 아니라 정신적인 초인을 말하는 것이었다. 그러나 그의 여동생과 히틀러에 의해 그것은 인종적인 초인, 즉 히틀러 또는 게르만 인종으로 변질되었다.

비스마르크의 독일 통일

독일 통일의 중심 국가는 프로이센이었다. 17세기 말과 18세기에 걸쳐 100여 년간 프로이센의 왕들은 모든 역량을 군대 증강에 전념했다. 프로이센은 군인들을 크게 우대하여 프로이센의 관리직은 거의 다 퇴역한 군인들이 맡았다. 그들은 군인이라는 자긍심이 아주 강했으며 프로이센의 왕은 항상 군복을 입었다. 이와 같이 프로이센은 대단히 군국주의적인 사회였다. 이러한 문화적 배경이 이후 독일에서 히틀러가 등장할 수 있었던 요인이 되었다. 이 프로이센의 군인들의 출신 성분은 대개 융커 계급이었다. 융커는 독일 북동부지방의 지주층을 말한다. 당시 서유럽은 이미 농노제가 폐지되었지만 동부유럽은 아직도 농노제가 여전했다. 서유럽에서 사라진 농노제가 다시 나타났다 하여 이를 재판 농노제라고 한다. 융커 출신의 군인들은 항상 프로이센의 왕에게 충성했고 왕은 이들을 보호했다.

▲ 독일 통일 (1871)

독일은 프로이센을 중심으로 통일하였고 오스트리아는 헝가리의 자치를 허용하여 오스트리아-헝가리 제국(1867~1918)이 되었다.

    1806년 예나 전투에서 나폴레옹에게 격파당한 이 프로이센의 군인들은 자존심에 큰 상처를 입었다. 프로이센이 패배한 이유는 바로 군인들의 출신 성분에 있었다. 나폴레옹의 군대는 국민 개병제로 이루어진 프랑스의 당당한 시민이었다. 그러나 프로이센의 군대는 억압받는 농노와 용병으로 이루어진 군대였다. 그럼에도 융커 출신들의 군인들은 농노 해방 등 자유주의 정책을 펴는 것이 아니라 위로부터의, 자신들을 위한 개혁을 추진했다. 그것이 바로 독일 통일이었다. 독일 통일은 이처럼 부르주아지가 아니라 위로부터, 군인 출신인 융커 출신 중심으로 전개되었다.

독일 통일은 1830년 7월 혁명의 영향을 받아 시작되었다. 7월 혁명으로 독일은 1834년 관세 동맹이 체결되었다. 이 동맹은 39개의 독일 연방 국가끼리는 관세를 폐지하여 하나의 시장을 도모한 것이다.

1848년 2월 혁명의 영향을 받아 독일에서 전개된 3월 혁명은 시민층의 미약한 기반으로 실패했다. 프로이센을 앞세운 부르주아지 중심의 자유주의적인 독일 통일을 실현하려 한 프랑크푸르트 의회의 노력이 실패로 돌아간 것이다. 실패의 이유는 프로이센 중심의 독일 통일을 반대하는 오스트리아 때문이었다. 그리고 철저한 보수주의자였던 프로이센 내부의 융커들의 반대도 그 원인이 되었다.

이때 마르크스는 1848년 부르주아지에 의한 자유주의 혁명을 극복하고 프롤레타리아에 의한 사회주의 혁명을 주장하는 〈공산당 선언〉을 발표했다. 프랑스 혁명은 원래 부르주아지에 의한 혁명이었다. 프랑크푸르트 의회도 부르주아지 중심의 자유주의적인 통일 운동을 지향한 것이었다. 그런데 혁명이 실패하자 마르크스는 이를 넘어선 노동자 계급, 즉 프롤레타리아에 의한 사회주의 혁명을 주장했던 것이다. 하지만 독일은 부르주아지뿐만 아니라 프롤레타리아의 수도 적었기 때문에 마르크스의 주장은 실현될 수 없었다.

1848년 혁명의 실패 이후 독일 통일의 주도권을 잡은 자는 융커 출신인 오토 폰 비스마르크였다. 비스마르크는 융커 출신이며 또한 28번이나 목숨을 걸고 전투에 참여했던 군인 출신이었다. 수상까지 오른 비스마르크는 의회에서 '독일 통일은 말로써 해결되는 것이 아니라 오로지 철과 피로써만 이루어질 수 있다.'라는 유명한 연설을 한다. 비스마르크는 여러 민족으로 이루어진 오스트리아를 통일에서 배제해야 한다는 소독일주의를 주장했다. 이와 반대로 오스트리아도 중심 민족은 독일 민족, 즉 게르만족이니 독일 통일에 포함시켜야 한다는 주장을 대독일주의라고 한다. 비스마르크 입장에서는 프로이센 중심의 독일 통일에 방해가 되는 오스트리아를 우선 공격해야 했다.

1866년 드디어 프로이센과 오스트리아의 전쟁이 시작되었다. 모든 이의 예상을 깨고 단 7주 만에 비스마르크는 오스트리아의 항복을 받아 내고 북독일 연방을 수립했다. 이러한 승전은 철도를 이용한 고도의 기동성을 발휘한 것이 주된 요인이었다. 이 전쟁을 7주 전쟁이라고 한다. 이제 프로이센의 남은 적은 프랑스의 나폴레옹 3세였다. 곧 프로이센과 프랑스의 전쟁이 발발하게 된다. 1870년 세당에서 나폴레옹 3세와 그의 군대 8만 5천 명은 프로이센 군대의 포로가 되었다.

▲ 프로이센-오스트리아 전쟁

▲ 세당 전투

세당 전투 이후 프로이센의 수상 비스마르크(왼 쪽)가 프랑스 황제 나폴레옹 3세(오른 쪽)와 만나고 있다.

알퐁스 도데와 프랑스의 항복

이 소식을 들은 파리에서는 임시 정부를 수립하고 전쟁을 지속했다. 프로이센 군대는 파리를 포위하고 프로이센 왕은 베르사유 궁전에서 포위 작전을 지휘했다. 빅토르 위고에 의하면 이때 파리의 시민은 쥐를 잡아먹었다고 하고, 《어린 왕자》의 저자인 알퐁스 도데는 '개나 먹을 빵과 말고기 따위로 굶주림을 면했다'고 한다. 파리 시민들은 4개월이나 프로이센의 공세를 막아냈으나 결국 1871년 1월 28일 항복했다.

▲ 알퐁스 도데

파리가 항복하기 10일전 1월 19일 베르사유 궁전 거울의 방에서 빌헬름 1세(프로이센 국왕 임기 1861년~1888/독일 제국 황제 임기 1871~1888)는 통일 독일 제국의 초대 황제로 대관하는 의식을 거행하였고 이에 남부독일까지 합류했다. 빌헬름 1세는 프로이센의 왕이자 독일 황제가 되었다.

▲ 베르사이유 궁전에서 독일 제2 제국의 성립을 선포하는 빌헬름 1세와 비스마르크

이를 제2 제국이라고 한다. 제1 제국은 신성 로마 제국이며 제3 제국은 히틀러 시기를 말한다.

프랑스는 항복의 조건으로 알자스와 로렌 지방을 독일에게 할양했다. 알퐁스 도데의 유명한 《마지막 수업》의 무대가 바로 이 알자스와 로렌 지방이다. 마지막 수업의 줄거리는 프랑스어를 배우다가 이제 독일어를 배워야하는 학생들 이야기를 전하는 소설이다. 프랑스는 이외에도 50억 프랑의 배상금을 지불해야 했다. 휴전 협정이 체결되자 이에 격분한 파리의 일부 과격한 시민들이 휴전 협정을 무효라고 선언하며 파리 코뮌 (1871. 3. 18~5. 28)을 선포했다. 그러나 두 달도 채 안되어 프랑스 정부군에 의해 진압되었다.

▲ 파리 코뮌

1871년 독일 통일 이후 비스마르크의 외교 정책은 현상유지와 프랑스의 고립이라는 노선을 견지했다. 비스마르크는 비록 나폴레옹 3세를 물리쳤지만 그러나 프랑스가 두려웠다. 프랑스 국민들은 전쟁 배상금을 짧은 기간에 다 갚았으며 계속 성장하고 있었다. 이에 비스마르크는 어떻게든 프랑스를 고립시키기 위한 의도로 더 이상의 팽창이 아닌 현상 유지 정책을 주장했다.

하지만 새로 등장한 독일 초대 황제 빌헬름 1세의 아들 빌헬름 2세는 세계의 황제를 꿈꾸었다. 그런 빌헬름 2세는 비스마르크의 정책이 자신과 맞지 않는다고 공공연히 불평했다. 비스마르크는 자신이 이룩한 독일 제국을 빌헬름 2세가 망칠까 두려워 끊임없이 그를 설득했으나 결국 미움을 받고 퇴임 당했다. 드디어 빌헬름 2세는 비스마르크의 현상 유지 정책을 중단하고 제국주의 전선에 본격적으로 참여했다.

▲ 제국주의의 풍자

제국주의

산업 혁명으로 등장한 산업 자본주의는 19세기에 이르러 그 규모가 커지면서 독점 자본주의로 성장했다. 이 독점 자본주의는 풍부한 원료와 상품을 판매할 식민지를 필요로 했다. 19세기에 이르러 더욱 성장한 자본주의는 잉여 자본을 투자할 투자처로서의 식민지를 필요로 했기에 제국주의 성격을 띠기 시작했다.

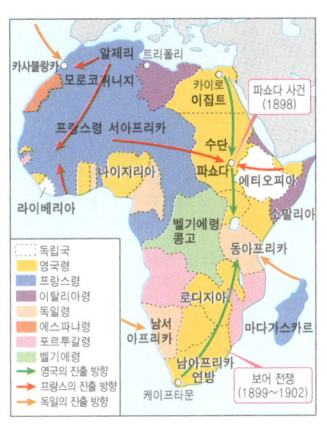
▲ 아프리카의 분할

제국주의가 식민지를 정복하면서 내세운 이데올로기는 사회 진화론이었다. 다윈의 진화론은 적자생존, 우승열패이다. 즉 우자는 살고 열자는 죽는다는 이론인데 스펜서가 이를 사회에 적용시켜 사회 진화론을 만들었다. 그 이론은 유럽이 교육과 산업 등에서 더 우월하기 때문에 아시아와 아프리카보다 더 진화한 사회라는 것이다. 때문에 아시아와 아프리카는 유럽의 지배를 받으면서 교육과 산업을 배워 진화해야 한다고 주장했다.

▲ 열강의 태평양의 분할

8. 쇼펜하우어의 허무주의에 빠진 독일, 니체의 철학을 이용한 히틀러
생철학 / 독일 통일과 제국주의 시대

우리나라의 경우 이 사회 진화론은 1896년 독립협회 시기 유입되기 시작했으며 1900년대 안창호 등이 이에 입각하여 교육과 산업을 발전시키자는 애국 계몽 운동을 전개했다. 하지만 원래 이 사회 진화론은 제국주의의 이론이었다. 때문에 사회 진화론을 믿는 자들의 일부, 즉 이광수와 최남선 등은 이후 친일파가 되었다. 제국주의의 사상적 뒷받침이 된 이론은 사회 진화론과 그밖에 기독교도 있었다. 아시아와 아프리카에 하나님의 말씀을 전파하는 것이야말로 이 당시 기독교인들에게는 최대의 의무였다.

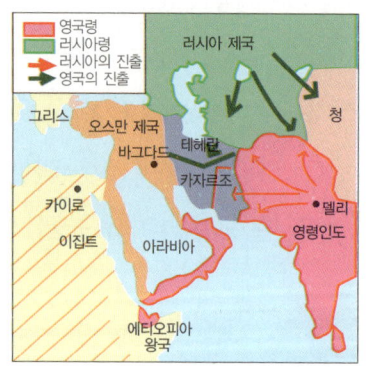

▲ 식민지 비교

Ⅱ 서양 철학과 서양사

9. 사르트르, 월드컵을 공격하다
실존주의 / 세계 대전

실존주의, 월드컵이라는 전략에 대항하다!

제국주의의 강화를 위해서는 더 많은 군인을 필요로 했다. 당연히 이 군인은 프롤레타리아(노동자 계급)로 채워진다. 유럽의 부르주아지(자본가 계급)는 자신들의 이익을 위해 이 노동자들, 즉 군인들이 제국주의 전선에 참여하기를 원했다. 하지만 마르크스는 부르주아지 중심의 국가를 해체하고 전 세계 노동자 계급이 단결할 것을 주장했다.

유럽의 부르주아지는 이러한 마르크스의 전략에 대항하기 위해 민족주의의 강화를 선택했다. 그리고 이에 대한 수단으로 독일을 포함한 전 유럽의 국가들은 바로 월드컵을 이용했다. 독일과 러시아의 축구경기를 통해, '위대한 독일(오, 필승 독일!)', '위대한 러시아(오, 필승 러시아!)'를 외치게 하는 것이다.

▲ 히틀러의 전체주의 광풍에 휩싸인 독일 제3 제국

부르주아지의 월드컵 전략은 마르크스의 전략을 이겨냈으며 유럽의 프롤레타리아는 자신들이 핍박받는 프롤레타리아라는 걸 잊게 되었다. 그것보다 자신들이 위대한 독일, 러시아, 프랑스의 국민이라는 것에 대해 열광했다. 나 개인보다 국가가

9. 사르트르, 월드컵을 공격하다
실존주의 / 세계 대전

더 중요하다고 인식하게 된 것이다. 수많은 유럽의 청년들은 민족주의와 월드컵에 열광하며 세계 대전을 축제로 생각하고 참전했다.

이렇게 월드컵의 전략이 마르크스의 전략을 이겨내자 이 민족주의에 맞서 실존주의가 등장한다. 실존주의는 국가보다 개인이 중요한 것이다. 실존주의는 내가 국가를 위해 적의 총탄에 죽는 인간이 될지, 사회에 관심을 두지 않고 나 개인의 행복을 추구하는 인간이 될지는 오로지 나 스스로가 결정한다는 철학이다. 사르트르는 한 개인의 자율성과 주체성을 강조하여 인간은 스스로 자신의 실존을 결정해야 하는 '고독한 입법자'가 된다고 하였다. 즉 "주체성이 진리"인 것이다.

실존은 본질에 앞선다!

자동차는 생산되기 전에 설계도를 통해 이미 '본질'이 결정된다. 자동차의 본질이란 사람을 이동시키는 것을 목적으로 한다. 이러한 목적, 즉 자동차의 '본질'은 이미 설계도를 통해 결정이 되고 이후 공장을 통해 생산되어 '존재'하게 된다. 하지만 인간은 어떤 목적에 따라 태어나는 것이 아니다. 인간은 태어날 때 그저 이 세상에 '내던져진 존재'(무신론적 실존주의자 하이데거는 신이 없다면 인간은 그저 세상에 내던져진 존재일 뿐이라고 하였다.)인 것이다. 인간의 첫 모

▲ 사르트르

습, 즉 '실존'은 어떠한 본질적 규정도 할 수 없는 무의 존재이다. 이후 인간은 살아가면서 수많은 상황 속에서 주체적이고 자율적으로 자신의 '본질'을 선택하고 결정하는 존재인 것이다. 따라서 사르트르(1905~1980)의 말처럼 인간에게 있어서 실존은 본질에 앞서는 것이다.

▲ 실존주의

우선 그림의 왼쪽을 보면 사물은 설계도(본질)가 우선하고 자동차(존재)가 만들어진다. 한편 오른쪽 그림을 보면 오직 인간만이 실존(아기)이 선재하여 자신의 본질을 고민한다.

사르트르는 내가 어떤 사람이 될지는 누구의 강요와 유혹으로 결정되는 것이 아니며 인간은 자신의 인생을 스스로 개척하는 주체적인 존재라는 것을 강조했다. 사르트르에게 있어 인간은 이처럼 '고독한 입법자'이다.

예를 들어 일제 강점기에 내가 태어났다고 가정해 보자. 이 시대에 내가 민족을 위해 가족을 버리고 독립군이 될지, 아니면 민족보다 내 가족을 더 중요하게 여겨 충실한 가장으로 남을지, 즉 나의 본질은 나 스스로가 결정

▲ 찰리 채플린

영국의 코미디언 찰리 채플린은 톱니바퀴를 통하여 산업사회의 부조리를 풍자하고 있다. 그는 공장에서 기계 취급을 받는 노동자의 실존에 대한 고민을 우회적으로 표현한 영화 '모던 타임즈'를 제작했다.

한다는 것이다.

실존주의는 잘못하면 개인주의 내지 이기주의로 오해받을 수 있다. 그러나 실존주의는 개인주의나 이기주의는 아니다. 나의 결정은 나 자신에게만 그치는 것이 아니다. 예를 들어 내가 내 가정의 행복보다 조국의 독립이 중요해 독립군이 되었다고 하자. 이 결정으로 독립군에 참여하는 사람들이 많아지면 한국의 독립은 반드시 필요한 것이라고 전 세계에 알릴 수 있다. 가족보다 조국이 더 중요하다는 생각을 다른 사람들에게 주장하게 되는 나의 결정은 결국 이 사회에 영향을 끼치게 되는 것이다.

이처럼 내가 포함되어 있는 세상이 어떤 모습이 되어야 할지에 대해 과감하게 나의 의견을 내놓는 것이 바로 '앙가주망(engagement)'이 의미하는 바이다. '나는 이 세상 모든 것에 책임이 있다. 실존주의는 휴머니즘이다'라고 강조한 사르트르의 실존주의는 결코 개인주의나 이기주의가 아니다. 따라서 일제 강점기 친일파의 결정은 진정한 실존주의로 볼 수 없다.

보부아르

사르트르와 계약 결혼을 했던 보부아르(1908~1986) 역시 실존주의자이다. 그녀는 "사람은 여자로 태어나지 않는다. 여자가 되는 것이다."라고 선언했다. 여자가 남자에게 종속된 존재라는 것은 단지 남성

▲ 보부아르

이 강요한 본질인 것이다. 보부아르는 여성들이 남성들이 만들어 놓은 '여성은 아내로서, 어머니로서만 살아가야 한다'라는 본질을 타파하고 주체적이고 자유롭게 살아갈 것을 주장했다.

키에르케고르

실존주의의 선구자인 키에르케고르(1813~1855)는 덴마크의 교회를 비판했다. 그는 "하나님께서 주권자이시라는 것은 확실해. 그러나 후에 인간들이 나타나서 그리스도교 안에 있는 것들을 자기에게 편리한 대로 정비하려고 했어. ……

▲ 케에르케고르

그렇게 해서 목사들이 주권자가 되는 거야."라고 말했다.

키에르케고르는 다음과 같은 예를 통해 인간의 자유를 강조했다. 아담은 선악과를 먹으면 선악을 분별하게 되며 동시에 죽는다는 금지의 법과 경고를 하나님에게 받았다. 이 금지의 법속에서 아담은 자유의 가능성을 발견했다. 금지의 법을 어기면 죽게 되지만, 아담은 이를 어길 수 있는 자유 의지를 발견한 것이다. 이처럼 인간에게는 자유가 있다. 실존주의 철학은 인간이 자신의 자유를 마음껏 발휘하여 자신의 실존을 스스로 결정한다는 철학이다.

키에르케고르는 '신 앞에 선 단독자'를 주장하며 실존주의를 주장했기에 유신론적 실존주의라고 한다. 이에 반해 사르트르는 신을 믿지 않았기에 무신론적 실존주의자라고 한다.

범게르만주의(오, 필승 독일!)와 범슬라브주의(오, 필승 러시아!)의 충돌

빌헬름 2세는 현상 유지 정책을 고집하는 비스마르크를 경질시키고 제국주의 노선을 채택했다. 이를 위해 빌헬름 2세는 게르만족의 우월성을 강조하는 범게르만주의를 제창하며 같은 게르만족인 오스트리아-헝가리 제국과 동맹을 맺었다.

이 당시 오스트리아-헝가리 이중 제국은 발칸반도 남부로의 진출을 추구하고 있었는데 이는 슬라브족인 세르비아와 충돌을 야기했다. 오스트리아-헝가리 이중 제국은 발칸반도에 진출하려고 하는 같은 슬라브족의 나라인 러시아와도 충돌이 불가피했다. 이에 세르비아, 러시아의 범슬라브주의와 독일과 오스트리아-헝가리 제국의 범게르만주의의 대립이 심화되어 갔다.

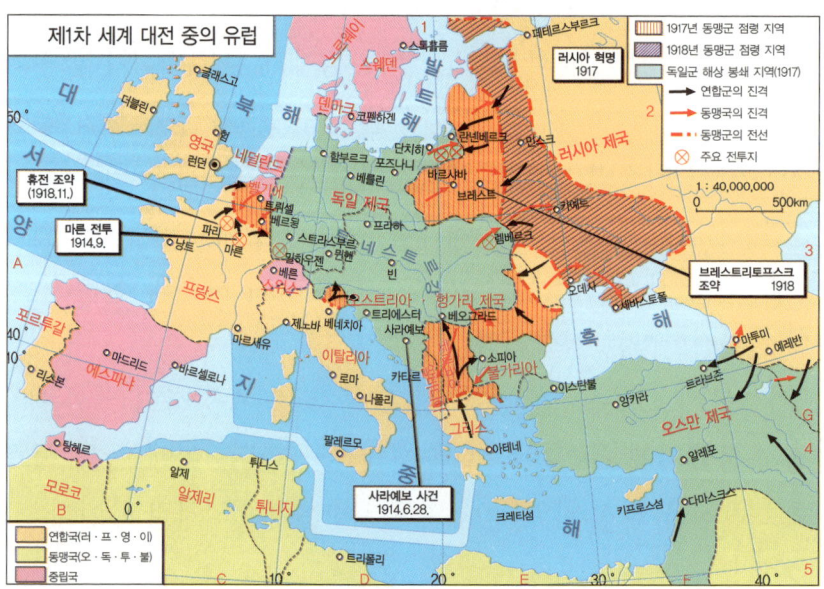

▲ 제1차 세계 대전

3국 동맹과 3국 협상의 결성

빌헬름 2세는 오스트리아-헝가리 제국과의 연합에서 더 나아가 이탈리아와 연합하는 3국 동맹을 결성하는 적극적인 팽창 정책을 펼쳤다. 이탈리아는 독일과 마찬가지로 뒤늦게 통일을 이루어 제국주의 전선의 참여가 늦었고 식민지가 부족한 상황이었다. 영국, 프랑스, 러시아는 이에 대항하는 3국 협상을 결성했다.

원래 프랑스와 영국은 아프리카를 놓고 대립해 왔다. 프랑스의 횡단 정책과 영국의 종단 정책이 아프리카의 파쇼다에서 충돌했는데 프랑스의 양보로 전쟁은 일어나지 않았다. 독일이 프랑스가 차지하고 있던 모로코를 노리고 있는 상황이었기 때문이다. 따라서 프랑스는 영국과의 대립이 아닌 동맹을 결정했던 것이다.

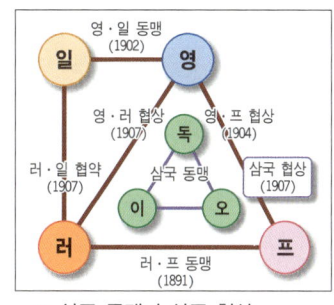
▲ 삼국 동맹과 삼국 협상

▲ 아프리카의 분할

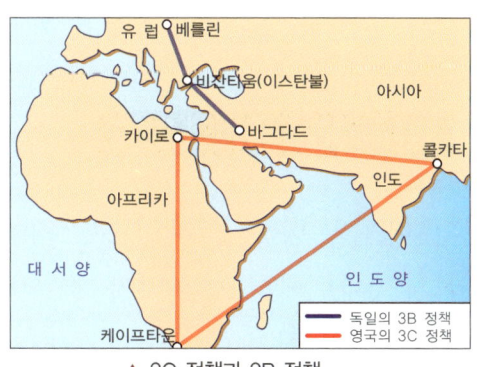
▲ 3C 정책과 3B 정책

9. 사르트르, 월드컵을 공격하다
실존주의 / 세계 대전

빌헬름 2세의 3B 정책, 즉 베를린, 비잔티움, 바그다드를 연결하는 제국주의 정책이 영국의 3C 정책, 즉 케이프타운, 카이로, 캘커타를 연결하는 정책에 위협을 주었기 때문에 영국은 삼국 협상에 가담했다.

러시아의 경우는 범게르만주의와 대립관계에 있는 범슬라브주의를 표방하던 국가였기 때문에 3국 협상에 참여했다. 하지만 그것은 러시아에 있어서 쉽지 않은 결정이었다. 러시아는 원래 영국과 대립 관계였다. 중앙아시아

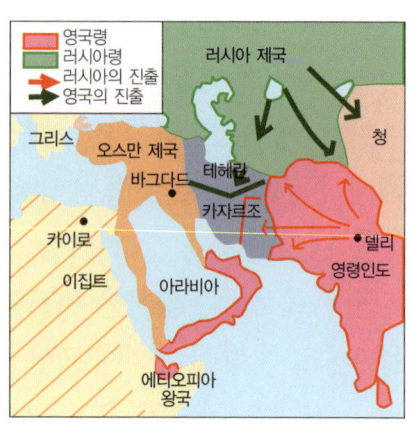

의 이란에서, 또 우리나라에서도 양국이 충돌했다. 러시아가 우리나라의 영흥만에 진출하려고 하자 영국은 러시아를 견제하기 위해 거문도를 점령(1885~1887)했다. 하지만 독일의 3B 정책은 흑해와 발칸반도로 진출하려는 러시아의 정책에도 위협적이었기에 러시아가 결국 참여하게 된 것이다.

제1차 세계 대전의 발발

1914년 6월 28일 일요일 보스니아의 사라예보에서 세르비아 청년이 오스트리아-헝가리 제국의 황태자 부부를 암살했다. 보스니아 지역은

▲ 사라예보 사건

원래 슬라브 국가인 세르비아가 노리고 있던 지역이었다. 그런데 오스트리아-헝가리 이중 제국이 이 지역을 차지하자 세르비아 청년이 제국의 황태자를 암살한 것이다. 아들을 잃은 오스트리아-헝가리 이중 제국의 황제는 세르비아에 선전 포고를 함으로써 제1차 세계 대전이 발발하게 되었다. 같은 슬라브족 국가이며 범슬라

▲ 유고슬라비아

제1차 세계 대전에서 연합국이 승리하자 세르비아 중심으로 유고슬라비아가 만들어졌다. 유고슬라비아는 '남쪽의 슬라브의 나라'라는 뜻이다.

브주의를 내세우는 러시아가 곧이어 오스트리아-헝가리 이중 제국에 선전 포고를 했다. 오스트리아와 같은 게르만족이며 범게르만주의를 내세우는 독일이 다시 러시아에 선전 포고를 했다. 이어 프랑스와 영국은 러시아와 같은 3국 협상의 관계였기 때문에 당연히 선전 포고를 했다.

이렇게 제1차 세계 대전은 발칸반도에서 오스트리아-헝가리 이중 제국과 세르비아의 대립, 즉 범게르만주의(오, 필승 독일!)와 범슬라브주의(오, 필승 러시아!)의 대립이 3국 동맹과 3국 협상의 대립으로 확산되어 전개되었다.

▲ 제1차 세계 대전 자료에서 포스터

전쟁 참여를 결정한 나라의 국민들은 부르주아지들의 월드컵 전략에 고무되어 '위대한 독일을 위하여!(오, 필승 독일!)', '위대한 러시아를 위하여!(오, 필승 러시

9. 사르트르, 월드컵을 공격하다
실존주의 / 세계 대전

아!)'를 외치면서 자발적으로 전쟁에 참여하였다. 물론 전쟁 참여를 독려하기 위해 포스터 등의 홍보가 있었지만 이런 대규모의 자발적 참여는 부르주아지 입장에서도 예상하지 못한 일이었다.

심지어 수많은 사회주의자들도 사회주의 운동을 잠시 중단하고 전쟁에 참여했다. 마르크스가 전 세계의 노동자들이 단결하여 전 세계의 부르주아지를 제거하자고 한 외침은 사라졌다. 즉 이제 사회주의를 대체하는 민족주의의 시대가 전개된 것이다. 프랑스 국민들은 프랑스 혁명 당시 유행했던 프랑스 국가인 '라 마르세예즈'를 부르며 전쟁에 참여했다. 여자들은 이들의 목에 꽃다발을 걸어주고 키스하며 민족주의 정신을 극찬했다. 다른 나라에서도 마찬가지였다. 니체(1844~1900)는 "지금까지 일어난 적이 없는 전쟁이 발발할 것이다"라고 예언했는데 이것은 적중했다.

▲ 제1차 세계 대전 이후의 유럽/오스트리아-헝가리 이중 제국의 해체

제1차 세계 대전의 전개

이 당시 독일군의 슐리펜 장군은 먼저 수도 파리를 점령하여 프랑스의 항복을 받고 재빨리 군대를 동부전선으로 이동시켜 러시아의 항복을 받는다는 작전 계획을 수립했다. 이 양면 작전의 승패는 얼마나 빨리 서부 전선의 승패를 결정하여 신속히 동부 전선으로 군대를 이동시키느냐에 달려 있었다. 즉 속도전이었다. 하지만 프랑스와 영국의 연합군과 독일군 양측은 서부전선에서 서로 참호를 파고 지루한 참호전을 전개한다. 적이 폭격을 할 때는 참호 속에 숨어 적의 폭격이 자신을 피해가기를 기도했고, 폭격이 끝나면 총에 칼을 부착하고 적의 진지에 돌진해서 상대의 기관총 세례를 받았다. 양쪽 모두 이런 참호전을 되풀이하면서 막대한 희생자만 늘어났다. 전선의 중간 지대에는 시체가 산처럼 쌓일 정도였다.

▲ 참호전, 탱크, 비행기

제1차 세계 대전 당시 탱크와 비행기가 등장했지만 아직은 참호전이 중요한 전투 방식이었다.

독일에게는 동부전선 역시도 무척 힘든 전쟁이었다. 비록 전황은 독일이 우세했지만 전선의 길이가 너무 길었고 또 러시아의 후퇴 속도가 너무 빨랐다. 오히려 독일군이 그 속도에 맞춰 진격할 수 없을 정도였다. 과거 나폴레옹의 악몽이 재현되는 순간이었다. 이 당시 러시아는 후진적인 나라였기에 철도가 제대로 보급되지 않았다. 독일군은 러시아의 넓은 영토를 확보했지만 군수품을 제대로 보급받을 수 없었다.

▲ 독일의 무제한 잠수함 작전

이런 힘든 상황 속에서 미국이 제1차 세계 대전에 참전하게 되었다. 이 당시 영국은 군수품을 미국으로부터 공급받고 있었는데 독일은 영국으로 향하는 배를 모두 공격하는 무제한 잠수함 작전을 편 것이다. 독일의 이 작전으로 영국에 대한 군수품 판매에 지장이 생긴 미국이 전쟁에 참여하게 된 것이다. 이와 같이 미국의 전쟁 참여는 영국에 지속적으로 군수품을 파는 목적이 가장 컸는데 그래도 참전 명분은 멋있었다. 미국 대통령 윌슨은 미국은 전 세계의 민주주의를 보호하기 위해 십자군으로 참전한다고 연설했다.

이후 러시아 혁명이 일어나자 러시아는 전쟁에서 빠지게 되었지만 미국의 참전은 결정타였다. 이제 불리해진 독일에서 킬 군항의 병사들이 폭동을 일으켰다. 전쟁에 지친 병사들에게 더 이상 '위대한 독일을 위해!(오, 필승 독일!)'라는 구호는 통하지 않는 것이었다. 병사들의 폭동으로 1918년 11월 9일 빌헬름 2세는 퇴위하고 11월 11일 사회 민주주의자가 장악한 공화국이 수립되었다. 그리고 이 공화국은 독일의 항복문서에 서명했다.

이후 등장한 히틀러(1889~1945)는 제1차 세계 대전의 패인이 등에 꽂힌 칼 때문이지 독일 민족이 허약해서가 아니라고 주장했다. 다시 '위대한 독일을 위해!(오, 필승 독일!)'를 외치며 제2차 세계 대전을 결심한 것이다. 히틀러에게 제1차 세계 대전은 종전 또는 패배한 전쟁이 아니라 잠시 휴전한 전쟁이었던 것이다.

대공황

제1차 세계 대전이 끝나고 패전국은 많은 영토와 막대한 배상금을 지불하게 되었다. 유럽의 경제는 안정을 찾아갔다. 하지만 1929년 대공황이 발생했다. 산업 혁명 이후 주요국들은 자유 방임주의를 강조하는 작은 정부를 선호하였다. 작은 정부는 대공황 이후 등장하는 큰 정부와 반대되는 개념으로서 정부가 복지에 개입하지 않고 시장에도 개입하지 않는 것이다. 이 작은 정부 때문에 1929년 대공황이 발생했다. 정부의 시장 불개입으로 시장은 수요보다 많은 과잉 생산을 하게 되어 기업이 도산했다. 기업이 도산하니 실업자가 크게 증가하여 구매력이 떨어지고 연쇄적으로 다

▲ 경제 공황

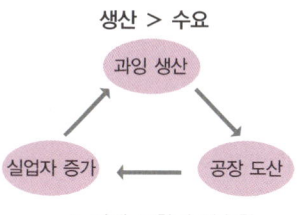

▲ 경제 공황의 악순환

른 기업이 도산하고 심지어 그 기업에 돈을 대출해준 은행까지 망하게 되었다. 위험 자산인 주식이 아니라 안정적인 은행 예금에 투자한 국민들도 은행이 파산하자 하루 아침에 거지가 되었다.

▲ 프랭클린 루스벨트

미국에서 시작된 대공황은 전 세계로 퍼져 나갔다. 1933년 프랭클린 루스벨트(재임 1933~1945)가 대통령에 취임했을 때 미국의 실업자는 1천 300만 명이 넘었다.

루스벨트는 케인스의 이론에 따라 뉴딜 정책을 추진하여 큰 정부 시스템, 즉 혼합 경제 체제인 복지 국가를 만들었다. 애덤 스미스의 자유 방임주의, 즉 '보이지 않는 손'을 포기하고 국가가 공공 사업을 일으켜 실업자들을 고용하는 수정 자본주의(=큰 정부, 혼합 경제, 복지 국가)가 구축된 것이다.

루스벨트의 수정 자본주의로 미국은 대공황에서 벗어났다. 미국은 워낙 거대한 영토에 지하자원이 풍부한데다 제1차 세계 대전으로 엄청난 상품을 영국과 프랑스에 팔았기 때문에 풍부한 자본력을 확보하고 있었다. 그래서 대공황을 해결할 수 있었다. 그리고 영국과 프랑스도 식민지가 풍부했다. 영국은 자신들의 식민지와 뭉쳐 파운드 블록을 만들었고, 프랑스 역시 자신들의 식민지끼리 뭉쳐 프랑 블록을 만들어 대처했다. 하지만 식민지가 적은 이탈리아, 독일, 일본은 막막한 상황에 처하게 되었다.

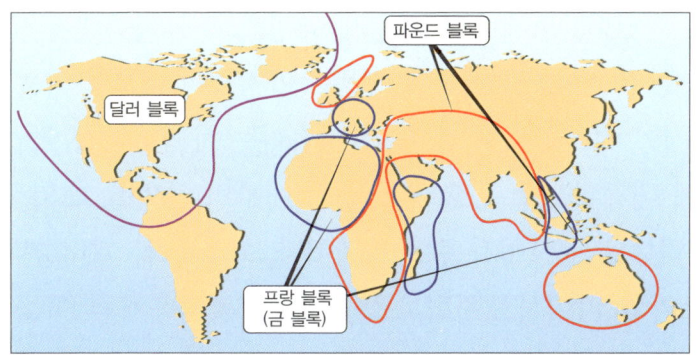
▲ 블록 체제

전체주의의 등장

　사회주의는 자본가를 없애고 모두가 평등하게 사는 시스템을 추구하는 사상이다. 그리고 수정 자본주의는 자본가에게 세금을 더 내게 하여 노동자에게 복지를 제공하는 정책이다. 노동자의 복지는 원래 사회주의가 다루는 것이다. 이와 같이 자본주의에 사회주의 정책이 혼합되었다고 해서 수정 자본주의는 혼합 경제라고도 하며 큰 정부 또는 복지 국가라고도 한다.

　미국과 유럽의 부르주아지들은 경제 공황으로 일어날 수 있는 사회주의 혁명을 예방하기 위해 과감하게 사회주의 요소를 적극 수용한 것이다.

　전체주의는 수정 자본주의와 다르게 자본주의 정책을 유지하고자 하는 사상이다. 경제 공황으로 봉기를 일으킬 가능성이 있는 노동자들을 철저하게 억압하고 사회주의를 철저하게 배척하는 시스템이다. 즉 전체주의가 가장 경계하는 사상은 사회주의였다. 전체주의는 경제 공황으로 사회주의가 확산되자 이탈리아, 독일, 일본의 부르주아지들이 사회주의를 막고자 지지한 시스템이다. 또한 전체주의는 사회주의를 억압하는 동시에 대공황으로 동요되고 있는 내부의 불만을 대외적으로 돌려 외부로 팽창하자는 시스템이다. 그리스의 페리클레스처럼, 로마의 카이사르처럼, 프랑스의 나폴레옹처럼 이들 모두가 동일한 이유였다.

이탈리아의 전체주의를 파시즘, 독일의 전체주의를 나치즘이라고 한다. 제1차 세계 대전이 제국주의와 제국주의의 전쟁이었다면 제2차 세계 대전은 전체주의가 수정 자본주의(미국, 프랑스 등)와 사회주의(소련)를 공격함으로써 시작된 전쟁이다. 이후 전체주의가 패배하여 수정 자본주의와 사회주의만이 남아서 대립하니 이것이 냉전이다.

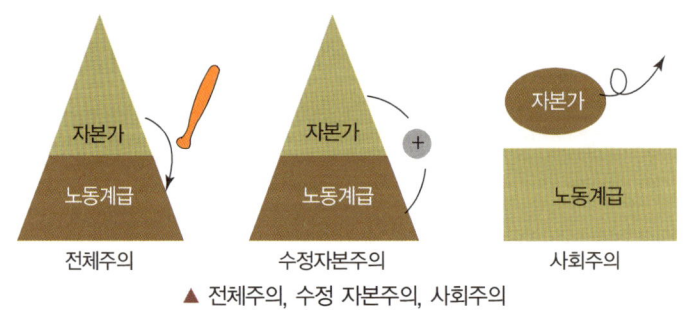

▲ 전체주의, 수정 자본주의, 사회주의

전체주의는 부르주아지가 프롤레타리아를 억압하는 시스템이기에 몽둥이로 표현했다. 수정 자본주의는 부르주아지의 세금으로 프롤레타리아의 복지를 책임지는 시스템이기에 +로 표현했다. 사회주의는 프롤레타리아가 부르주아지를 제거하고 평등하게 사는 시스템이기에 화살표로 표현했다.

무솔리니와 히틀러

히틀러의 정당 이름은 '국가 사회주의 독일 노동당'이었으며 히틀러는 자신의 전체주의를 국가 사회주의(나치즘, Nationalsozialismus)라고 했다. 국가 사회주의의 사전적 의미는 '자본주의를 기본 경제로 인정하고, 국가의 개입으로 사회주의를 실현하고자 하는 사상'이다. 그러나 당연히 이 의미는 노동자들을 기만하기 위한 이론이다. 독일의 전체주의는 이탈리아의 파시즘처럼 사회주의에 대한 위기 때문에 나온 것이다. 다시 말해 국가 사회주의는 사회주의를 위한 이론이 아니라 사회주의를 탄압하는 이론이다. 경제 공황으로 이탈리아와 독일에 많은 실업자들이 생겨나자 사회주의 세력이 강해졌다. 이에 부르주아지는 사회주의를 억압해 줄 시스템을 원했고 바로 이것이 전체주의였던 것이다.

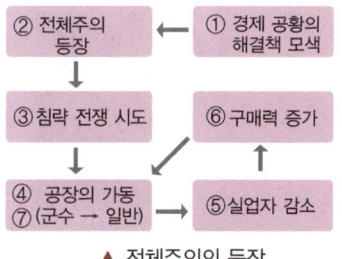

▲ 전체주의의 등장

무솔리니와 히틀러는 노동자들을 억압하면서 동시에 과거의 페리클레스, 카이사르, 나폴레옹처럼 외부의 자원을 약탈하여 자국 노동자들의 생계를 책임지겠다고 외쳤다. 무솔리니(1883~1945)는 항상 연설을 할 때 번쩍거리는 강철 헬멧을 쓰고 군복을 입어 민중들에게 카이사르를 연상시켰다. 이탈리아를 과거 로마 제국으로 만들어주겠다는 믿음을 갖게 선동한 것이다. 히틀러는 독일 민족이 니체가 말한 '초인'임을 강조하며 독일의 팽창을 국민들에게 약속했다. 히틀러는 자신의 권력 강화를 위해 젊은이들을 뽑아 친위대인 SS를 조직했다. 친위대는 국민들을 선동하며 사회주의자들에게 폭력을 행사하였다. 히틀러는 이 대원들이 니체가 꿈에 그리던 '초인'이라고 국민들에게 주입시켰다. 평범한 인간의 도덕과 윤리는 굴종의 윤리로서 니체가 말하는 초인의 윤리와는 다르다고 교육시켰다. 그리고 그들로 하여금 강제 수용소의 정치범, 유대인 등을 학살하게 지시했다. 독일 시민이 일단 SS에게 체포되면 어떤 이유로 체포되었는지도 모른 채 학살되어 그들은 공포의 대상이 되었다.

▲ 히틀러와 무솔리니

▲ 파스케스(속간)

이탈리아의 전체주의를 파시즘이라고 한다. 파시즘이란 말은 라틴어 파스케스(fasces)에서 나왔는데 이는 '속간'을 의미한다. 속간은 나무 막대기 여러 개를 묶어서 도끼를 달아놓은 권표로서, 고대 로마에서 집정관의 권위를 상징하였다. 집정관을 수행하는 부하들이 들고 다녔고 정무관의 명령에 따라 체벌이나 사형에 쓸 수도 있었다. 또한 속간은 통합을 통한 힘을 뜻하기도 한다. 나무 막대기 하나는 쉽게 부러지지만 여러 개가 묶여있으면 잘 부러지지 않기 때문이다.

제2차 세계 대전

1939년 9월 1일 독일은 선전 포고도 없이 폴란드를 침공했는데 이로써 제2차 세계 대전이 시작되었다. 전력을 서부전선에 집중시키기 위해 독일은 소련과 독소 불가침 조약을 맺었다. 모든 병력을 서부전선에 집중시킬 수 있게 된 히틀러는 프랑스를 쉽게 점령할 수 있었다. 1940년 6월 14일 프랑스를 점령한 히틀러는 독소 불가침 조약을 깨고 소련을 공격했다. 독소 불가침 조약은 사실상 그 누구도 믿지 않는 조약이었다.

원래 전체주의의 철천지 원수는 사회주의였기 때문에 두 나라는 이 지구상에 공존할 수 없었다. 1941년 6월 독일 육군의 75퍼센트인 3백만, 독일 공군의 61퍼센트인 2천 740대 그리고 전차 3천 580대가 소련을 공격했다. 여기에는 사회주의를 타도하는 전쟁이라는 깃발 아래 프랑스에서 온 소수의 의용병도 있었다. 소련군은 장난감이라며 3주 안에 레닌그라드를 점령할 것이라고 호언했다. 그야말로 파죽지세였다. 11월 중순 독일군은 수도 모스크바에서 30킬로미터 지점까지 진격했다.

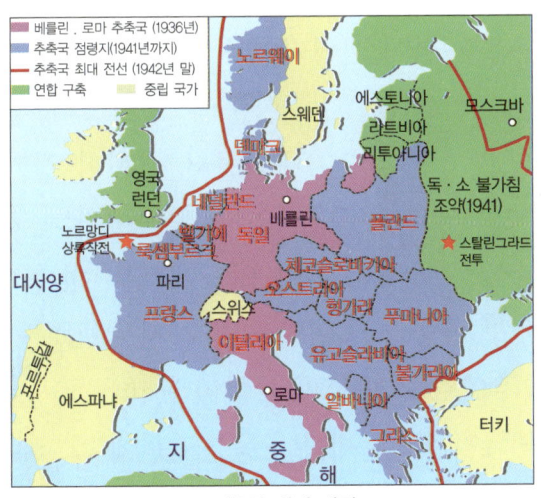

▲ 제2차 세계 대전

하지만 진흙으로 덮인 도로는 체인을 단 트럭만이 다닐 수 있을 정도로 보급로가 취약했다. 예상보다 일찍 찾아온 추위는 영하 30도나 되었다. 독일군은 월동 준비를 제대로 하지 못하여 전사자 수보다 동상에 걸린 탈락자가 더 많을 정도였다. 히틀러 역시 나폴레옹의 전철을 걷게 된 것이다.

▲ 스탈린그라드 전투

스탈린그라드 전투는 1942년 8월 21일부터 1943년 2월 2일까지 이루어졌다. 이 전투에서 미국으로부터 전투기의 지원을 받은 소련군에게 완전 포위된 독일군은 주력부대가 거의 궤멸되었다. 제2차 세계 대전 당시 소련의 희생자는 2천만 명이었고 그중 대략 1천 360만이 병사였다. 독일의 희생자는 대략 7백만(420만이 병사)인데 이중 2/3가 동부전선에서 사망했다. 영국은 대략 40만, 미국은 태평양 전쟁까지 합쳐 대략 26만이 희생되었다.

▲ 노르망디 상륙 작전

▲ 스탈린

연합군의 노르망디 상륙 작전이 지체되면서 전쟁이 장기화되자 사상자의 수가 늘어갔다. 서구의 자본주의 입장에서는 히틀러의 전체주의와 마찬가지로 소련의 사회주의도 견제의 대상이었다. 따라서 소련과 독일 이 두 세력이 동부전선에서 서로 치열하게 싸워 약화되길 바랐다. 소련의 피해가 점점 커지자 스탈린(재임

1924~1953)은 격렬히 항의하였다. 결국 연합군은 1944년 6월 6일 새벽 5천 300여 척의 함선과 상륙주정, 수송선에 나누어 탄 병력으로 노르망디 상륙 작전을 감행하여 성공하게 된다.

히틀러는 동부전선의 스탈린그라드 전투에서 궤멸당하고 서부전선에서는 노르망디 상륙 작전을 막지 못했다. 연합군에 의해 동서로 압박을 받고 급기야 베를린까지 포위되자 히틀러는 자살했다. 1945년 5월 7일 독일이 정식으로 항복하면서 유럽 전쟁은 끝이 났다.

독일, 이탈리아와 함께 추축국을 결성한 일본도 제2차 세계 대전에 참여했다. 태평양 전선의 경우 일본이 1941년 12월 8일 진주만을 기습적으로 선제 공격함으로써 시작되었다. 초반의 전황은 일본이 우세했으나 1942년 6월 5일 미드웨이 해전에서 미국이 일본군을 격파시킴으로써 전세가 역전되었다. 결국 1945년 8월 미국은 일본 히로시마와 나가사키에 원자 폭탄을 투하하여 8월 15일 일본은 패망했다.

▲ 미드웨이 해전

▲ 히로시마, 나가사키의 원폭 투하

▲ 일본의 팽창

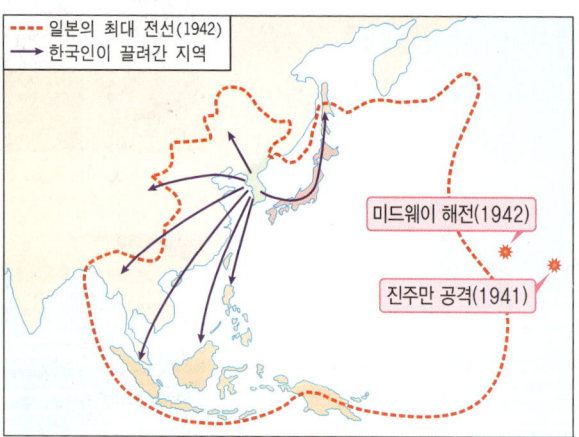

▲ 일본군 최대 전선